U0829625

权威·前沿·原创

皮书系列为
“十二五”“十三五”国家重点图书出版规划项目

BLUE BOOK

智库成果出版与传播平台

双创蓝皮书
BLUE BOOK OF INNOVATION AND ENTREPRENEURSHIP

中国双创发展报告（2020~2021）

ANNUAL REPORT ON THE DEVELOPMENT OF CHINA'S INNOVATION AND ENTREPRENEURSHIP(2020-2021)

主　　编 / 王京生
执行主编 / 陶一桃
副 主 编 / 李　凡

社会科学文献出版社
SOCIAL SCIENCES ACADEMIC PRESS (CHINA)

图书在版编目（CIP）数据

中国双创发展报告．2020～2021/王京生主编．--
北京：社会科学文献出版社，2021.10
（双创蓝皮书）
ISBN 978-7-5201-9116-6

Ⅰ．①中… Ⅱ．①王… Ⅲ．①创业-研究报告-中国
-2020-2021 Ⅳ．①F249.214

中国版本图书馆 CIP 数据核字（2021）第 200361 号

双创蓝皮书
中国双创发展报告（2020～2021）

主　　编／王京生
执行主编／陶一桃
副 主 编／李　凡

出 版 人／王利民
组稿编辑／周　丽
责任编辑／王玉山　张丽丽
文稿编辑／李惠惠　王小翠　李小琪
责任印制／王京美

出　　版／社会科学文献出版社·城市和绿色发展分社（010）59367143
地址：北京市北三环中路甲 29 号院华龙大厦　邮编：100029
网址：www.ssap.com.cn
发　　行／市场营销中心（010）59367081　59367083
印　　装／三河市东方印刷有限公司

规　　格／开 本：787mm×1092mm　1/16
印 张：18　字 数：267 千字
版　　次／2021 年 10 月第 1 版　2021 年 10 月第 1 次印刷
书　　号／ISBN 978-7-5201-9116-6
定　　价／158.00 元

中国双创发展报告编委会

主要编撰者简介

王京生 国务院参事，国务院推进政府职能转变和“放管服”改革协调小组专家组成员，深圳大学理论经济学博士后合作导师。

陶一桃 教授，博士生导师，享受国务院政府特殊津贴专家，广东省优秀社会科学家，国家社科基金重大项目首席专家，教育部人文社科重点研究基地——深圳大学中国经济特区研究中心主任，理论经济学一级学科带头人。

李　凡 教授，美国佛罗里达大学经济学博士，深圳市“孔雀计划”海外高层次人才，教育部人文社科重点研究基地——深圳大学中国经济特区研究中心副主任。

摘 要

“十四五”规划中将创新创业摆在核心位置，开篇即强调坚持创新在我国现代化建设全局中的核心地位，把科技自立自强作为国家发展的战略支撑。因此，构建既具有中国特色又充分反映中国创新创业发展现状的双创评价体系极具现实意义。

《中国双创发展报告（2020～2021）》承继上年度报告的优良成果，基于城市层级数据，革新双创评价体系并较为全面地评估了我国主要城市的双创发展状况，为政策制定提供了颇具价值的参考和借鉴。为展现本年度城市和区域双创的最新发展状况，本书借鉴了国内外关于指数构建和评价的前沿理论并结合近三年《中国双创发展报告》的历史经验，构建环境支持、资源配置和绩效价值“三位一体”的一级评价机制，并进一步创建10项二级指标和32项三级指标，构建2020年中国双创指数，综合测评我国的双创发展现况。总体来看，我国双创发展水平既有继承又有突破：一方面，深圳连续四年蝉联双创冠军，东部城市延续以往双创优势；另一方面，中西部城市在双创第二梯队中进步明显，展现出制度建设和政策支撑的重要性。

在对城市双创发展进行分析的基础上，本书从多个层级揭示了我国双创发展现状和未来趋势，既包括区域视角下的整体对比，也包括对双创发展最为活跃的深圳市的聚焦研究。

总体而言，东部地区具有绝对优势，中西部地区奋起直追，部分中心城市在环境、资源和绩效三维度测评中表现抢眼，东北地区则稳健发展。从“先行先试”到“先行示范”，深圳市在数字经济产业和互联网金融等领域的发展仍是独领风骚，努力打造双创发展的“深圳模式”。与此同时，双创纵深发展带来的制度约束和技术瓶颈是深圳市未来可能面临的问题。

在新冠肺炎疫情仍在蔓延、全球经贸受阻的大背景下，研究国际双创发展对于找准我国在全球双创发展中的定位、超前部署我国双创发展策略以及提升我国双创发展水平具有战略性价值。因此，本书在最后的国际篇中对比研究国际创新创业指数和国家创新体系，考察国际双创发展现状和发达经济体的创新体系特征。

关键词： 创新创业　双创指数　双创城市　双创模式

序言：培育发展创新市场　助力高标准市场体系建设

王京生

党的十九届五中全会研究通过的“十四五”规划指出，“要坚持创新在我国现代化建设全局中的核心地位，把科技自立自强作为国家发展的战略支撑”。同时强调，“布局建设综合性国家科学中心和区域性创新高地，支持北京、上海、粤港澳大湾区形成国际科技创新中心”“推进京津冀协同发展、长江经济带发展、粤港澳大湾区建设、长三角一体化发展，打造创新平台和新增长极”。把创新摆在各项规划任务的首位，是我国五年规划编制史上的第一次。

这些论述为国家创新战略注入了新内容，但是要使创新真正落地，必须培育健康强大的创新市场，为创新战略的实施提供根本保障。2016 年以来，我们连续四年发布双创研究报告，从理论和实践对我国双创情况进行总结和分析，在研究过程中，越来越强烈地意识到创新市场在国家创新格局中的重要性。从某种意义上讲，创新市场的完备与否，直接决定国家创新战略的实效和成败。

一　什么是创新市场

（一）创新市场研究方兴未艾

自 2000 年美国学者布雷特·弗里希曼在《创新与制度：关于美国科学

与技术政策的反思》[①] 中提出“创新市场”以来，吴欣望、朱全涛[②]、阳光辉[③]等国内学者从法律、知识产权、科技发展、市场结构等视角纷纷对创新市场展开研究。然而，对于创新市场，还没有形成国家政策和全民意识，在创新市场的内涵、交互机制、构建路径等重大理论问题，以及国家、区域、城市构建创新市场的实践研究方面，还有很多空白需要填补。

（二）创新市场有待研究的重点领域

党的十九届四中全会首次提出建设高标准市场体系，党的十九届五中全会明确提出实施高标准市场体系建设行动，对下一步社会主义市场经济建设提出了更高的要求。创新市场是社会主义市场经济的重要组成部分，也是高标准市场体系建设的抓手。如何通过发展创新市场，建设统一开放、竞争有序、制度完备、治理完善的现代市场体系，为创新市场研究提供了更广阔的领域。

产权制度、市场准入制度、公平竞争制度是高标准市场体系的三大支柱，也是创新市场研究的重点方向。一是创新市场的价格机制并未形成，尤其是高校和科研机构创新成果的市场化产权制度尚未建立，制约了知识的生产、供给和交易，创新市场价格信号机制的作用被扭曲，无法成为调节和配置创新资源的有效信号，导致了创新资源配置的扭曲和无效。二是创新市场的主体尚未真正形成，企业自主创新能力不强，高校和科研机构的转化能力不强。三是创新市场治理还停留在以行政手段为主的阶段，并未形成市场化多元共治的体系，全国性创新市场的治理与区域性创新市场的治理仍然混杂一体，地方政府精细化创新市场治理的能力不足。这些都是有待研究的重大理论问题，也是丰富我国创新实践，为国际提供中国方案的重大实践问题。

---

① Brett Frischmann, “Innovation and Institution: Rethinking the Economics of U. S. Science and Technology Policy,” *Vermont Law Review* 24 (2000): 347.

② 吴欣望、朱全涛：《创新市场与国家兴衰》，社会科学文献出版社，2012。

③ 阳光辉：《科技创新市场的国家干预法律机制研究》，博士学位论文，西南政法大学，2009；阳东辉：《科技创新市场的国家干预法律机制——基于克服市场失灵的视角》，法律出版社，2014。

（三）创新市场与其他市场的区别

我们认为，创新从根本上说是一个稀缺资源的配置问题，如果没有市场制度和价格机制，创新既不可能实现对稀缺资源的最佳配置，也不可能实现其自身价值。可以说，创新市场既是国家创新战略的基础和支撑，也是其中的重点内容和实施保证。

创新市场是创新资源、要素交易的场域或空间。从本质上说，创新市场是各种创新资源供求双方相互作用，并得以决定其交易价格和数量的资源配置方式或制度安排，是被政府和经济、社会力量尤其是经济力量推动和建构的结果。市场机制在创新市场的资源配置中发挥着决定作用，但有别于其他市场，因创新具有公共物品性、不可预知性、动态性和激励复杂性等诸多特征，创新市场更强调政府作用，需要政府通过产权、契约、税收、分配和信息等一系列的制度建设来完善市场秩序、规范市场行为，甚至政府作为市场主体通过拨款、采购、合作研究等方式直接参与市场，使得市场配置资源达到帕累托最优。

创新市场与商品市场、劳动力市场、资本市场一样，是我国市场体系的组成部分。根据经济合作与发展组织（OECD）编的《研究与开发调查手册》《弗拉斯卡蒂手册》[①] 对研究与试验发展（R&D）活动的分类，我们可将创新市场分为三类，即基础研究创新市场、应用研究创新市场和试验发展创新市场。2019 年，国家统计局在 OECD 相关标准的基础上，结合我国研究与试验发展的实际情况，发布了《研究与试验发展（R&D）投入统计规范（试行）》[②]，对三类研发活动的成果进行了界定。以该文件为基础，我们对三类创新市场进一步界定如下。基础研究创新市场是对一般原理、理论或规律的新知识进行交易，以论文、著作、研究报告等形式为主，可以

① 经济合作与发展组织编《弗拉斯卡蒂手册》，张玉勤译，科学技术文献出版社，2010。

② 《关于印发〈研究与试验发展（R&D）投入统计规范（试行）〉的通知》，国家统计局网站，2019 年 5 月 7 日，http：//www.stats.gov.cn/tjgz/tzgb/201905/t20190507_1663326.html。

与应用研究、试验发展等创新市场主体进行交易，交易的主体包括高校、科研院所和企业；应用研究创新市场是对确定基础研究成果的可能用途或确定实现特定和预定目标的新方法进行交易，以发明专利、原理性模型、标准等形式为主，交易的主体多在科研院所和企业之间展开；试验发展创新市场是对开发新的产品、工艺或改进现有产品、工艺而进行的系统性研究产生的新知识和成果进行交易，以实用新型专利、外观设计专利、专有技术以及具有新颖性的产品原型、原始样机及装置等形式为主，生产和交易产品的主体往往是企业。政府既是三大创新市场的需求者，又是创新市场秩序的守护者。三类市场构成了从知识到产业化的创新活动全过程、全链条。三类市场相互影响，任何一类创新市场的低迷，都将影响其他两类创新市场的繁荣。有“深谷”之称的深圳，之所以在科技创新上成功崛起，原因之一就是注重政府体制改革的创新，不断转变政府职能，处理好政府和市场关系。比如，在高科技产业发展上，政府从五大方面构建了全方位的服务体系，包括金融服务体系、人才服务体系、以“高交会”为主要平台的高科技交易市场体系、以高新园区为平台的区域服务体系、以华强北为代表的产品配套市场体系等。

市场因交易而生，交易对象的独特性决定了其市场的独特性。创新市场与其他市场差别的核心是交易的产品。从交易产品的性质来看，创新市场交易的产品因其无形而有别于商品市场，因其原创性信息和知识而有别于一般的服务，也因其无形而存在市场交易风险，往往要求嵌入契约以获得权益。从交易产品的范围来看，创新市场又区别于技术市场，其不仅包含了开展专利、商标等技术商品交换的应用研究创新市场和试验发展创新市场，还包括了新知识等具有准公共物品性质的基础研究创新市场。①

① 阳东辉：《科技创新市场的国家干预法律机制——基于克服市场失灵的视角》，法律出版社，2014。

二　中国创新市场发展的阶段和路径

（一）中国创新市场的发展阶段

改革开放以来，我国科技体制的改革历程既是从计划经济向社会主义市场经济探索的历程，也是我国基础研究创新市场、应用研究创新市场和试验发展创新市场逐步构建的历程，可分为五个阶段。

第一阶段（1985～1991年），创新市场的萌芽阶段，创新市场首次分化出来，中央提出发展技术市场，通过“改革拨款制度、开拓技术市场”①，改革科研机构，发展民营科技企业，初步培育了创新市场交易主体，迈出了创新从计划向市场转型的第一步。

第二阶段（1992～1998年），应用研究创新市场发端阶段，通过“稳住一头，放开一片”②，推动应用研究机构走向了市场，并建立了全国第一个国家级技术交易所——上海技术交易所。

第三阶段（1999～2005年），试验发展创新市场兴起阶段，大力发展国家高新技术企业，推动产业化，培育了试验发展创新市场主力军。2005年，我国高新技术企业数量达到43249家，高新技术企业R&D经费支出为1193亿元，占高新技术企业营业总收入的2.0%，占全国企业研发投入的81.7%，占全国全部研发投入的45.4%。③

第四阶段（2006～2014年），完善多层次创新市场综合配套阶段，大力发展与创新市场匹配的劳动力市场和金融市场等要素市场，初步建成多层次资本市场，推动我国成为全球第一科技人力资源大国。2013年我国科学研究与试验发展人员总数为353.3万人，绝对总量超过美国居

---

① 引自1985年3月13日《中共中央关于科学技术体制改革的决定》。

② 引自1995年5月6日《中共中央　国务院关于加速科学技术进步的决定》。

③ 中华人民共和国科学技术部编《中国科技发展60年》，科学技术文献出版社、科学出版社，2009。

世界第一位。[1]

第五阶段（2015 年至今），强化创新市场协同发展阶段，加快三大创新市场融通发展，构建粤港澳大湾区等区域性创新市场，通过产业创新升级倒逼原始创新能力提升，推动我国成为全球第二大知识产出大国。2017 年我国国际科技论文被引量超过德国、英国，跃居世界第二，[2] 我国国际科技论文数量连续第九年排在世界第 2 位[3]。

经过 35 年的改革探索，我国创新市场总体呈现以“试验发展创新市场”和“应用研究创新市场”为主体，以“基础研究创新市场”为辅的多层次创新市场体系。

（二）中国创新市场培育的重要经验

美国哈佛大学产业经济学专家贝恩（Bain）和谢勒（Scherer）等人建立的 SCP（Structure-Conduct-Performance）模型，认为市场结构决定企业的市场行为，企业的市场行为又决定了其在市场上的经济绩效。部分学者将其应用到了创新市场的研究中。然而，我们认为，SCP 模型适用于较为成熟的市场，并不适用于新兴发展、有待培育的市场。创新市场需要总结新的发展规律，以为全球发展中国家提供可复制推广的经验。

总结我国创新市场培育的经验，我们发现，中国创新市场培育遵循了“RASP”的路径，即通过制度创新激发创新主体的创新活力，赋予创新者更多市场化的选择，在大众创业、万众创新中涌现出现代化的创新市场主体，进而形成了竞争性的创新市场结构，从而有效提升了创新绩效和效能，不断推动中国走向创新型国家的道路。

---

① 中华人民共和国科学技术部编《中国科技人才发展报告（2014）》，科学技术文献出版社，2015。

② 《科技部：2017 年中国国际科技论文总量居世界第二》，中华人民共和国科学技术部网站，2018 年 1 月 10 日，http：//www.most.gov.cn/ztzl/qgkjgzhy/2018/2018mtbd/201801/t20180110_137626.html。

③ 《我国国际科技论文数量连续第九年排在世界第 2 位》，“环球网”百家号，2018 年 11 月 1 日，https：//baijiahao.baidu.com/s? id = 1615912356353291761&wfr = spider& for = pc。

R（reform）是体制机制改革，是中国政府持续不断的“自我革新”，是卓有成效的“放管服”，为创新者“松绑”，通过产权制度改革、市场准入改革、市场公平竞争制度设计等让更多创新者成为市场真正的主体。A（action）[①] 是创新市场主体的创新创业行为，是具有自主创造意愿和自主创造能力的真正的市场主体，包括个人、企业、高校、科研机构等，不再是有意愿创新创业而无法真正付诸实施的主体，是市场上能够参与交易的主体。S（structure）是创新市场的结构，垄断的市场结构不利于创新，垄断竞争的市场结构是最常见的市场结构，完全竞争的市场结构更有利于市场发展但不利于创新专利的保护，因此，创新市场的最优结构并非其他市场中倡导的“充分竞争”的市场结构。P（performance）是创新市场绩效，创新市场的绩效体现在多类型的创新市场中：对于基础研究创新市场，绩效表现为源头知识生产；对于应用研究创新市场，绩效表现为知识转化；对于试验发展创新市场，绩效表现为知识应用和商品化。

三　国际创新市场发展的经验与启发

美国、德国、日本等发达国家是创新市场的先行者，为中国创新市场的构建、培育和发展，提供了丰富的经验。

迄今为止，美国构建了全球最大的创新市场。其创新市场有两大优势。一是以基础研究创新市场为突破口，构建了三级创新市场融通的体系。《拜杜法案》推动的政府投资创新成果产权私有化改革，开创了三级创新市场融合协同发展的典范。二是形成了完善的与创新市场相匹配的要素市场。其全球领先的风险资本和聚全球英才而用之的经验做法值得借鉴学习。

德国创新市场有两大显著特点。一是发展中介机构促进了应用研究创新

① 在这里没有使用哈佛教授对市场行为的描述方式“conduct”，而是使用了“action”，是对奥地利学派经济自由主义思想家路德维希·冯·米塞斯的敬意。他认为人并非原子式的个人，而是运用其自由意志做出行为的人，是有能动性的个人。其弟子“诺贝尔经济学奖”获得者哈耶克进一步提出去除制度对人的约束，是激发人的创造行为的重要方式。

市场的繁荣。通过《科学自由法》赋予科研机构自由灵活使用社会资金的权利，助推马普学会、弗劳恩霍夫应用研究促进协会、史太白基金会等机构在全球创新市场形成影响力。二是鲜明的区域创新市场一体化特征。德国可以在欧洲自由配置人力资本，还参与欧盟知识产权立法等区域创新市场的软性基础设施建设，维护区域统一创新市场的公平秩序。

日本创新市场的构建强调政府的积极作用。在基础研究创新市场构建方面，推行日本大学共同体建设制度，依托顶尖国立、公立和私立大学附属研究所、研究中心，建立共同利用研究基地。在应用研究创新市场构建方面，《产业技术力强化法》对大学等研究开发人员专利费进行减免，推动更多创新成果公开并进入创新市场。在试验发展创新市场构建方面，日本政府通过设立日本科技振兴机构（JST），建立了学术界与产业界双向沟通的桥梁。

综合来看，国际创新市场建设具有四条共性经验，即培育多元化富有活力的创新市场主体、形成有效的市场激励机制、发展与创新市场匹配的要素市场、打造法治化的创新市场环境。

四　如何培育完善强大的创新市场

（一）加快完善基础研究创新市场

着力从五个方面完善基础研究创新市场：一是完善大学与学科体系；二是打开人才自由流动的旋转门；三是推动基础研究“投创分离”，建设实验室体系和科学城体系；四是去除唯论文的评价制度；五是强化区域创新市场协同。以激发创新市场主体活力和促进创新市场要素流动为核心，推动大学变革、人才变革、产权变革、评价变革、布局变革等五大变革。

（二）提升应用研究创新市场的国际化水平

应用研究创新市场是连接基础研究创新市场与试验发展创新市场的中间

市场，对于从知识到产业的转化起着关键作用。未来还需要围绕培育高质量的应用研究创新市场主体，提升应用研究创新市场的转化效率，着力完善和推进多层次应用研究市场主体、海外应用研究平台、与国际接轨的技术转移中心、新型创新基础设施建设等。

（三）进一步激发试验发展创新市场活力

一是培育具有国际竞争力的创新型企业，发展高新技术示范城市。二是推进数据要素市场化配置，发展数据驱动的科技金融，实施数据驱动科技金融平台城市全覆盖，扩大流动资产科技金融示范试点。三是实施最严格的知识产权保护，制定高价值专利培育体系，建立知识产权发展和保护平台。四是建设数字化技术交易市场，构建全国性技术大数据系统，培育服务领域专业化的技术转移平台。

（四）协调用好市场和政府两种力量

在坚持市场在资源配置中起决定性作用的前提下，更好地发挥政府的积极作用。一是发挥政府的创新市场制度构建者的作用，调整、构建适合新兴产业发展的基础设施和市场环境。二是发挥政府作为创新市场首要用户的作用，引导、示范公众消费，加速创新扩散，促进技术竞争升级。三是发挥政府作为新兴市场创造者的作用，通过立法、政策设计等制度供给，激发市场活力和规范市场。四是发挥政府作为市场理念引导者的作用，塑造有益于企业和市场发展的社会文化环境，由文化来架构和规范创新市场①，形成“鼓励创新、宽容失败”的文化环境和制度保障。习近平总书记强调，要统筹做好知识产权保护、反垄断、公平竞争审查等工作，促进创新要素自主有序流动、高效配置。总书记强调的这些内容，正是创新市场建设中必须高度重视的问题。同时，政府还要大力推动“大众创业、万众创新”向更

① 王京生：《什么驱动创新——国家创新战略的文化支撑研究》，中国社会科学出版社，2017。

广更深的领域发展。“双创”与创新市场在中国的形成有密切关系，是我国迈向创新型国家的基本依据和途径，也是建立完善强大创新市场的基本推动力。

繁荣发展创新市场，能把政府对创新的支持转变为市场机制和重要组成部分，把市场行为、资本行为纳入其中，让各种要素在这个市场上汇集、交易、培育及转化。总之，培育壮大创新市场，一是有利于实现创新的市场化，使其与政府这只手相互配合，把创新资源更好地调动起来；二是有利于实现创新的便捷化，使创新成果的交易、转化更加迅捷；三是有利于实现创新的法治化，使知识产权确权主体和转化主体建立明晰的法律关系；四是有利于实现创新的全球化，汇聚全球创新资源为我所用。

五　对我国完善创新市场的几点建议

（一）迅速展开对创新市场的研究，从理论与实践上进行梳理，主动有意识地打造创新市场

要让创新持之以恒，建设创新型国家，必须培育和完善创新市场。我国应深化三级创新市场融通机制、所有制改革和国际化路径等创新市场的理论研究，扩大创新市场领域综合改革试点，继续繁荣壮大创新市场，争取形成完备的具有国际竞争力的创新市场体系。

加强创新市场顶层设计与发挥地方能动性相结合。建议国家层面强化对创新市场建设的顶层设计，同时建立若干创新市场试验试点，“摸着石头过河”。中央赋予深圳先行示范的历史使命，核心无非是创新。应在全国范围内选取更多城市进行创新市场构建的试点，深化创新市场建设实践，推动更多城市建设成为国际创新型城市。

邓小平同志提出“让一部分人先富起来”以来，中国涌现出一批又一批创业者在商品市场上通过贸易、生产等“产业造富”方式积累了财富，同时推动了社会主义市场经济体制的建立，实现了全面建成小康社会。新

时代，创业者活跃在创新市场，我们应该让一部分人通过创新实现更加富裕，从而带动更多人实现“创新造富”，实现中华民族的伟大复兴。

（二）持续深化创新市场改革，促进政府与市场协同并进，推动各种创新要素流动与落地

发挥好政府和市场“两只手”的作用。瞄准国际技术前沿，构建全国性的现代化实验室体系、科学城体系等基础研究载体体系；继续加大国际要素市场的开放力度，提升基础研究创新市场配置国际人才和资本的能力；建立具有市场竞争力的现代科研院所制度，推行激励更有效的制度创新，提升应用研究创新市场的转化效能；培育以高质量国际专利为主的创新型企业，提升试验发展创新市场的国际竞争力。

构建要素充分流动的创新市场。只有流动的市场才是充分的市场。在国内市场上，进一步构建数据新型要素市场激发数字经济等创新活力；进一步推动社会保障体系一体化，促进人力资本在区域创新市场的自由流动。在国际市场上，提升国际人才在中国工作和居住的便利性，加快国际人力资本要素市场化配置；加快开放国际创投、国际慈善等市场，提升资本要素在创新市场的配置效能。通过打破资本、数据、信息、人才、技术、知识产权等的流通障碍，让创新的各种要素在我国创新市场上汇集、交易、培育、转化，将我国建设成为全球顶尖的创新要素汇聚高地、交易高地、配置高地。

（三）加快完善创新市场法治环境，营造公平有序的市场秩序，持续释放创新主体的创造精神，同时维护创新市场安全

深化“放管服”改革，充分利用法治为地方“放管服”改革护航。建议加大简政放权和改革授权力度，允许试点城市自主建设符合本地创新市场改革要求的业务事项目录和标准体系，支持地方进行创新市场的改革创新，充分激发市场活力。建议国家和省层级进一步完善推进综合授权改革试点的工作机制，畅通自下而上的异议申诉和反馈机制。同时，加大国家层面对经济特区立法的授权力度，支持深圳等城市就重大改革事项进行专项立法。

完善创新市场立法。支持具有地方立法权的城市，率先开展创新市场立法，完善法律法规体系，使各种交易规范化市场化，形成可复制推广的经验。为创新要素交易搭建公平、公正、公开的平台，让创新与财富在这里对接，让知识与产品在这里转化。加快数据要素、数字经济、数字金融等相关立法修法，通过法治保障数据要素在创新市场的优化配置。推动区域性国资国企综合改革试验，支持各地国有企业积极融入创新市场建设，为创新提供技术、人才、场地、资金等全方位支撑。

活水源流随处满，东风花柳逐时新。总之，要大力发展完善创新市场，为创新造片海，让创新成果在这片大海千帆竞发、百舸争流。

前言："十四五"规划中粤港澳大湾区三大使命的制度创新意义

"十四五"规划在强化国家战略科技力量，保持香港、澳门长期繁荣稳定和推动区域协调发展中三次提到粤港澳大湾区。这意味着中国开放程度最高、市场经济活力最强，在国家发展大局中具有重要战略地位的粤港澳大湾区，在未来中国社会深化改革及社会经济结构调整进程中，将在三个方面发挥具有战略性意义的作用，那就是成为科技强国的重要实践载体，成为保持香港、澳门长期繁荣稳定的坚定力量，成为推动区域协调发展的制度探索者与率先实践者。

（一）粤港澳大湾区将肩负起强化国家战略科技力量的历史使命，从而历史性地成为创新型国家建设的战略性高地、具有巨大辐射功能的高品质增长极、实施强化国家战略科技力量的汇集优质资源的开放型高地，更历史性地成为科技强国的"中国大脑"

"十四五"规划明确指出，要制定科技强国行动纲要，健全社会主义市场经济条件下新型举国体制，打好关键核心技术攻坚战，提高创新链的整体效能。尤其要加强基础研究、注重原始创新，优化学科布局和研发布局，推进学科交叉融合，完善共性基础技术供给体系。一方面，要瞄准人工智能、量子信息、集成电路、生命健康、脑科学、生物育种、空天科技、深地深海等前沿领域，实施一批具有前瞻性、战略性的国家重大科技项目。另一方面，要实施战略性科学计划和科学工程，如推进科研院所、高校、企业科研力量优化配置和资源共享。推进国家实验室建设，重组国家重点实验室体系。布局建设综合性国家科学中心和区域性创新高地，特别强调，支持北京、上海、粤港澳大湾区形成国际科技创新中心。构建国家科研论文和科技信息高端交流平台。这意味着改革开放40多年后的今天，粤港澳大湾区不仅由曾经最大的“中国组装”走向最大的“中国制造”，而且历史性地成为“中国大脑”。

粤港澳大湾区的建立，既是新时代推动形成全面开放新格局的新尝试，也是推动“一国两制”事业发展的新实践。如果说《粤港澳大湾区发展规划纲要》是指导粤港澳大湾区当前和今后一个时期合作发展的纲领性文件，那么粤港澳大湾区则是为未来中国深化改革、全方位开放、全面发展探索、提供可借鉴的模式和可复制的样板的试验区域。所以，它的构建与40多年前经济特区的创立一样，在中国改革开放的历史进程中具有里程碑意义。今天，“十四五”规划和2035年远景目标赋予粤港澳大湾区三大使命再度证明：粤港澳大湾区的形成不仅是改革开放积累的结果，更是进一步深化改革的制度安排，是中国社会由政策开放走向制度开放的自然选择，是由外向经济走向开放经济的必然路径，是借鉴香港体制优势，真正实现港澳与祖国内地共同发展繁荣的必由之路，是拓展改革开放新局面的重要布局，是创新型国家建设的引领性探索，是实现高质量发展的区域带动性示范，是构建中国政治经济新版图的伟大实践，是中国道路的一个重要组成部分。

（二）粤港澳大湾区应该真正用好毗邻香港的地缘优势，担负起保持香港、澳门长期繁荣稳定，为港澳与祖国内地共同繁荣建立共识通道、确立互信机制、提供平等机会的使命。用好香港因素，让分享发展与共同繁荣成为祖国改革开放的共同收获，这是历史赋予粤港澳大湾区的特殊责任与国家使命

我以为，要发挥好香港全球第三大金融中心的地位与作用，尤其是对接好香港业已形成并享有一定国际声誉的科研平台和高等院校的研究能力与资源，在深港两地深入合作中，为实现高质量发展，为构建现代化经济体系，为创新型国家建设汇集更有效的资源，寻找可借鉴的经验，从而实现深港两地乃至香港与祖国内地的共同发展，分享繁荣与富裕。世界银行发布的《2020 年营商环境报告》显示，在对全球 190 个经济体的营商环境进行的分析和排名中，中国香港位列全球最便利营商地的第三，排名比 2019 年上升了一位。加拿大菲沙研究所发表的《世界经济自由度 2020 年度报告》显示，中国香港以 8.94 分①高于新加坡，这是香港连续 24 年被评为"全球最自由经济体"。

如果说改革开放之初，香港在某种程度上支撑了祖国内地的发展，那么今天，祖国内地要托举香港，与香港、澳门一起走向共同繁荣之路。香港繁荣稳定则祖国繁荣稳定，今天的香港不仅是祖国内地对外开放的窗口，也是向世界展示一个制度自信与文化自信的繁荣富强的中国的窗口。

回顾历史，无论是从深圳经济特区的成功实践角度，还是从中国改革开放所取得的伟大成就的角度，香港都是一个极其重要的因素。改革开放 40 多年来，在相当长的一段时期里，香港都是祖国内地了解世界、学习市场经济、融入国际社会的最直接便利的窗口。改革开放初期，中央鼓励香港民间资本与内地自由往来，是香港与深、粤乃至全国普遍采用、实施的合作模式，而且在相当长的时间里，引入港资、与港人合资以及港人独资也是内地与香港合作的最基本的、最主要的方式。2003 年 CEPA 的实施，也主要是向香港开放市场，以政策的优惠允许、鼓励港资参与内地市场竞争。1999 年港澳投资占深圳实际利用外资的 50.70%；2019 年这个占比高达 77.42%。② 应该肯定地说，与香港资金、物质、商品、技术、人才等经济要素的往来，真正推动了内地尤其是深、粤区域改革开放的进程。这不仅加快了计划经济向市场经济转型的步伐，而且带来了足以改变传统体制的来自竞争和市场经济的力量。任何时候我们都不能简单地把市场经济理解为技术、科学、工具、手段，因为从根本上说市场经济是制度，是机制，是文化

① 采用香港 2018 年数据。

② 参见《深圳统计年鉴 2020》。

与文明。香港社会向我们展示的是被实践检验、证明过了的，不断被人们的试错教训所修正、完善过了的一套成熟的社会管理框架及行政运作程序。香港在管理社会的功能及效率方面，在政府的决策规则及程序方面，在官员的服务意识及法制观念方面，在社会生活的民主及平等的价值取向方面，其采取的措施具有一定的借鉴意义。向在某些方面具有比较优势的成熟制度学习，有助于克服、避免转型社会政府自身的局限性导致的保守和低效率。比如，原有体制内的既得利益及传统意识形态，会直接影响官员在制度变迁过程中的选择偏好，而在这一方面具有比较优势的制度示范则可以使人们在短期内迅速跳出传统意识形态的束缚，避开人的理性的局限性，从而提升对制度变迁的认知能力。再比如，在转型社会的制度变迁过程中，常常会出现这样的情况：即使政府有心做出新的制度安排以使制度从不均衡恢复到均衡，但由于社会科学知识不足，政府也可能无法完成一项正确的制度安排。结果在利润最大化方面的短期努力会导致对持续无效活动的追逐（在制度制约给定时），而且即使它们会追求生产性活动，也可能会导致无法预期的结果。所以向这些有比较优势的制度学习，既可以消除制度变迁的时滞，降低制度变迁的成本，减少制度变迁的无形损耗，同时还可以使政府在制度的变迁中走向成熟、理性，形成富有责任感和服务社会与民众的职业价值取向。相较于过去的中国，香港是一个相对成熟、完善、高度国际化的发达的市场经济地区，我们可以借鉴它在政府治理方面的比较优势——服务型政府的工作效率，民主、透明的议事、办事秩序，公平竞争的市场秩序，完善、普惠的社会保障机制。改革开放 40 多年后的今天，我们的制度不断完善，展现出深厚的历史底蕴及强大的生命力，祖国的发展繁荣不仅惠及 730 万香港居民，而且在一定程度上提升了香港的区位竞争力。《2020 年全球创新指数》显示，在以 PCT 国际专利申请量和科学出版物为核心评价指标的科技集群中，深圳—香港—广州科技集群位居全球第二，仅次于东京—横滨，超过美国圣何塞—旧金山城市群（硅谷所在地）。①

① 世界知识产权组织：《2020 年全球创新指数》，2020 年 12 月 9 日。

但是从某种意义上说，香港的一些有比较优势的制度依然是我们深化改革可以利用的有价值的资源。尼采曾说：“在哲学家中，没有比理智的诚实更为稀罕的了。”① 人类社会的前进不仅需要勤奋与热情，更需要思考与理性。②

（三）推动区域协调发展，解决区域发展不平衡，从而加快整体实现现代化的步伐，这是一个富有制度绩效的战略决策。区域协调发展将以更有效的“扩散效应”的释放，带动更广阔的区域空间的同步发展；将以更大的跨区域市场的形成，促进要素低成本高效益的自由流通；将以区域协同发展的“邻里效应”防止“极化效应”的形成与加剧。粤港澳大湾区在区域协同发展中也将是一个从体量到能量再到质量均处于高位的“能量释放源”

区域协调发展首要解决的问题是行政区划与区域一体化的矛盾，这对粤港澳大湾区尤为特殊，也尤为重要。粤港澳大湾区由香港特别行政区、澳门特别行政区和广东省广州市、深圳市、珠海市、佛山市、惠州市、东莞市、中山市、江门市、肇庆市，即“9+2”行政区划构成。相对环杭州湾大湾区、渤海湾大湾区而言，粤港澳大湾区存在两种制度、三个关税区。所以粤港澳大湾区成功解决区域协调发展问题不仅对自身发展具有价值，而且对其他湾区乃至区域协同发展都将具有借鉴意义。

基于“区域利益共同体”的发展理念，粤港澳三地应该在已经确立的合作平台的基础上，进一步发挥粤港澳联席会议制度和各类专责小组的功能，构建粤港澳三地政府层面的协调机制和对话机制，统筹协调粤港澳大湾区内诸如基础设施建设、科技装备设施布局、重点产业创新合作等方面的协同问题。只有确立、增强粤港澳大湾区跨境协商机制这一公共物品的供给，粤港澳大湾区内对外贸易、金融服务、公共服务等方面的具体合作才能切实

---

① 尼采：《权力意志——重估一切价值的尝试》，商务印书馆，1991，第590页。

② 陶一桃：《经济特区与中国制度变迁的路径选择》，《澳门理工学报》（人文社科版）2018年第3期。

做到统一规划与各城市的自主行动有机结合。另外，粤港澳三地应该协商成立粤港澳大湾区公共服务平台，统筹协调粤港澳大湾区内劳动力流动、居住就业、创新创业等民生问题，实现粤港澳大湾区公共服务的区域同城化。

我们知道，人与物的流动是保持粤港澳大湾区活力的关键，粤港澳区域协同公共平台的重点工作之一就是磋商包括要素在内的与流动相关的各项标准。在与居民就业及生活服务密切相关的行业，设立共同的服务标准或统一的管理模式来提高行政效率。例如，在医生、护士、会计师等专业人员资格认证方面，可通过设立共同认证机构的制度安排，来有效处理跨境认证事务。通过设立共同机构的形式来解决上述问题的办法，还可以适用于诸如产品认证和服务业标准确定等更加广泛的事务中。

作为区域公共物品共同遵循的公共制度的形成，将会大大促进粤港澳全要素市场化的自由流动，这不仅从制度上促进粤港澳大湾区区域内的合作深化，而且使粤港澳大湾区具有跨区域协调的制度辐射力。“9+2”是粤港澳大湾区不同于国内其他大湾区的独特制度结构，这种独特的制度结构既是实现区域协同发展亟待解决的问题或制度约束，又是其发挥更大优势的独特禀赋。因为粤港澳大湾区的成功实践，提供的将不仅仅有优质的生产要素，更有可借鉴的制度性资本。

党的十八大以来，党中央提出了京津冀协同发展、长江经济带发展、粤港澳大湾区建设、长三角一体化发展等新的区域发展战略。当前，我国区域发展形势整体上是好的，但同时出现了一些值得我们特别关注的问题。第一，区域经济发展分化趋势明显。长三角、珠三角等地区已初步走上高质量发展轨道，然而一些北方省份增长却逐渐缓慢，全国的经济重心大踏步地南移。2018年，北方地区经济总量占全国的比重为38.5%，比2012年下降了4.3个百分点。[①] 第二，发展动力的极化现象日益突出。经济资源和人口向大城市及城市群集聚的趋势日渐明显。如北京、上海、广州、深圳等特大城市“虹吸效应”不断增强，杭州、南京、武汉、郑州、成都、西安等大城

---

① 习近平：《推动形成优势互补高质量发展的区域经济布局》，《求是》2019年第24期。

市发展势头也呈上升趋势，并形成推动高质量发展的区域增长极。第三，部分区域发展面临较大困难。一些城市特别是资源枯竭型城市和传统工矿区城市发展活力严重不足。

随着改革开放40多年来国民经济的整体发展与提升，新的区域发展不平衡伴随经济总量的增长而出现。如经济发展的空间结构正在发生深刻变化，中心城市和城市群成为承载发展要素的主要空间。新的区域发展不平衡的出现，将有可能成为制约中国经济发展可持续性与公平性的最大障碍。因而"优化区域经济布局，促进区域协调发展"正是改革开放40多年后的今天，必须要解决的发展中的问题。

当然，促进区域协调发展应该按照客观经济规律来调整。比如在市场导向下发挥各地区比较优势，促进各类要素合理流动和高效集聚，增强创新发展动力，加快构建高质量发展的动力传导系统，在增强中心城市和城市群等经济发展优势区域的经济和人口承载能力的同时，以扩散效应增强其他地区的经济增长点，从而形成符合各地区要素禀赋特质的、优势互补的、高质量发展的、科学合理并具有可持续发展空间的区域布局。

从客观上讲，区域发展不平衡是普遍的，即便在普遍高水平发展阶段，不平衡也是存在的。在整体发展中促进区域发展走向相对平衡的目的就是缩小区域发展差距，让分享发展成为走向共同富裕的路径。这就是区域协调发展的重要意义所在。

我们可以得出这样的结论：在"优化区域经济布局，促进区域协调发展"的国家整体战略部署中，粤港澳大湾区应该凭借自身发展优势成为优化区域经济布局的"有辐射力的先行区"，促进区域协调发展的率先探索路径与制度通道的"策源地"。

湾区经济对中国而言绝不是简单的区域经济学的概念，而是一个足以带动中国社会改革开放迈向深入的政策增长极。它与特区、自贸区一样，都担负着不同发展时期被赋予的不同内涵的改革目标与使命。甚至可以说，它是一个更大区域的经济特区。40多年前中国改革开放是从计划经济最薄弱的地方开始的，今天深化改革是从社会主义市场经济最发达的地区开始的。

“十四五”规划中对粤港澳大湾区三重使命的赋予，更进一步证明粤港澳大湾区将历史性地担负起以其自身的探索与率先发展引领中国社会的深化改革，促进中国社会由政策开放走向制度开放，由外向型经济走向开放型经济，将坚定自己的道路与灵活采取策略、不断自我完善相结合，推动制度创新，对外展现中国特色社会主义制度优势，对内进一步增强中国特色社会主义制度自信的使命。

陶一桃

2021年4月20日于深圳大学专家公寓

目 录

Ⅰ 总报告

Ⅱ 中国双创指数篇

Ⅲ 区域篇

Ⅳ 国际篇

皮书数据库阅读**使用指南**

总报告

General Report

B.1
中国双创发展报告（2020~2021）

李　凡*

摘　要：本报告以城市为分析样本，选取环境支持、资源能力和绩效价值3项一级指标及10项二级指标和32项三级指标，通过数据汇总和系统计算，构建2020年中国双创指数。基于全国100个主要城市的双创指数比较，综合测评我国的创新与创业发展现况；分别基于3项一级指标下全国排名前10的城市特征梳理，细化探讨环境支持、资源能力和绩效价值对于双创发展的影响。

关键词：双创指数　双创城市　创新创业

* 李凡，经济学博士，深圳大学中国经济特区研究中心教授，研究方向为产业组织、电子商务、资源经济学和应用计量经济学。

一　宏观背景与研究意义

（一）研究背景

2020 年 7 月 23 日，国务院办公厅印发《关于提升大众创业万众创新示范基地带动作用　进一步促改革稳就业强动能的实施意见》（以下简称《意见》）。《意见》指出，要深入实施创新驱动发展战略，聚焦系统集成协同高效的改革创新，聚焦更充分更高质量就业，聚焦持续增强经济发展新动能，强化政策协同，增强发展后劲，努力把双创示范基地打造成为创业就业的重要载体、融通创新的引领标杆、精益创业的集聚平台、全球化创业的重点节点、全面创新改革的示范样本，推动我国创新创业高质量发展。

同年 12 月 24 日，国务院办公厅印发《关于建设第三批大众创业万众创新示范基地的通知》，部署开展第三批大众创业万众创新示范基地建设工作。该通知明确，在部分地区、企业、高校和科研院所建设第三批共 92 个双创示范基地，其中创业就业方向 25 个、融通创新方向 27 个、精益创业方向 32 个、全球化创业方向 8 个。这是继 2017 年 6 月国务院办公厅印发《关于建设第二批大众创业万众创新示范基地的实施意见》后，对建设创业创新示范基地工作的又一次全面部署，体现了国家对于不同类型的创业创新示范基地的界定，表明了国家对于双创纵深发展的系统性推动。

2020 年，新冠肺炎疫情席卷全球，对我国的经济发展和社会秩序造成较大的冲击。习近平总书记指出："当今世界正经历百年未有之大变局，科技创新是其中一个关键变量。我们要于危机中育先机、于变局中开新局，必须向科技创新要答案。"我国正处于新发展阶段，经济的高质量发展需要以持之以恒的科技创新打造新动能，需要以科技创业带动高质量就业。在此背景之下，深圳大学中国经济特区研究中心和一带一路国际合作发展（深圳）研究院在《中国双创发展报告（2019～2020）》的基础之上，将科技投入因素纳入中国双创指数指标体系，结合已经延续使用四年的权威量化指标，构建2020～2021年度中国双创指数并开展系统性的分析。

国内目前关于创新的研究较多，比较权威的创新评价体系主要为科技部制定的“国家创新能力评价指标体系”和“区域创新能力监测指标体系”、国家统计局发布的“中国创新指数研究”、杭州市人民政府发布的“杭州创新指数”以及中国城市发展研究会的“中国城市创新能力评价指标体系”。然而，创业方面的研究较少，比较有代表性的是北京大学国家发展研究院和龙信数据研究院合作完成的“朗润—龙信中国区域创新创业指数”。该评价体系以省、市、县级区域为研究对象，采用企业大数据库的“全量”数据，指数的构建基于诞生创业者数量、获得风险投资、专利获得、商标注册、新增企业注册数、获得外来投资6个维度，着重考虑企业的创新产出和经营结果，但忽略了区域的环境支持和资源能力因素。

国际上的研究机构同样重视研究创新创业的发展，已经有成熟的研究体系。与我国的研究体系类似，国际相关指标体系既有选取创新或者创业其中之一开展测评，也有综合评估创新创业水平。根据近三年《中国双创发展报告》及其他书籍的归纳，国际上认知度较高、应用范围较广的创新指数包括世界知识产权组织领衔的全球创新指数（Global Innovation Index，GII）、欧盟委员会发布的欧盟创新指数（Summary Innovation Index，SII）等。在创业指数方面，权威且影响力大的有英国伦敦商学院发布的全球创业观察指数（Global Entrepreneurship Monitor，GEM）、全球创业发展研究所发布的全球创业指数（Global Entrepreneurship Index）、考夫曼基金会赞助发行的考夫曼创业活动指数（Kauffman Index：Startup Activity）。在创新创业综合指数方面，世界经济论坛发布的硅谷指数（Silicon Valley Index）较为权威。以上所列举的国际创新创业指数基于科学的指标体系和丰富的创新创业数据，系统且全面地评估了全球范围内的国家、地区、城市或企业的双创水平。

（二）研究意义

2020 年是极不平凡的一年。面对突袭而至的新冠肺炎疫情，我国仍取得全面建成小康社会的伟大历史性成就，实现决战脱贫攻坚的决定性胜利。在建设社会主义现代化国家的征程中，深化改革创新、培育创新驱动的内涵型增长动能是促进我国经济高质量发展的重要途径。中国双创指数通过构建一套综合性较强、可量化的指标体系，较为全面地评估了我国主要城市的双创能力和潜力，对全社会深入推进大众创业、万众创新，激发市场活力和社会创造力具有重要的指导意义。

首先，有助于政府部门强化顶层设计，注重分类指导。近年来，创新创业从“小众”走向“大众”，大众创业、万众创新的理念持续在全社会掀起浪潮。客观系统地评价双创发展水平既能实时追踪全国主要城市的创新创业趋势，又能深入挖掘各地区间的发展差异和优劣之势，为政府部门及时总结成功经验、发现潜在问题、评价区域发展情况，从而制定有针对性的政策，建立健全工作机制提供有价值的决策参考。

其次，有助于对我国双创发展进行国际比较，推进评价体系的国际化。在构建和编制中国双创指数指标体系的过程中，课题组汲取国内外的有益经验，通过采用国际通用及可获得的量化指标，打造具有国际可比性的双创指数。2020 年 11 月 15 日，东盟十国以及中国、日本、韩国、澳大利亚、新西兰 15 个国家正式签署《区域全面经济伙伴关系协定》（RCEP），标志着全球规模最大的自由贸易协定正式达成，也标志着我国在上海合作组织、“一带一路”倡议等之后，在又一国际经贸合作领域的重要突破。在此节点下，构建具有国际可比性的指标体系尤为重要。

最后，有助于激发创新市场主体活力，把握发展机遇，增强发展后劲。《中国双创发展报告》重点选取 100 个典型城市，使用丰富的数据构建多级指标，横向比较城市之间的创新创业特征，纵向评估各城市的双创发展进程，进而挖掘各城市的比较优势、梳理当下境况、预测未来趋势。需要指出的是本年度双创指数考虑了疫情的冲击和疫情防控时期的新发展。

二　双创指数构建与评估机制

（一）中国双创指数指标体系的构建原则

正如《意见》指出："大众创业万众创新示范基地启动建设以来，创新资源不断集聚，创业活力持续提升，平台能力显著增强，有力带动了创新创业深入发展。"在这样的背景下，为进一步把握全国城市创新创业竞争力的发展，优越的环境支持、高效的资源配置和科学的绩效价值"三位一体"的评价机制仍不可或缺。因此，课题组延续近三年《中国双创发展报告》，从环境、资源、绩效三个层面构建一套既能够量化分析双创实质，又能科学评估双创现况的指标体系。

近年来，国内关于创新市场的理论逐渐兴起。吴欣望等在国内首次提出"创新市场"，认为创新本身就是一种市场行为，存在一个"创新市场"，即对有商业价值的新技术、新构思等原创性信息进行交易的场所。① 阳东辉则从科技发展的视角出发，认为科技创新市场是指科技创新知识的投入和产出、供给与需求的市场，它与商品市场、劳动力市场、资本市场一样，也是我国市场体系的一个组成部分。② 王京生认为，创新市场是创新资源、要素交易的场域或空间。从本质上说，创新市场是各种创新资源供求双方相互作用，并得以决定其交易价格和数量的资源配置方式或制度安排，是被政府和经济、社会力量尤其是经济力量所推动和建构的结果。按创新活动属性分类，创新市场可分为基础研究创新市场、应用研究创新市场和试验发展创新市场。③

"如何培育创新市场"引起了学界专家和相关媒体的关注和热议。我国

① 吴欣望、朱全涛：《创新市场与国家兴衰》，社会科学文献出版社，2012。

② 阳东辉：《科技创新市场的国家干预法律机制——基于克服市场失灵的视角》，法律出版社，2014。

③ 王京生：《创新市场论》，海天出版社，2020。

经过多年的改革探索，现初步形成以“试验发展创新市场”和“应用研究创新市场”为主体，以“基础研究创新市场”为辅的多层次创新市场体系。借鉴国际上发展成熟、体系完整的创新市场构建过程，有四条共性经验为我国创新市场的构建、培育和发展提供借鉴：一是培育多元化富有活力的创新市场主体，二是形成有效的市场激励机制，三是发展与创新市场匹配的要素市场，四是打造法治化的创新市场环境。

2020 年以来，培育创新市场主体，促进各层次创新市场协调发展的呼声日益高涨。在 5 月召开的十三届全国人大三次会议上，多名人大代表建言，应当加强基础研究，促进转化应用，以提高科技创新支撑能力。12 月 7 日召开的国家科技领导小组会议再次指明，我国科技发展存在“大而不强”“基础研究及原始创新薄弱”等问题，要求着力加强基础研究和应用研究，以改革更大激发创新创造活力。

因此，在延续过往三年《中国双创发展报告》的体系框架基础之上，本报告结合王京生对创新市场的定义和分类，新加入了基础研究创新市场、应用研究创新市场和试验发展创新市场的要素定义，进而选择其对应的规范性指标并将其纳入双创指数的综合计算。

（二）中国双创指数指标体系的构建方法

深圳大学中国经济特区研究中心和一带一路国际合作发展（深圳）研究院从创新创业生态链视角出发，参考联合国（UN）创新创业三元评估体系并借鉴国际上相关指标的体系构建机制，采用既与国际接轨又科学反映中国特色的具体指标，构建出一套能够科学评估中国主要城市双创活跃程度和发展潜力的指标体系。该体系由环境支持、资源能力和绩效价值等 3 项一级指标及细分的 10 项二级指标和 32 项三级指标组成。

值得注意的是，为凸显培育强大的创新市场在我国双创发展中的重要地位和作用，本年度报告新增“科技投入”二级指标及其下的 3 项三级指标以衡量各城市的创新市场构建和培育程度，该 3 项三级指标分别为“基础研究经费支出占万元 GDP 比重（%）”、“应用研究经费支出占万元 GDP 比

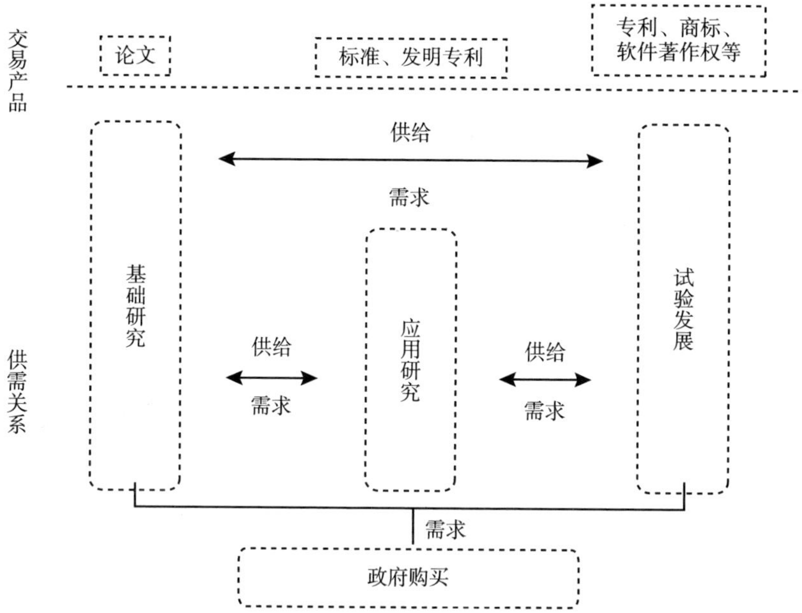

图 1　三类创新市场供需关系及交易产品

资料来源：基于王京生《创新市场论》整理、绘制。

重（%）”和“试验发展经费支出占万元 GDP 比重（%）”。

在保证数据可获得性的基础上，为提高指标描述的科学性和准确性，本年度报告还对部分二级和三级指标进行调整。例如，将往年的二级指标“资本投入”改为“资本市场”，其对应的三级指标为“年度新增市值（亿元）”、“年度 IPO 规模（亿元）”和“年度新三板上市数量（个）”。其他指标的调整列出如下：将二级指标“市场结构”下的“外商投资占 GDP 比重（%）”改为“实际利用外商直接投资占 GDP 比重（%）”；将二级指标“制度文化”下的“每万人图书馆数量”改为“每万人藏书册数（册）”；将二级指标“配套支持”下的“公共陆路交通效率（万人/天）”改为“公共交通车辆数（辆）”，“综合医院占医疗机构比重（%）”改为“医院占医疗机构比重（%）”；将二级指标“产业绩效”下的“规模以上工业企业新产品产值（万元）”改为“规模以上工业企业利润总额（亿元）”；将二级指标“创新绩效”下的“中国‘互联网+’数字经济指数”改为“中国城市数字经济指数”。

（三）中国双创指数指标体系权重的确定

中国双创指数指标体系选取的各级指标及其权重见表1。

表1 中国双创指数指标体系及各指标权重

一级指标	二级指标	三级指标	三级权重(%)
环境支持(33%)	市场结构	非公有制企业数量比重(%)	2.36
		规模以上工业小微企业数量比重(%)	2.36
		实际利用外商直接投资占GDP比重(%)	2.36
	产业基础	对外进出口总额(亿元)	2.36
		规模以上工业总产值(亿元)	2.36
		民间资本固定资产投资总额占GDP比重(%)	2.36
	制度文化	政府效率指数	2.36
		商业信用环境指数	2.36
		每万人藏书册数(册)	2.36
	配套支持	公共交通车辆数(辆)	2.36
		货物运输总量(万吨)	2.36
		互联网宽带普及率(%)	2.36
		医院占医疗机构比重(%)	2.36
		国家级科技企业孵化器数量(个)	2.36
资源能力(33%)	人力资源	净流入常住人口(万人)	3.30
		高等教育学历人口比例(%)	3.30
		知识密集型服务业占从业人员比例(%)	3.30
		普通高校在校生数量(万人)	3.30
	资本市场	年度新增市值(亿元)	3.30
		年度IPO规模(亿元)	3.30
		年度新三板上市数量(个)	3.30
	科技投入	基础研究经费支出占万元GDP比重(%)	3.30
		应用研究经费支出占万元GDP比重(%)	3.30
		试验发展经费支出占万元GDP比重(%)	3.30

续表

一级指标	二级指标	三级指标	三级权重(%)
绩效价值(34%)	产业绩效	人均GDP(元)	4.25
		高新技术企业数量(个)	4.25
		规模以上工业企业利润总额(亿元)	4.25
	创新绩效	专利授权量(件)	4.25
		每万人国内发明专利申请量(件/万人)	4.25
		中国城市数字经济指数	4.25
	可持续发展	单位GDP能耗(吨标准煤/万元)	4.25
		空气质量优良(二级及以上)天数占比(%)	4.25

（四）中国双创指数指标体系城市研究样本的选择

截至2020年底，中国有34个省级行政区（23个省、5个自治区、4个直辖市、2个特别行政区），333个地级行政区（293个地级市、30个自治州、7个地区、3个盟）。其中，地级市是地级行政区的主体，被选作中国双创指数指标体系研究对象。

根据《意见》，第三批双创示范基地要按照创业就业、融通创新、精益创业、全球化创业等差异化功能定位，强化区域覆盖、功能布局、协同发展，更好发挥示范带动作用，助力经济高质量发展。在这四个功能定位中，促进多渠道灵活就业、推动产业链发展、支持创新型中小微企业发展、搭建国际化创新创业平台是建设各类双创示范基地的重中之重。因此，研究团队围绕促进双创示范基地特色化、功能化、专业化发展的目标，对2020年的城市研究样本进行了一定的调整。城市研究样本在涵盖长三角、珠三角、西部地区“一带一路”途经城市等区域的基础上，也包含了一些发展特征鲜明的新兴城市，如紧扼京津冀交通要塞、深度参与京津冀协同发展的廊坊；风电投资斐然、巨头企业纷纷入驻的盐城；地扼半岛咽喉、大力发展“夜经济”的潍坊等。

综上，研究团队根据各城市的经济发展状况及其区位的重要性，兼顾区域均衡，筛选出100个城市，作为中国双创指数指标体系的城市研究样本。

中国双创指数指标体系的城市研究样本包括4个直辖市和96个地级行政区。由于港澳台的数据所采用的统计口径和变量选择与中国其他城市差异较大，可比性较低，因此研究样本不包含香港特别行政区、澳门特别行政区和台湾地区。具体入选条件有以下三个方面。

第一，直辖市、省级行政区省会城市及副省级城市应当无条件入选。

第二，综合考虑各省、自治区的人口分布及经济发展水平等因素，在全国范围内合理均衡选择城市研究样本，以避免样本所属区域过度集中于经济发达地区。

第三，根据各省、自治区下辖地级行政区2019年地区生产总值排名，对地区生产总值进行数量分级，在数量级差异不显著的情况下，排名靠前者入选。若入选数量超过该省、自治区的样本配额，则从中择优选取高于同期全国平均生产总值增速的城市。若入选数量未达到配额，则对该省、自治区下辖地级行政区的区位重要性进行评估（人口、交通、地缘等因素），再择优选取符合条件的地级行政区；否则，多余样本配额将补充给配额紧缺的省、自治区。

根据以上筛选条件，中国双创指数指标体系的城市研究样本名单如表2所示。

表2　中国双创指数指标体系的城市研究样本名单

城市	城市	城市	城市	城市
深圳	金华	遵义	吉林	泰州
北京	台州	呼和浩特	德州	重庆
上海	芜湖	株洲	银川	南昌
广州	马鞍山	哈尔滨	榆林	合肥
杭州	安庆	洛阳	拉萨	昆明
苏州	青岛	鄂尔多斯	连云港	嘉兴
武汉	大连	九江	鞍山	湖州
天津	济南	郴州	西宁	绍兴

续表

城市	城市	城市	城市	城市
南京	沈阳	赣州	烟台	贵阳
成都	郑州	福州	绵阳	太原
长沙	佛山	济宁	包头	保定
西安	惠州	沧州	三亚	海口
宁波	东莞	漳州	盐城	兰州
厦门	中山	泉州	潍坊	常德
珠海	江门	南宁	柳州	乌鲁木齐
无锡	汕头	桂林	临沂	衡阳
常州	宜昌	岳阳	廊坊	新乡
南通	茂名	唐山	温州	淄博
徐州	扬州	石家庄	莆田	襄阳
湘潭	长春	威海	镇江	淮安

（五）中国双创指数指标体系的数据来源

由于构建中国双创指数指标体系的指标具有较高的丰富性和复杂性，所以指标对应的数据呈现多样化的来源。数据来源主要为政府官方统计数据、高校系统、民间智库或第三方机构。大部分数据直接来自各地统计局所发布的统计年鉴与国民经济和社会发展统计公报，一部分数据来自国务院各部委所发布的统计数据和报告。对于非常规统计数据或官方未公开的数据，研究团队则通过高校系统、民间智库或第三方机构所发布的对创业、创新发展有影响的测评指数等来源获取。中国双创指数指标体系的指标数据来源见表3。

表3　中国双创指数指标体系的指标数据来源

数据来源	主要发布机构
统计年鉴	各地统计局
国民经济和社会发展统计公报	各地统计局
全国1%人口抽样调查主要数据公报	各地统计局
财政决算报告	各地财政局

续表

数据来源	主要发布机构
国家级科技企业孵化器名单	科技部
中国地方政府效率研究报告	北京师范大学
中国城市商业信用环境指数(CEI)	中国城市商业信用环境指数课题组
Wind 数据库	万得信息技术股份有限公司
中国城市数字经济指数	新华三集团数字经济研究院

由于各地统计局在部分数据上的统计口径、修订方法等存在差异，对于差异较大或缺失的数据，研究团队还采用了其他来源的数据进行核对修改确认，例如各省和自治区统计局发布的省、自治区省级统计年鉴以及各级地方志。此外，个别指标如空气质量优良（二级及以上）天数占比来源于各地气象局或环保局发布的统计数据。

《中国双创发展报告（2020～2021）》系对各研究样本进行 2019 年双创状况的测评，原则上由反映 2019 年的相应指标数据构成。截至本指标体系完善前，发布机构尚未公布该年数据的，或发布机构虽然公布了该年数据，但统计口径不同导致数据不适用的，则视该数据为缺失。若缺失数据在测评年度之前可以获得，则用最近年份的数据替代；否则采用类比法，依据相似城市的数据，通过拟合法或加权平均法进行补充。

三　测度结果与综合分析

（一）中国双创城市综合测评结果

中国双创城市的综合测评结果显示，深圳连续四年蝉联双创总指数得分第 1 名；北京、上海紧随其后，总指数得分均在 80 分以上；广州、苏州、杭州分列第 4、5、6 名，总指数得分均在 65 分以上；以上城市形成第一梯队，都属于东部地区。相比于往年，第二梯队中的内陆城市数量占比提高，沿海城市数量占比下降。在内陆城市中，南京、武汉、西安、佛山、无锡、长沙、成都、重庆分列第 7、8、10、11、13、15、16、18 名，其中武汉、西安、长沙、成都、重庆属于中西部地区国际性综合枢纽城市。沿海地区的宁波、东莞、厦门、天津分列第 9、12、14、17 名。总体而言，双创总指数排名前 50 位城市中有 33 个城市属于东部地区，5 个城市属于中部地区，8 个城市属于西部地区，4 个城市属于东北地区。第 51 ~ 100 名的城市中，有 21 个城市属于东部地区，16 个城市属于中部地区，11 个城市属于西部地区，2 个城市属于东北地区（见表 4）。这说明了东部经济发达地区的创新创业发展水平普遍高于中西部及东北地区，内陆综合性城市崛起较快。

表 4　中国双创城市的双创指数

排名	城市	总指数	区域	排名	城市	总指数	区域
1	深圳	88.28	东部	21	青岛	52.89	东部
2	北京	88.17	东部	22	郑州	52.36	中部
3	上海	83.95	东部	23	合肥	50.40	中部
4	广州	73.66	东部	24	嘉兴	49.60	东部
5	苏州	69.75	东部	25	昆明	49.45	西部
6	杭州	67.42	东部	26	福州	48.08	东部
7	南京	61.51	东部	27	南通	47.93	东部
8	武汉	60.08	中部	28	贵阳	47.79	西部
9	宁波	57.03	东部	29	济南	47.65	东部
10	西安	56.74	西部	30	哈尔滨	47.22	东北
11	佛山	56.45	东部	31	大连	47.09	东北
12	东莞	55.53	东部	32	沈阳	46.01	东北
13	无锡	55.45	东部	33	湖州	45.97	东部
14	厦门	55.00	东部	34	泉州	45.89	东部
15	长沙	54.97	中部	35	温州	45.74	东部
16	成都	54.87	西部	36	海口	45.60	东部
17	天津	54.15	东部	37	南昌	45.42	中部
18	重庆	54.14	西部	38	三亚	45.27	东部
19	珠海	53.78	东部	39	中山	45.27	东部
20	常州	53.40	东部	40	绍兴	44.62	东部

续表

排名	城市	总指数	区域	排名	城市	总指数	区域
41	惠州	44.01	东部	71	唐山	38.65	东部
42	石家庄	43.65	东部	72	包头	38.62	西部
43	长春	43.63	东北	73	汕头	38.56	东部
44	台州	42.47	东部	74	榆林	38.37	西部
45	扬州	42.42	东部	75	莆田	38.35	东部
46	乌鲁木齐	42.38	西部	76	徐州	38.26	东部
47	南宁	42.25	西部	77	桂林	38.16	西部
48	呼和浩特	42.17	西部	78	柳州	37.97	西部
49	金华	42.10	东部	79	潍坊	37.29	东部
50	镇江	41.72	东部	80	岳阳	37.23	中部
51	吉林	41.63	东北	81	济宁	37.23	东部
52	兰州	41.48	西部	82	绵阳	37.16	西部
53	烟台	41.29	东部	83	洛阳	36.93	中部
54	芜湖	41.21	中部	84	衡阳	36.75	中部
55	泰州	41.18	东部	85	沧州	36.17	东部
56	威海	41.10	东部	86	淄博	35.97	东部
57	鄂尔多斯	40.89	西部	87	襄阳	35.96	中部
58	太原	40.86	中部	88	湘潭	35.65	中部
59	银川	40.68	西部	89	保定	35.49	东部
60	马鞍山	40.22	中部	90	安庆	35.38	中部
61	宜昌	39.76	中部	91	廊坊	35.34	东部
62	淮安	39.74	东部	92	常德	35.24	中部
63	漳州	39.65	东部	93	郴州	34.93	中部
64	遵义	39.40	西部	94	赣州	34.85	中部
65	盐城	39.30	东部	95	临沂	34.80	东部
66	连云港	39.21	东部	96	鞍山	34.71	东北
67	九江	39.16	中部	97	株洲	34.60	中部
68	拉萨	39.07	西部	98	茂名	34.44	东部
69	西宁	39.07	西部	99	新乡	34.29	中部
70	江门	38.88	东部	100	德州	34.03	东部

注：本表所采用的区域划分主要依据2011年6月13日国家统计局发布的《东西中部和东北地区划分方法》，http：//www.stats.gov.cn/ztjc/zthd/sjtjr/dejtjkfr/tjkp/201106/t20110613_71947.htm。

（二）双创环境支持维度测评结果

由表 5 可知，在环境支持维度方面，上海连续三年排名第一，深圳紧随其后，北京、广州、苏州分列第 3、4、5 名。与往年不同，南京、宁波首次进入该维度的前 10 名，但两座城市崛起的原因却各有不同。

南京能够位居环境支持维度的第 7，主要是由于其近年来加强制度文化和配套支持，以创新重塑城市气质。2017 年，南京强势启动实施“两落地一融合”工程；2018 年发布的一号文件提出“121”战略，致力于建设具有全球影响力的创新名城；2019 年发布《关于深化创新名城建设提升创新首位度的若干政策措施》。这些政策措施要求相关政府机关和企事业单位进一步完善落实对创新、创业活动的配套支持，进一步加强创新制度文化建设，因而显著提高了该测评维度下的商业信用环境指数、每万人藏书册数（册）、医院占医疗机构比重（%）、国家级科技企业孵化器数量（个）等多项指标。

宁波能够入围该测评维度前 10，主要是其坚持以制造业为本，不断加强产业集群建设的成果。近年来，宁波在建设制造业高质量发展先行城市的征程上大步前行。从事关长远的“栽树工程”的提出到“246”万千亿级产业集群培育工程的深入实施，宁波通过打造产业梯度平台，推进智能制造工程，巩固产业集群的基础能力等措施，贯彻落实制造强国战略，全力以赴推动制造业高质量发展。

表 5　双创环境支持维度前 10 名城市

排名	城市	得分	所属区域
1	上海	31.82	东部
2	深圳	29.17	东部
3	北京	26.94	东部
4	广州	26.31	东部
5	苏州	25.92	东部

续表

排名	城市	得分	所属区域
6	杭州	23.31	东部
7	南京	21.08	东部
8	宁波	20.70	东部
9	无锡	20.10	东部
10	东莞	20.09	东部

（三）双创资源能力维度测评结果

由表6可见，在资源能力维度上，北京连续四年卫冕榜首，深圳、上海分别居于第2、3名。值得注意的是，相对于环境支持和绩效价值这两个维度，本维度是唯一有中西部城市进入全国前10的维度。其中，中部城市郑州表现十分亮眼，这是其首次冲进资源能力维度排行榜前10名，并实现位列第8的优异成绩。归结原因，主要是郑州近年来不断加大人力资源投入取得了重大成效。从“智汇郑州·1125聚才计划”到“‘1+22’人才政策”的实施，郑州在吸引人力、发展人才的道路上稳扎稳打，显著提高了净流入常住人口（万人）、高等教育学历人口比例（%）、普通高校在校生数量（万人）等多项指标。

表6　双创资源能力维度前10名城市

排名	城市	得分	所属区域
1	北京	32.51	东部
2	深圳	26.00	东部
3	上海	24.36	东部
4	广州	23.82	东部
5	西安	23.69	西部
6	武汉	22.31	中部
7	杭州	21.86	东部
8	郑州	21.29	中部
9	济南	20.93	东部
10	苏州	20.93	东部

（四）绩效价值维度测评结果

如表 7 所示，在绩效价值方面，深圳以绝对优势排名第一。自深入实施创新驱动发展战略以来，深圳作为改革创新的领头羊奋力向前，逐渐建立健全以企业为主体、产学研深度融合的技术创新体系，以“基础研究”、“技术攻关”、“成果产业化”和“科技金融”为突破口，构建从产业绩效到创新绩效，再到可持续发展过程的创新生态链。2019 年深圳多项绩效指标在全国范围内名列前茅，其中人均 GDP（203489 元）、专利授权量（166609 件）排名全国第一，中国城市数字经济指数以 90. 2 的高分位居全国第二。

表 7　双创绩效价值维度前 10 名城市

排名	城市	得分	所属区域
1	深圳	33. 11	东部
2	北京	28. 72	东部
3	上海	27. 77	东部
4	广州	23. 53	东部
5	苏州	22. 90	东部
6	杭州	22. 25	东部
7	南京	19. 61	东部
8	珠海	19. 38	东部
9	宁波	19. 06	东部
10	无锡	18. 78	东部

四　基本判断与对策建议

中国双创指数采用联合国（UN）创新创业三元评估体系，从环境支持、资源能力和绩效价值三个维度评价并分析城市双创的发展现状。环境支持维度重点考量双创的市场结构、产业基础、制度文化、配套支持等综合环境；资源能力维度则运用柯布—道格拉斯生产函数的思想，从人力资源、资本市场、科技投入的角度评估重要资源的聚集度；绩效价值维度着重考察由双创产生的产业绩效、创新绩效及其对可持续发展的影响。

根据双创综合评估结果，本报告有以下几点发现。第一，我国双创发展依旧呈现区域不平衡特征。东部地区在产业基础、人力资源方面具备明显优势，中西部地区由于其区域位置及不完善的配套支持，相比东部地区而言，总体创新能力有待提升。第二，双创活动的进展虽方兴未艾，却面临创新驱动力不足的“卡脖子”问题，比如基础研究及原始创新薄弱、创新成果支撑不足、创新主体动力不足等。第三，全国部分双创示范基地呈现同质化、特色不鲜明的特点，出现示范标杆作用不强的现象。2016 年以来，国务院在全国范围内批准建设了三批共 212 家双创示范基地，这些示范基地涵盖区域、高校和科研院所、企业等不同类型，然而部分双创示范基地定位不清、缺乏创新活力，表现出浅层次、同质化的特点。

基于以上判断，本报告对我国推动大众创业、万众创新向纵深发展，加快建设创新型国家提出以下三个方面的建议。

（一）坚持实施区域重大战略和区域协调发展战略

既要因地制宜，发展各区域的双创特色，又要加强顶层设计，协调区域内资源合力推动双创进步。具体而言，一是在各区域内部增强中心城市辐射效应和城市群的集聚效应，促进创新要素在空间上的合理分配，推动区域创新创业整体进步。二是针对各区域的发展现状，鼓励东部地区利用经济基础良好、投资吸引力较高以及国家双创政策支持的巨大优势，连通环渤海、长三角及珠三角经济圈，率先实现优化发展，引领创新创业发展的未来趋势。巩固中部地区的优质工业实力、良好市场政策以及可持续发展理念，完善对创新创业的配套支持机制，促使智能制造实力不断壮大。推进西部地区开发开放，加强区域协同创新，加大对该区域的资源和政策倾斜力度，把握共建“一带一路”等重大发展机遇，实现西部地区创新创业的跨越式发展；推动东北地区经济、社会、文化全面振兴，在巩固现有创新创业发展水平的基础上，着力破除制约东北地区双创发展的体制和市场障碍，优化营商环境聚人气，实现既能留住本地人才，又能吸引全国人才“再闯关东”来创业创新。三是着眼世界科技创新趋势，找准我国创新创业的定位和发展路径，以此连接贯通东、中、西和东北四大区域的发展目标和方向、构建全国一盘棋的创新创业发展格局。

（二）培育壮大创新市场，助力中国双创步入新能级

一是主动有意识地打造创新市场，深化三级创新市场融通机制，尤其要加强支持基础研究创新市场，增强“扑下身子”“甘坐冷板凳”“自由探索、厚积薄发”等精神理念，充分发挥基础研究对科技创新的源头供给作用。二是深化对创新市场的改革，加强创新市场化。通过有效市场的决定作用和有为政府的积极参与，构建创新资源和创新要素充分调动、流动的创新市场。三是促进创新市场法治化建设，完善创新市场立法。支持试点城市率先开展创新市场立法，建立明晰各种交易的法律关系，以法治化的创新市场为双创发展保驾护航。

（三）推动双创示范基地功能特色化和管理体系化建设，增强示范功能和带动效应

一方面，依据区域资源禀赋与发展水平，聚焦差异化功能定位，既要发挥领军企业的领头羊作用，加速带领相关企业协调发展，也要关注创新型中小微企业，大力培育潜力企业成为“隐形冠军”；另一方面，既要基于基地双创的发展成果健全奖励机制，对主动作为、真抓实干、成效明显的基地给予政策资金倾斜，以更大力度激发各基地创新创造活力，也要基于双创的高风险特征完善容错机制，营造鼓励创新、宽容失败的氛围，科学设定犯错处理办法，减少对创新创业中的技术性失误的追责，从而免除锐意进取者的后顾之忧。

综上，全国各地区应深入实施区域发展总体战略，培育构建多层次、全方位的创新市场体系，增强双创示范基地的引领示范带动作用，以推动双创向纵深发展，提高创新创业生态链整体效能，助力经济高质量发展。

中国双创指数篇

China Double Innovation Index

B.2 2020年度双创指数城市排名分析

黄义衡　赖　婷*

摘　要： 2020年突如其来的新冠肺炎疫情对我国经济运行造成严重影响，这种影响也反映在双创指数的变动上。疫情下，大部分城市的双创指数得分都出现一定的下降。但是，不同城市双创指数得分的下降幅度并不一致：一是初始双创指数得分较低的城市下降幅度较大，而初始双创指数得分较高的城市下降幅度较小；二是在环境支持、资源能力和绩效价值三个一级指标中，环境支持和绩效价值初始得分较低的城市在指标得分上出现更大幅度的下降，而城市资源能力得分的变动则不呈现这种倾向。此外，从双创地位的城市分层来看，疫情冲击加大了各分层内城市双创指数得分的差距。这种双创指

* 黄义衡，经济学博士，深圳大学中国经济特区研究中心助理教授，研究方向为技术进步与工资差距、城市规模与产业构成、中国特区体制改革思想等；赖婷，深圳大学中国经济特区研究中心博士研究生。

数面对负面冲击时的反应模式不仅意味着城市系统演化规律在推进双创工作时的重要性，更为进一步设计双创推进方案提供了思路。

关键词：　双创指数　城市排名　双创城市

一　双创城市排名总体分析

（一）双创城市基本情况

基于本蓝皮书对双创指数测算的结果，2020～2021年创新创业具有如下特征。

1. 在新冠肺炎疫情冲击下，各城市的双创指数出现不同幅度的下降

将2020年双创指数及其变动与2017～2019年双创指数均值进行对比，其结果如图1所示。

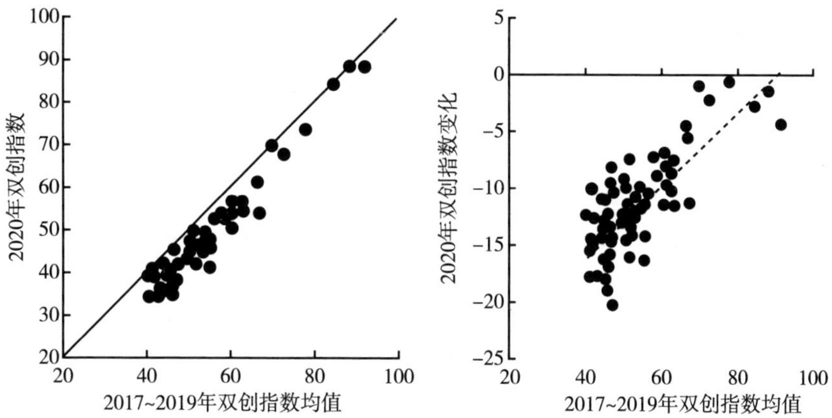

图1　2020年双创指数与既往双创指数对比（左）
2020年双创指数变化与既往双创指数均值对比（右）

图1（左）对比2020年双创指数与既往双创指数。不难发现，基本上所有数据点均处于45度线（图中斜向上直线）之下，这表明各城市2020年的双创指数较2017～2019年双创指数均值都出现一定幅度的下降。图1（右）对比了2020年双创指数变动与既往双创指数均值。可以看出，双创指数下降幅度随2017～2019年双创指数均值上升而递减。这意味着，新冠肺炎疫情对初始双创基础（以2017～2019年双创指数均值衡量）较弱城市所造成的冲击要大于初始双创基础较强的城市。

此外，从图1（右）中数据点的离散程度来看，在疫情冲击下，初始双创基础较弱的城市之间的差距显著加大，而初始双创基础较强的城市之间差距的增幅较小。这说明初始双创基础较弱的城市在应对系统性风险时的差异要大于初始双创基础较强的城市。

2. 疫情冲击下，不同区域内部双创城市差距在一定程度上扩大

本报告将双创城市按照东部地区、东北地区、中部地区和西部地区的经济区域划分方式进行分组，并考察其双创指数的变化，结果如图2所示。

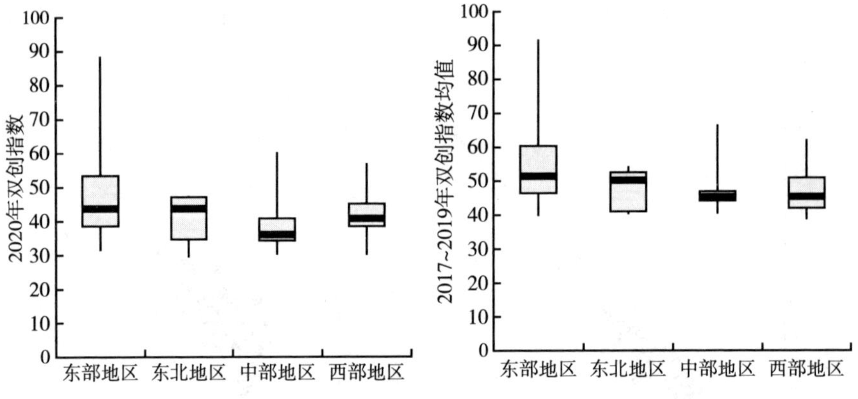

图2　2020年各经济区域城市双创指数与2017～2019年各经济区域城市双创指数均值统计（右）对比

对比图2（左）和图2（右），可以发现，四大经济区域内各城市之间双创指数差距在2020年均有一定程度的扩大。以区域内城市双创指数最大值和最小值之间差值计算，东部地区城市双创指数差距由51.3744（2017～

2019 年双创指数均值，下同）上升至 56.6203（2020 年双创指数，下同），上升幅度为 5.2459。东北地区、中部地区和西部地区的内部差距也都超过 3.2，分别为 3.8638、3.8817 和 3.2831。

如果以双创指数的较大四分位数（75%）和较小四分位数（25%）之间的差值来衡量区域内差距，则中部地区城市双创指数的内部差距扩大幅度最大，从 2.7126 上升至 6.5742，升幅为 3.8616。东北地区和东部地区的升幅紧随其后，分别为 0.8837 和 0.8327。唯一的例外是西部地区，其内部差距由 8.8567 下降至 6.5963。

需要指出的是，各经济区域内城市双创指数差距的扩大更多是双创指数最小值或较小四分位数的下降所造成的，例如中部地区城市双创指数最小值和较小四分位数的降幅分别为 10.1772 和 9.8746，而对应最大值和较大四分位数的降幅分别仅为 6.2955 和 6.0129。结合此前的分析，这种现象不仅意味着初始双创基础较好的城市在面临负面冲击时具有更强的韧性，更提示人们要特别关注那些初始双创基础较弱的城市，因为这些城市更容易受到不利的影响。

3. 疫情冲击下，城市双创指数分布仍然具有一定程度的稳定性

按照双创指数得分从高到低对双创城市前 100 名进行排序分组，其结果如图 3 所示。

对比图 3（左）和图 3（右），可以发现，尽管突如其来的新冠肺炎疫情使各分组中城市双创指数出现一定幅度的下降，但是各分组中城市双创指数分布并没有太多的改变。特别是双创指数排名 21 ~ 40、41 ~ 60、61 ~ 80 以及 81 ~ 100 这 4 个分组，双创指数的组内差距和组间差距不仅没有因为疫情而扩大，相反组内差距和组间差距还呈现某种缩小的趋势，即与疫情之前的分布变动趋势一致。

城市双创指数分布所呈现的稳定性，不仅体现了城市系统演化规律的重要性，也反映了“大众创业、万众创新”倡议被提出以来，我国城市系统所发生的深层次变化。这种变化并不是一种经济周期性现象，因此即使在新冠肺炎疫情这样的负面冲击下，绝大多数城市双创指数出现一定幅度下降，

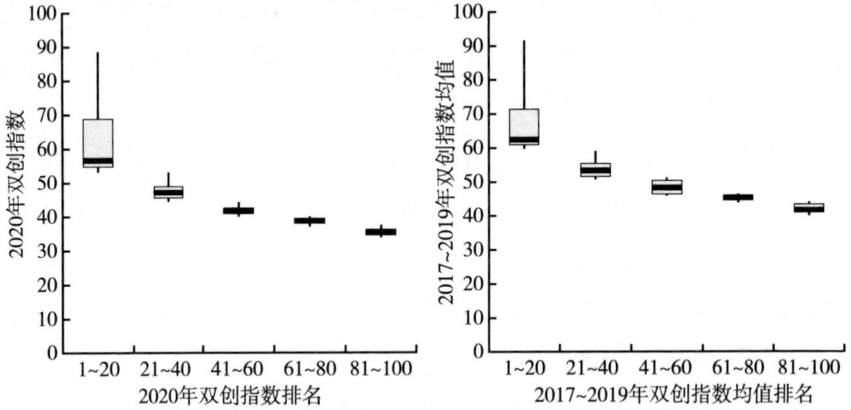

图3　2020 年双创指数排名分组统计（左）　2017～2019 年双创指数均值排名分组统计（右）

而且部分城市的双创指数下降幅度较大，但是从城市系统整体来看，各城市不断推进双创工作开展并就此展开竞争的态势并没有改变。

（二）双创城市前10强与前20强

1. 双创城市前10强基本情况

根据本蓝皮书对双创指数测算的结果，2020 年双创城市前 10 强依次为深圳、北京、上海、广州、苏州、杭州、南京、武汉、宁波和西安。从表 1 可以看出，双创指数前 10 强城市位次基本不变，例如深圳、北京、上海和广州始终处于前 4 强的位置，苏州和杭州则在第 5 名和第 6 名之间交换位次，南京和武汉则在第 7 名至第 9 名之间波动。

表 1　2020 年双创指数前 10 强城市

城市	环境支持	资源能力	绩效价值	双创指数	2020 年排名	2017～2019 年排名*
深圳	29. 1742	26. 0038	33. 1070	88. 2849	1	1
北京	26. 9423	32. 5075	28. 7179	88. 1677	2	2
上海	31. 8191	24. 3551	27. 7727	83. 9469	3	3

续表

城市	环境支持	资源能力	绩效价值	双创指数	2020 年排名	2017 ~2019 年排名*
广州	26.3094	23.8170	23.5309	73.6572	4	4
苏州	25.9183	20.9268	22.9000	69.7451	5	6
杭州	23.3128	21.8593	22.2450	67.4171	6	5
南京	21.0816	20.8202	19.6128	61.5146	7	9
武汉	19.9037	22.3095	17.8662	60.0793	8	8
宁波	20.6994	17.2733	19.0570	57.0297	9	11
西安	18.7861	23.6897	14.2595	56.7353	10	15

注：* 基于 2017 ~2019 年双创指数均值的排名。

资料来源：根据《中国双创发展报告（2017 ~2018）》、《中国双创发展报告（2018 ~2019）》、《中国双创发展报告（2019 ~2020）》以及《中国双创发展报告（2020 ~2021）》相关资料制作。

特别值得关注的是北京和上海两座城市，尽管受到疫情冲击，两座城市的双创指数得分却十分稳定，其中北京的双创指数得分由 88.0158 上升至 88.1677，上海的双创指数由 84.4492 略微下降至 83.9469。与北京和上海形成对比的是深圳和广州，尽管深圳和广州的双创指数排名并没有变化，但是两座城市的双创指数得分降幅却较大，分别从 91.3955 降至 88.2849 和从 77.6638 降至 73.6572。北京与上海在双创指数上的稳定性显示这两座城市在面临负面冲击时具有更强的韧性。

另外值得关注的是宁波和西安，基于 2017 ~2019 年双创指数均值，这两个城市都在 10 名以后。但是在疫情冲击下，这两座城市位次不降反升，分别从第 11 名上升到第 9 名和从第 15 名上升到第 10 名。西安取代重庆成为唯一冲入双创指数前 10 强的西部城市。与相近位次的城市相比，宁波和西安的表现也显示其具有更强的韧性。

2. 双创城市前20强基本情况

根据本蓝皮书对双创指数测算的结果，2020 年双创城市前 20 强如表 2 所示。

表 2　2020 年双创指数前 20 强城市

城市	双创指数	2020 年排名	2017～2019 年排名*	城市	双创指数	2020 年排名	2017～2019 年排名*
深圳	88.2849	1	1	佛山	56.4524	11	18
北京	88.1677	2	2	东莞	55.5313	12	16
上海	83.9469	3	3	无锡	55.4481	13	20
广州	73.6572	4	4	厦门	54.9955	14	10
苏州	69.7451	5	6	长沙	54.9727	15	13
杭州	67.4171	6	5	成都	54.8713	16	14
南京	61.5146	7	9	天津	54.1460	17	7
武汉	60.0793	8	8	重庆	54.1446	18	17
宁波	57.0297	9	11	珠海	53.7753	19	12
西安	56.7353	10	15	常州	53.3990	20	22

注：*基于 2017～2019 年双创指数均值的排名。

资料来源：根据《中国双创发展报告（2017～2018）》、《中国双创发展报告（2018～2019）》、《中国双创发展报告（2019～2020）》以及《中国双创发展报告（2020～2021）》相关资料制作。

从表 2 可以看出，双创指数前 20 强城市仍然以东部地区城市居多。特别的，位于长三角和珠三角的城市在前 20 强里面分别占据了 7 席和 5 席。这说明东部地区，尤其是长三角和珠三角两大经济区域在推进“大众创业、万众创新”工作上仍然具有显著的整体优势。与此形成对比的则是中西部城市，其优势地区仍然仅限于直辖市和省会城市，还没有产生类似于长三角和珠三角那种城市群展现的整体优势。

另外值得注意的是，在 2020 年进入双创指数前 20 强的城市中，仅有常州 2017～2019 年排名在 20 名以后。类似的，2020 年双创指数前 8 强城市的 2017～2019 年最低排名为第 9 名，而进入 2020 年双创指数前 6 强和前 4 强的城市的排名则与 2017～2019 年排名完全一致。这说明在双创优势城市中已经开始形成具有一定稳定性的双创格局。

（三）双创城市总排名

根据本蓝皮书对双创指数测算的结果，2020 年双创城市前 100 强如表 3 所示。

表 3　2020 年双创指数前 100 强城市

城市	双创指数	2020 年排名	2017～2019 年排名*	城市	双创指数	2020 年排名	2017～2019 年排名*
深圳	88.2849	1	1	哈尔滨	47.2207	30	47
北京	88.1677	2	2	大连	47.0873	31	28
上海	83.9469	3	3	沈阳	46.0149	32	32
广州	73.6572	4	4	湖州	45.9696	33	39
苏州	69.7451	5	6	泉州	45.8916	34	42
杭州	67.4171	6	5	温州	45.7417	35	35
南京	61.5146	7	9	海口	45.6024	36	45
武汉	60.0793	8	8	南昌	45.4160	37	48
宁波	57.0297	9	11	三亚	45.2701	38	61
西安	56.7353	10	15	中山	45.2682	39	25
佛山	56.4524	11	18	绍兴	44.6207	40	31
东莞	55.5313	12	16	惠州	44.0077	41	43
无锡	55.4481	13	20	石家庄	43.6518	42	49
厦门	54.9955	14	10	长春	43.6263	43	46
长沙	54.9727	15	13	台州	42.4726	44	40
成都	54.8713	16	14	扬州	42.4212	45	50
天津	54.1460	17	7	乌鲁木齐	42.3820	46	81
重庆	54.1446	18	17	南宁	42.2492	47	34
珠海	53.7753	19	12	呼和浩特	42.1710	48	52
常州	53.3990	20	22	金华	42.1047	49	41
青岛	52.8903	21	21	镇江	41.7219	50	33
郑州	52.3569	22	23	吉林	41.6263	51	78
合肥	50.4023	23	19	兰州	41.4826	52	72
嘉兴	49.5955	24	29	烟台	41.2872	53	100 +
昆明	49.4517	25	37	芜湖	41.2132	54	27
福州	48.0816	26	26	泰州	41.1776	55	36
南通	47.9316	27	30	威海	41.0953	56	38
贵阳	47.7945	28	44	鄂尔多斯	40.8926	57	76
济南	47.6497	29	24	太原	40.8646	58	60

续表

城市	双创指数	2020年排名	2017~2019年排名*	城市	双创指数	2020年排名	2017~2019年排名*
银川	40.6793	59	91	岳阳	37.2323	80	65
马鞍山	40.2156	60	64	济宁	37.2286	81	83
宜昌	39.7633	61	100+	绵阳	37.1573	82	68
淮安	39.7385	62	57	洛阳	36.9288	83	56
漳州	39.6528	63	59	衡阳	36.7533	84	75
遵义	39.4002	64	95	沧州	36.1716	85	87
盐城	39.2989	65	100+	淄博	35.9749	86	67
连云港	39.2108	66	55	襄阳	35.9647	87	71
九江	39.1606	67	77	湘潭	35.6456	88	53
拉萨	39.0720	68	89	保定	35.4916	89	84
西宁	39.0655	69	100	安庆	35.3813	90	74
江门	38.8776	70	58	廊坊	35.3395	91	100+
唐山	38.6523	71	90	常德	35.2395	92	86
包头	38.6170	72	73	郴州	34.9313	93	69
汕头	38.5628	73	54	赣州	34.8532	94	70
榆林	38.3668	74	92	临沂	34.8045	95	100+
莆田	38.3451	75	100+	鞍山	34.7128	96	99
徐州	38.2638	76	51	株洲	34.5968	97	66
桂林	38.1618	77	63	茂名	34.4355	98	82
柳州	37.9726	78	62	新乡	34.2905	99	97
潍坊	37.2866	79	100+	德州	34.0279	100	85

注：*基于2017~2019年双创指数均值的排名。

资料来源：根据《中国双创发展报告（2017~2018）》、《中国双创发展报告（2018~2019）》、《中国双创发展报告（2019~2020）》以及《中国双创发展报告（2020~2021）》相关资料制作。

从表3可以发现，东部地区城市在双创指数前100强城市中排名整体靠前，而东北地区、中部地区和西部地区的城市排名则整体靠后。另外注意到，在疫情冲击下，东部地区进入前100强的城市由49座升至54座；相反，东北地区和中部地区进入前100强的城市则分别由7座和25座下降至6座和21座，西部地区进入前100强的城市数量则仍为19座。这说明东部地区城市在应对负面冲击时具有更强的韧性。

根据双创指数的构建方式，本报告还将初始的一级指标得分与一级指标得分变动进行对比，其结果如图4和图5所示。

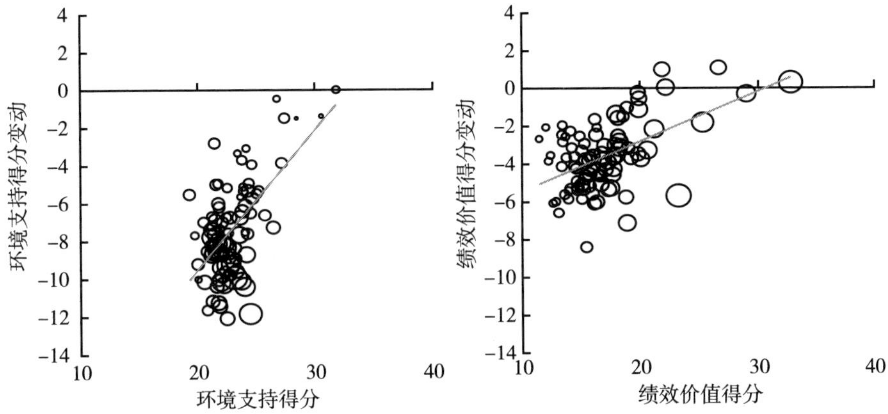

图4　2020年环境支持得分变动（左）　2020年绩效价值得分变动（右）

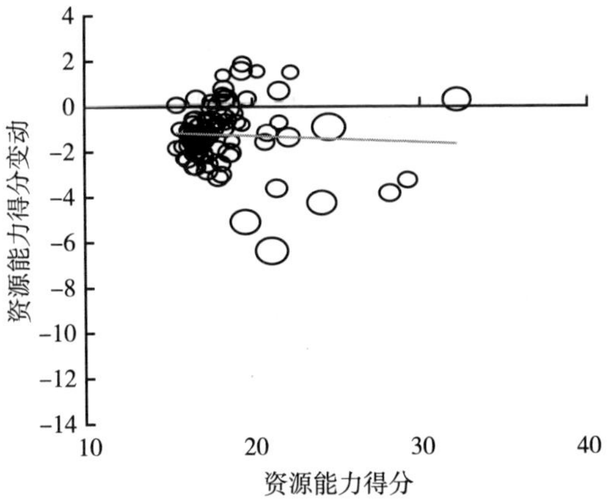

图5　2020年资源能力得分变动

图中每个圆圈代表一个城市的双创指数一级指标得分与变动，圆圈越大则对应一级指标得分占双创指数份额越大。从图4可以看出，在面临负面冲击时，环境支持和绩效价值两个一级指标的反应具有明显的规模效应特征，即初始环境支持得分或绩效价值得分越高的城市得分下降越少，而初始得分越低的城市则越容易在这两个指标上丢分。相反，资源能力得分的变动则不呈现类似的规模效应特征。

从城市是集聚效应产物的角度来看，双创指数一级指标在负面冲击条件下所呈现的规模效应特征凸显了城市系统演化规律的基础性作用。在设计进一步推进双创工作的方案时，需要在尊重经济规律的基础上，有针对性地对潜在的弱点和弱势进行补足，使双创城市所形成的良好态势具有更强的风险应对能力。

二　双创城市排名分层分析

（一）双创城市分层依据与结果

对城市系统进行适当的分层可以更好地把握城市特征的变动规律。然而需要指出的是，对研究积累较少的双创指数研究而言，并不存在一种绝对客观的分层方法。特别是对于那些处于分层边界的城市，其分层归属可能会引起更大的争议。据此，本报告认为，对双创城市进行分层的结果只是对双创城市系统的一种近似刻画，其目的在于便于人们进行进一步的分析，而不在于对某一类城市甚至某一个城市做出特定的论断。

如同《中国双创发展报告（2019～2020）》B2 篇所指出的那样，对城市系统进行分层必须要具有一定程度的历时稳定性。与此同时，作为系列报告的一期，分层结果也必须跨期可比较。基于这样的考虑，本报告延续《中国双创发展报告（2019～2020）》B2 篇的分层方式，基于 2017～2020 年双创指数均值大小，将双创城市划分为双创核心城市、双创枢纽城市、双创节点城市、双创启动城市和双创潜力城市 5 个层次。各分层的具体含义和划分标准如表 4 所示。

表 4　双创城市分层含义与标准

双创城市分层	含义	分层标准
双创核心城市	双创核心城市是指双创的生态链完整、具有良好的双创环境支持和资源能力，并且创造了巨大的双创绩效，对全国的双创工作产生了辐射作用，是全国双创的标杆城市	双创指数均值大于或等于 70*
双创枢纽城市	双创枢纽城市是指连接全国各区域的双创发展，在一定范围内产生了一定辐射带动作用，是区域内双创发展的引领者的城市	双创指数均值大于或等于 63 但小于 70
双创节点城市	双创节点城市是指全国双创发展网络上的各个子节点城市，其已经具备了一定的双创基础，积累了一定规模的双创资源，也具有一定双创绩效价值的城市	双创指数均值大于或等于 60 但小于 63
双创启动城市	双创启动城市是指已经有一定双创发展基础，但在规模、影响力和绩效价值上仍然较弱的城市	双创指数均值大于或等于 49 但小于 60
双创潜力城市	双创潜力城市是指双创发展还处于起步阶段，在双创所需的环境支持、资源能力方面具有较大开发潜力的城市	双创指数均值小于 49

注：* 双创指数均值是指 2017 ~ 2020 年各城市双创指数均值。

资料来源：根据《中国双创发展报告（2017 ~ 2018）》、《中国双创发展报告（2018 ~ 2019）》、《中国双创发展报告（2019 ~ 2020）》以及《中国双创发展报告（2020 ~ 2021）》相关资料制作。

类似的，本报告仅选取 2017 ~ 2020 年双创指数均值前 100 名的城市进行分析。具体分层结果如表 5 所示。由于排序指标不同，本报告的城市名单与 2020 年双创指数前 100 强城市的名单以及《中国双创发展报告（2019 ~ 2020）》B2 篇中的名单都存在一定的不同。

表 5　双创城市分层结果

分层	城市	2017 ~ 2020 年双创指数均值	排名
双创核心城市	深圳	90.6179	1
	北京	88.0538	2
	上海	84.3236	3
	广州	76.6622	4
	杭州	71.3143	5
双创枢纽城市	苏州	69.7460	6
	南京	64.9185	7
	武汉	64.8010	8
	天津	63.8024	9

续表

分层	城市	2017～2020年双创指数均值	排名
双创节点城市	宁波	61.4496	10
	厦门	61.4082	11
	长沙	60.6609	12
	珠海	60.6329	13
	成都	60.2094	14
	西安	60.0108	15
双创启动城市	东莞	59.6566	16
	佛山	59.4265	17
	重庆	59.0321	18
	无锡	58.8890	19
	合肥	57.8875	20
	青岛	57.3123	21
	常州	56.8393	22
	郑州	55.2538	23
	济南	53.4377	24
	福州	53.3788	25
	嘉兴	52.9917	26
	中山	52.8090	27
	大连	52.3703	28
	南通	52.0833	29
	芜湖	51.5884	30
	绍兴	51.0182	31
	昆明	50.8735	32
	沈阳	50.8705	33
	温州	50.2559	34
	湖州	49.8121	35
	镇江	49.7792	36
	贵阳	49.7454	37
	南宁	49.5660	38
	泉州	49.5207	39
	哈尔滨	49.3458	40
	海口	49.1620	41
	泰州	49.0360	42

续表

分层	城市	2017～2020年双创指数均值	排名
双创潜力城市	惠州	48.9441	43
	南昌	48.8732	44
	台州	48.8453	45
	金华	48.7361	46
	威海	48.6134	47
	长春	48.4965	48
	石家庄	48.0111	49
	扬州	47.4136	50
	呼和浩特	45.9355	51
	三亚	45.9221	52
	徐州	45.1225	53
	太原	44.8537	54
	淮安	44.7454	55
	连云港	44.6961	56
	漳州	44.5591	57
	江门	44.4905	58
	马鞍山	44.4031	59
	兰州	44.2620	60
	洛阳	44.1126	61
	湘潭	44.0695	62
	汕头	44.0349	63
	柳州	43.9594	64
	桂林	43.9435	65
	岳阳	43.6280	66
	吉林	43.5541	67
	包头	43.5033	68
	鄂尔多斯	43.5029	69
	绵阳	43.4840	70
	乌鲁木齐	43.4830	71
	淄博	43.1997	72
	九江	43.0599	73
	衡阳	42.9506	74
	株洲	42.9231	75
	襄阳	42.9044	76

续表

分层	城市	2017～2020 年双创指数均值	排名
双创潜力城市	郴州	42.7190	77
	赣州	42.6785	78
	安庆	42.6314	79
	济宁	42.1209	80
	拉萨	41.6751	81
	茂名	41.4783	82
	保定	41.3298	83
	沧州	41.3189	84
	烟台	41.2872	85
	银川	41.2850	86
	常德	41.1506	87
	唐山	41.0531	88
	德州	40.9204	89
	榆林	40.6090	90
	遵义	40.6074	91
	湛江	40.5508	92
	焦作	40.2415	93
	西宁	39.9101	94
	周口	39.8886	95
	宜昌	39.7633	96
	盐城	39.2989	97
	新乡	39.2913	98
	鞍山	39.0208	99
	许昌	38.9936	100

资料来源：根据《中国双创发展报告（2017～2018）》、《中国双创发展报告（2018～2019）》、《中国双创发展报告（2019～2020）》以及《中国双创发展报告（2020～2021）》相关资料制作。

根据表5，双创核心城市共5座分别为深圳、北京、上海、广州和杭州；双创枢纽城市为苏州、天津、武汉和南京；宁波、厦门和长沙等6座城市为双创节点城市；青岛、常州、郑州等27座城市为双创启动城市；徐州、呼和浩特、湘潭等58座城市为双创潜力城市。

与《中国双创发展报告（2019～2020）》B2篇相比，双创枢纽城市减少1座，双创节点城市减少4座，双创启动城市减少3座，而双创潜力城市增加8座。不难发现，虽然疫情冲击导致2020年各城市双创指数出现不同幅度下降，但是利用本报告的分层方法所得到的分层结果仍然具有一定程度的历时稳定性。特别是本报告所划分出的双创核心城市与《中国双创发展报告（2019～2020）》B2篇完全相同，而双创枢纽城市也仅相差1座。这都表明本报告所采取的城市系统分层方法的适用性。

（二）分层城市双创指数与一级指标概况

1. 各层双创城市双创指数变动情况

根据表5对双创城市的分层，将各分层城市2020年双创指数与2017～2019年双创指数的均值进行统计对比，其结果如图6所示。

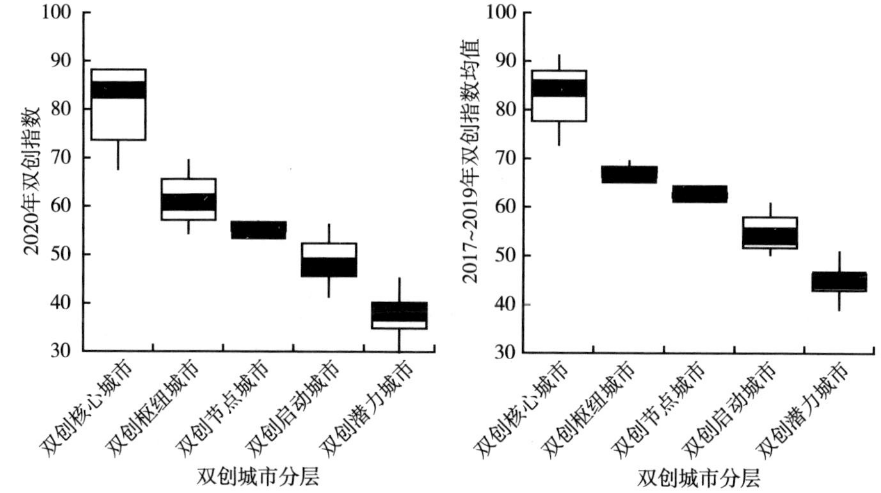

图6　各分层城市2020年双创指数统计（左）　各分层城市2017～2019年双创指数均值统计（右）

从图6（左）和图6（右）的对比不难发现，各分层城市2020年双创指数中位数较2017～2019年双创指数均值的中位数都出现一定程度下降。与此同时，2020年，各分层内部双创指数差距也出现一定程度的扩大。这两个特征与此前分析一致，故在此不再讨论。

值得注意的是，通过对比可以发现，分层内部双创指数差距的变动呈现“两头大、中间小”的特征，即双创核心城市之间的差距以及双创潜力城市之间的差距变动较大，双创节点城市之间的差距变动小。这种特征意味着双创核心城市之间以及双创潜力城市之间在对负面冲击的响应模式上存在较大差异，与之相反，双创节点城市之间的负面冲击响应模式差异则较小。此外，这种特征还可能意味着如果推进“大众创业、万众创新”工作成为一种地区间的锦标赛时，双创节点城市之间可能会存在过度竞争。当然，这一点还需要通过进一步的研究加以证实。

2. 各层双创城市双创指数一级指标得分变动情况

根据表5对双创城市的分层，本报告进一步考察各分层城市的环境支持、资源能力和绩效价值3个一级指标的变动情况。为减少分层变动对计算结果的影响，本报告以各分层一级指标中位数的变动来计算，其结果如图7所示。

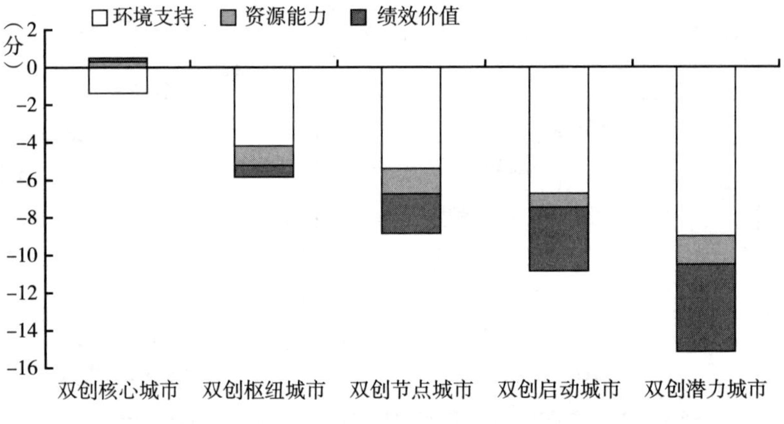

图7　双创城市各分层一级指标得分变动情况

总体而言，各分层城市环境支持得分的下降幅度最大，其次是绩效价值得分，最后是资源能力得分。也就是说，如果按重要性排序，各分层城市双创指数降低的直接原因分别是环境支持得分下降、绩效价值得分下降和资源能力得分下降。除此之外，环境支持和绩效价值得分变动的差异性也是双创城市各分层之间差距扩大的主因。例如，双创潜力城市和双创启动城市环境支持和绩效价值得分的大幅度下降，导致其双创指数与其他分层双创指数差距扩大。

双创指数一级指标的变动模式表明，在负面冲击来临的时候，其首先影响双创态势的环境支持，这一部分更多体现了市场经济自发的力量。其次是对绩效价值产生冲击，这部分冲击一部分是环境支持变差的结果，另一部分则是受冲击的直接影响。最后，由于资源能力受政府影响较大，因而负面冲击对双创城市的影响差别不大。

（三）分层城市双创指数二级指标概况

1. 分层城市环境支持二级指标得分变动情况

环境支持一级指标表征了创新创业的外部环境影响因素，其得分由市场结构、产业基础、制度文化和配套支持 4 个二级指标得分构成。对环境支持 4 个二级指标得分的中位数变动进行统计，结果如图 8 所示。

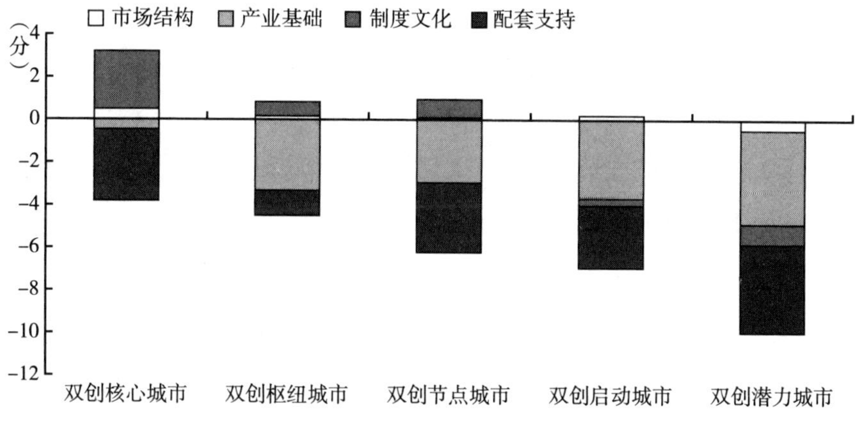

图 8　双创城市各分层环境支持二级指标得分变动情况

从总体上看，新冠肺炎疫情对各分层城市产业基础和配套支持得分的影响显著，对制度文化得分的影响次之，对市场结构得分的影响较小。

从对各分层影响的差异性来看，第一，除双创核心城市以外，其余各分层的产业基础得分均出现 3 ~ 4 分的下降，这说明双创核心城市的产业基础抗系统性风险的能力较强。第二，从制度文化得分的变动来看，双创核心城市、双创枢纽城市和双创节点城市的得分都出现一定幅度上升，而双创启动城市和双创潜力城市的制度文化得分则下降，这意味着双创潜力城市和双创启动城市在制度文化方面仍然存在较显著的弱点。第三，除双创枢纽城市以外，其余各分层城市的配套支持得分都出现 3～4 分的下降。这种下降导致双创启动城市和双创潜力城市环境支持得分进一步下降。

2. 分层城市资源能力二级指标得分变动情况

资源能力一级指标表征了创业创新资源的“人、财、物”的聚集能力。与《中国双创发展报告（2019～2020）》不同，从 2021 年开始科技投入作为独立的二级指标被纳入资源能力的计算。由此，资源能力的得分由人力资源、资本市场和科技投入 3 个二级指标得分加总所得，各二级指标满分分别为 13.2、9.9 和 9.9。为便于对比，本报告按照新的计算方法对既往的资源能力各二级指标进行计算，从而得出可比较的分层城市二级指标变动情况。

如图 9 所示，各分层城市在人力资源得分上都显著下降，可以认为这一现象是由于疫情阻碍了人口流动，进而降低了所有城市人力资源配置效率。值得注意的是，双创核心城市人力资源得分的下降幅度显著小于其他分层，这说明双创核心城市对人才的吸引力仍然远高于其他城市，即使疫情影响也无法大幅降低其吸引力。

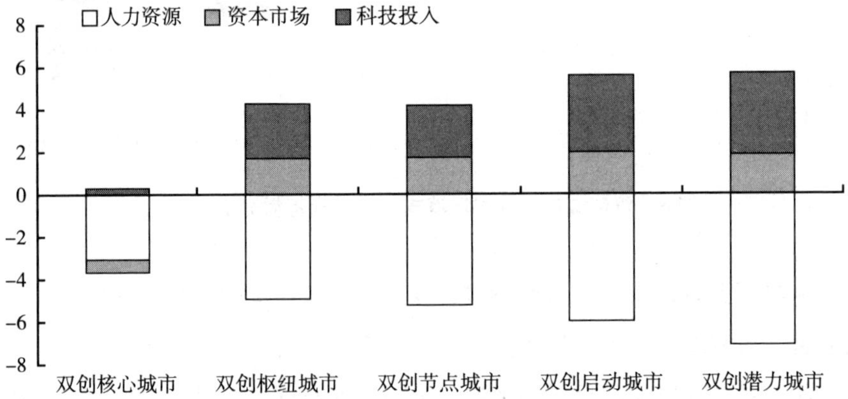

图 9　双创城市各分层资源能力二级指标得分变动情况

有趣的是，除双创核心城市外，其他分层城市在资本市场和科技投入这2个二级指标的得分都上升，进而缩小了其与双创核心城市在资源能力得分方面的差距。需要指出的是，双创核心城市以外的其他分层城市在资本市场和科技投入上得分的上升更多是因为其起点较低，进而具备后发优势，并不意味着这些分层城市在资本市场和科技投入上已经具备挑战甚至超越双创核心城市的能力。如图10所示，事实上，从得分绝对值来看，双创核心城市在人力资源、资本市场和科技投入3个二级指标上仍然具有绝对优势。

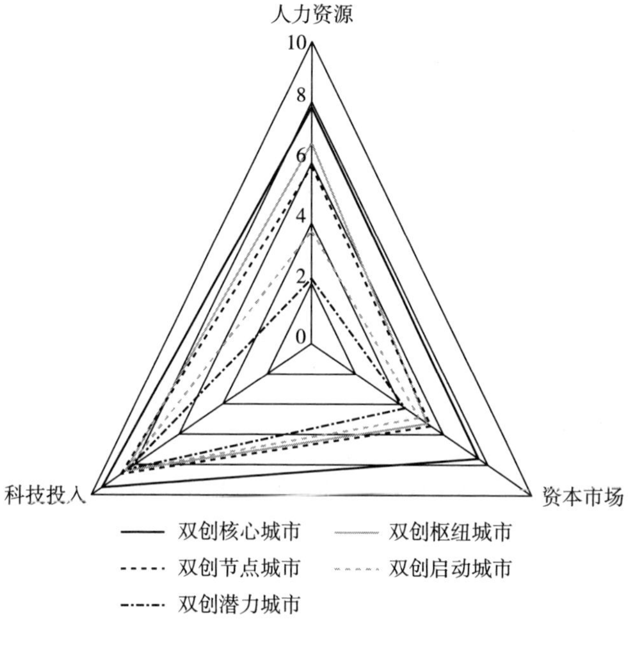

图10　双创城市各分层资源能力二级指标得分

3. 分层城市绩效价值二级指标得分变动情况

绩效价值一级指标表征了创业创新资源的经济效益、知识技术输出质量、创新创业生态以及对可持续发展的影响。绩效价值包括产业绩效、创新绩效和可持续发展3个二级指标。对绩效价值各二级指标得分中位数变动进行统计，如图11所示，除双创核心城市以外，其他各分层城市在产业绩效得分上都出现不同程度下降，而双创核心城市的产业绩效得分则上升。这说明双创核心城市的产业从产出绩效角度看具有绝对的优势，即使出现系统性的负面冲击，其产业仍然能够保持既有的增长速度。而其他分层城市则较容易受到负面冲击的影响。

在产业绩效以外，可以发现，除双创枢纽城市以外，其余各分层城市的创新绩效得分都出现 1.3 ~ 2.5 分的下降。对于双创潜力城市而言，创新绩效得分的下降进一步扩大了其与其他分层城市在绩效价值一级指标上得分的差距。而各分层城市在可持续发展方面的得分则出现 0.15 ~ 0.69 分不等的下降，但这并不是各分层城市在绩效价值方面得分差距扩大的主因。

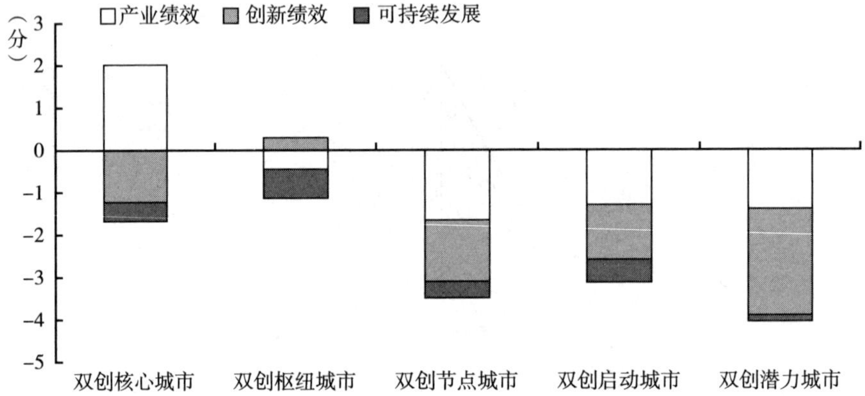

图 11　双创城市各分层绩效价值二级指标得分变动情况

参考文献

谢科范、张诗雨、刘骅：《重点城市创新能力比较分析》，《管理世界》2009 年第 1 期。

常晓然、周全、吴晓波：《我国 54 个城市的创新效率比较研究：基于包含非期望产出的 SBM - NDEA 模型》，《管理工程学报》2016 年第 1 期。

郭华巍：《城市创新能力评价体系构建与分析》，中国社会科学出版社，2018。

B.3
2020年度双创指数子特征百强城市排名分析

李胜利*

摘　要：本报告从双创环境子特征、双创资源子特征、双创绩效子特征三方面对2020年度双创百强城市排名进行分析。分析结果表明，我国双创环境整体发展向好，地方对建设、改进双创环境的重视程度有所提高。双创百强城市在双创资源能力方面稳步提升，特别在科技投入方面取得长足进步，但仍存在不平衡、不充分、主要资源集中的问题。在双创绩效价值方面，北京、上海、广州、深圳等一线城市排名较上一年变动不大，而一些中小城市的排名则出现较大的波动。此外，大城市与中小城市的绩效指标得分两极分化，且差距有进一步扩大的趋势。

关键词：子特征　双创环境　双创资源　双创绩效

一　双创环境子特征

双创环境主要包括支撑创新创业发展的经济、社会、物质、文化等环境要素。本部分分别从“市场结构”、“产业基础”、“制度文化”和“配套支持”4个方面对双创百强城市在环境子特征方面的发展情况进行分析。

* 李胜利，管理学博士，北京大学信息管理系副教授，研究方向为数字经济、信息系统经济学、电子商务等。

（一）双创环境得分及排名

在对指标进行标准化之后，本蓝皮书采取加权分析法，对市场结构、产业基础、制度文化和配套支持4项二级子指标进行计算与分析。具体方法为，首先分别计算4项子指标的相应得分情况，再根据各自权重加权后计算得分总和，得到的分数即为百强城市双创环境的子特征得分。该子特征得分更高的城市的双创环境更好，并由此促进了该城市的双创发展；反之，该子特征得分较低则说明相应城市的双创环境有所欠缺，甚至阻碍了该城市双创的发展。如表1所示，2019年百强城市的双创环境整体发展较为平稳，“双创环境”子特征得分均值为15.31，较2018年有一定下降，城市间得分差距在一定程度上有所扩大。其中，上海市的“双创环境”子特征得分为31.82，与2018年得分相近，位列百强城市第一；株洲市则为9.16分，较2018年有所下降，位列百强城市最末。

表1　2019年双创百强城市环境得分及排名

单位：分

城市	双创环境得分	双创环境得分排名	2018年排名	城市	双创环境得分	双创环境得分排名	2018年排名
上海	31.82	1	1	成都	19.57	12	10
深圳	29.17	2	2	佛山	19.45	13	15
北京	26.94	3	3	重庆	19.17	14	7
广州	26.31	4	6	天津	19.12	15	8
苏州	25.92	5	4	常州	18.99	16	16
杭州	23.31	6	5	青岛	18.96	17	11
南京	21.08	7	19	西安	18.79	18	23
宁波	20.70	8	12	三亚	18.64	19	78
无锡	20.10	9	26	长沙	18.56	20	24
东莞	20.09	10	31	厦门	18.02	21	28
武汉	19.90	11	9	郑州	18.01	22	13

续表

城市	双创环境得分	双创环境得分排名	2018 年排名	城市	双创环境得分	双创环境得分排名	2018 年排名
嘉兴	17.97	23	20	泰州	13.73	57	32
南通	17.41	24	25	九江	13.65	58	37
中山	17.38	25	45	湘潭	13.62	59	27
湖州	16.88	26	29	洛阳	13.59	60	22
昆明	16.80	27	69	呼和浩特	13.51	61	95
合肥	16.65	28	17	烟台	13.51	62	100 +
海口	16.57	29	74	拉萨	13.41	63	58
珠海	16.55	30	21	保定	13.37	64	90
哈尔滨	16.02	31	40	台州	13.34	65	54
石家庄	15.90	32	30	德州	13.33	66	44
鄂尔多斯	15.77	33	68	潍坊	13.30	67	100 +
南昌	15.72	34	50	扬州	13.29	68	77
泉州	15.64	35	65	新乡	13.21	69	35
贵阳	15.47	36	18	莆田	13.20	70	100 +
惠州	15.14	37	55	沧州	13.18	71	70
大连	15.04	38	43	遵义	13.17	72	79
济南	14.86	39	34	徐州	13.06	73	72
乌鲁木齐	14.63	40	76	江门	13.06	74	80
金华	14.53	41	87	长春	13.01	75	38
温州	14.51	42	64	汕头	12.95	76	88
福州	14.32	43	33	南宁	12.74	77	51
淮安	14.28	44	49	包头	12.65	78	82
芜湖	14.07	45	41	衡阳	12.64	79	14
镇江	14.05	46	86	宜昌	12.63	80	100 +
马鞍山	14.03	47	56	临沂	12.62	81	100 +
唐山	14.02	48	52	襄阳	12.51	82	62
连云港	13.93	49	81	西宁	12.42	83	89
绍兴	13.91	50	61	盐城	12.41	84	100 +
济宁	13.87	51	75	兰州	12.27	85	92
威海	13.86	52	42	岳阳	12.26	86	57
沈阳	13.82	53	73	榆林	12.04	87	100
银川	13.82	54	84	淄博	11.94	88	53
吉林	13.78	55	60	安庆	11.82	89	59
太原	13.77	56	100 +	桂林	11.75	90	66

续表

城市	双创环境得分	双创环境得分排名	2018 年排名	城市	双创环境得分	双创环境得分排名	2018 年排名
廊坊	11. 26	91	100 +	漳州	10. 42	96	46
柳州	11. 23	92	71	鞍山	10. 39	97	94
茂名	10. 78	93	98	常德	10. 08	98	83
郴州	10. 52	94	67	绵阳	10. 01	99	96
赣州	10. 45	95	63	株洲	9. 16	100	93

（二）双创环境得分的频率分布

表 2 罗列了双创环境前 100 强城市得分的频率分布。双创得分位于［9. 10，31. 85），以此为基础将总区间分成 5 组，各组的间距为 4. 55。如表 2 所示，前 100 强城市在双创环境方面具有良好的发展态势，94% 的城市双创环境得分集中在［9. 10，22. 75）这一中等区间，这表明我国双创环境整体发展向好，地方对建设、改进双创环境的重视程度有所提高，但大部分 100 强城市依然与满分 33 分存在较大差距，这说明我国城市的双创环境发展上升空间巨大，双创发展兼顾后期环境建设依旧任重道远。

表 2　双创环境百强城市得分频率分布情况

单位：个，%

双创环境分数段	城市数量	占比
［9. 10,13. 65）	43	43
［13. 65,18. 20）	37	37
［18. 20,22. 75）	14	14
［22. 75,27. 30）	4	4
［27. 30,31. 85）	2	2

（三）双创环境子特征分析

本部分通过对双创环境的 4 个二级指标，即市场结构、产业基础、制度文化和配套支持的研究，进一步分析了百强城市双创环境发展情况。

1. 市场结构

市场结构指的是支撑双创环境发展市场主要参与者的结构属性。本部分从市场结构下的 3 个三级指标切入，包括非公有制企业数量比重、规模以上工业小微企业数量比重和实际利用外商直接投资占 GDP 比重，探究百强城市双创环境发展的整体情况。本蓝皮书通过计算各子指标分值的加总来测量市场结构发展水平，其中，市场结构得分越高，则意味着其对双创发展起到的支撑和推动作用更强，反之则不利于甚至阻碍城市的双创发展。

计算后发现，在百强城市当中，市场结构得分最高的城市是马鞍山，分值为 7.07；最低是珠海，分值为 4.12。将区间［4.10，7.10）分为 12 组，组间距为 0.25，可得百强城市市场结构得分的分布情况如下（见表 3）。

表 3　双创百强城市市场结构得分分布情况

单位：个，%

市场结构分数段	城市数量	占比
[4.10,4.35)	5	5
[4.35,4.60)	3	3
[4.60,4.85)	3	3
[4.85,5.10)	2	2
[5.10,5.35)	5	5
[5.35,5.60)	12	12
[5.60,5.85)	13	13
[5.85,6.10)	11	11
[6.10,6.35)	13	13
[6.35,6.60)	17	17
[6.60,6.85)	13	13
[6.85,7.10)	3	3

（1）我国双创市场结构较均衡，整体较 2018 年有所下滑

2019 年双创百强城市市场结构得分均值为 5.89，其中，55 个城市的得

分高于均值，45 个城市的得分低于均值，大多数城市得分位于中高层分数段。在百强城市市场结构得分中，有 18 个城市位于较低分段［4. 10，5. 35)，低分段城市数量较 2018 年有所增加，反映了双创百强城市市场结构发展水平较上一年有所下降。这些数据表明，我国的双创市场结构转向平稳均衡发展，高分段城市市场结构发展较为稳定，中低分段城市则有所下滑；我国创新创业市场结构体系逐渐建立，整体发展较为平稳，部分城市发展较 2018 年有所停滞和下滑。

（2）市场结构体系均衡化发展，城市间发展差距缩小

通过双创百强城市的市场结构得分分布情况可知，有少数城市（18%）得分低于 5. 35，极少数城市（3%）得分等于或超过 6. 85，大多数城市（79%）得分均衡分布在中高层分数段，相比 2018 年得分情况，2019 年我国市场结构具有均衡化发展的倾向，整体市场结构体系有所完善。

（3）多种市场参与主体的有机结合，对市场结构进一步发展起到了支撑和推动作用

在 2019 年双创百强城市中，市场结构得分排名前 10 的城市分别是马鞍山、上海、湖州、嘉兴、深圳、芜湖、青岛、西安、长沙和金华。

如图 1 所示，马鞍山、上海和湖州分别以 7. 07、6. 98、6. 85 的得分位列百强城市市场结构得分的前 3 名。3 个城市排名靠前的主要原因是非公有制企业和小微企业的占比较高、外商投资活跃，促进了市场结构的优化。其非公有制企业数量比重分别为 96. 33%、98. 10% 和 97. 54%，规模以上工业小微企业数量比重分别为 93. 00%、95. 08% 和 93. 49%，实际利用外商直接投资占 GDP 比重分别为 8. 79%、3. 49% 和 4. 25%，3 项指标均属于较高水平。这些数据表明，促进民营企业和小微企业的发展、提高经济开放水平等措施对改善市场结构、促进中国经济发展和转型具有十分重要的作用①。

① 林毅夫：《中国经验：经济发展和转型中有效市场与有为政府缺一不可》，《行政管理改革》2017 年第 10 期。

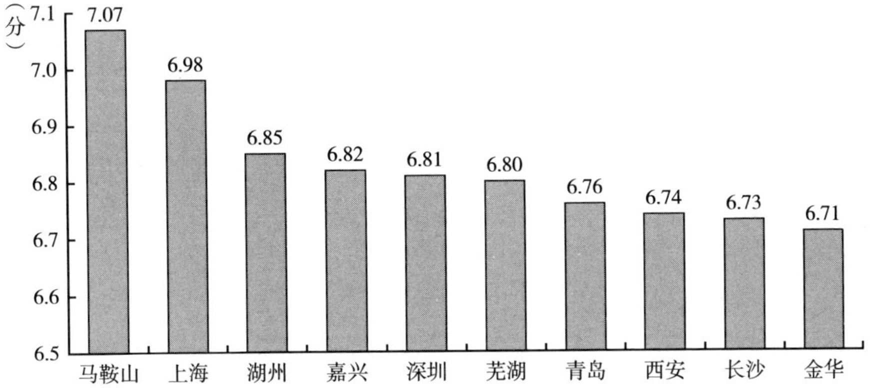

图1　双创百强城市市场结构得分前10

2. 产业基础

产业基础指的是一个地区在经济发展中所拥有的和可累积的各类资源，在创新创业建设中可以具体化为可促进创新创业和经济发展的各项指标，例如进出口情况、工业产值和民间资本投资等。本部分从产业基础下的3个三级子指标切入，包括对外进出口总额、规模以上工业总产值和民间资本固定资产投资总额占GDP比重，探究百强城市双创环境发展的整体情况。本蓝皮书通过计算各子指标分值的加总来测量产业结构基础状况和发展水平，其中，产业基础得分越高，则意味着其对双创发展起到的支撑和推动作用更强，反之则不利于甚至阻碍城市的双创发展。

计算后发现，在双创百强城市中，产业基础得分最高的城市是深圳，为7.01，维持了往年的发展态势；最低的是呼和浩特和绵阳，为0.30。将区间［0.00，7.50）分为15组，组间距为0.5，可得百强城市产业基础得分的分布情况（见表4）。

（1）我国双创百强城市产业基础发展情况整体良好，但未来仍存在巨大的发展空间

计算可知，2019年双创百强城市产业基础得分的均值为2，其中有93%的城市分布在［0.00，4.00）分数段，而仅有极少数城市分布在高分数段。这些数据表明，百强城市中大部分城市的产业基础仍较为薄弱，存在

巨大的提升和发展空间。

（2）双创产业基础发展不均衡，少数一线城市产业基础牢固，城市间差距进一步扩大

2019 年双创百强城市产业基础得分极差为 6.71，相较 2018 年有较大的增加，表明城市间的产业基础发展差距进一步扩大，全国的产业基础发展水平不均衡。

表 4　2019 年双创百强城市产业基础得分分布情况

单位：个，%

产业基础分数段	城市数量	占比
[0.00,0.50)	12	12
[0.50,1.00)	21	21
[1.00,1.50)	16	16
[1.50,2.00)	7	7
[2.00,2.50)	10	10
[2.50,3.00)	5	5
[3.00,3.50)	14	14
[3.50,4.00)	8	8
[4.00,4.50)	2	2
[4.50,5.00)	0	0
[5.00,5.50)	1	1
[5.50,6.00)	2	2
[6.00,6.50)	0	0
[6.50,7.00)	1	1
[7.00,7.50)	1	1

为进一步探究产业基础得分与城市发展水平之间的关系，列出百强城市中产业基础得分前十的城市。

如图 2 所示，在双创百强城市的产业基础得分当中，深圳、上海、杭

州、苏州、北京等位于高分区域，分值均在5.25分以上。其中，深圳和上海作为一线城市的典型代表，其创新创业的产业基础较为扎实，北京也成功重回了前10的行列；同时，苏州、宁波、青岛等城市创新创业产业基础的发展也呈现较为强劲的态势。在产业基础方面，一线城市具有一定的优势，然而一些新一线和准一线城市如天津、广州等则略显后劲不足，没有进入前10的行列；反之，一些二线乃至三线城市则表现出了较强的竞争力，可见其对双创产业发展的重视，使得其在产业基础得分方面超过了天津、广州等城市，但同时也由于经济发展水平等原因，其与深圳、上海等城市相比仍然存在差距。

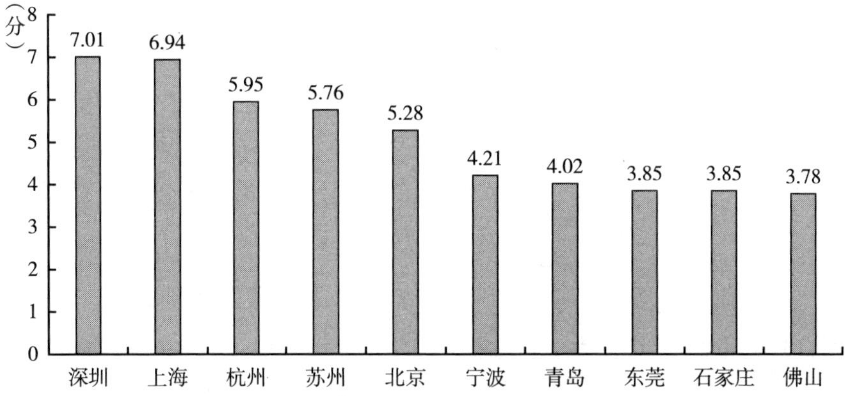

图2　双创百强城市产业基础得分前10

3. 制度文化

制度文化，指保障和促进城市双创向好发展的制度和文化基础。本部分将从各城市政府效率指数、商业信用环境指数以及每万人藏书册数3个方面进行探析，将各大指标加权求和从而得到具体分值，用以衡量各城市制度文化发展对双创建设的推进作用。

经计算，在双创百强城市中，双创制度文化得分界于2.13~9.23。其中，北京市作为我国首都，在制度文化方面具有巨大优势，而保定得分最低，仅为2.13。进一步将整体区间分成6组，每组间距取1.2。

表 5　双创百强城市制度文化得分分布情况

单位：个，%

制度文化分数段	城市数量	占比
[2.10,3.30)	44	43
[3.30,4.50)	35	35
[4.50,5.70)	12	12
[5.70,6.90)	4	4
[6.90,8.10)	1	1
[8.10,9.30)	4	4

如表 5 所示，大部分双创百强城市制度文化基础仍然薄弱。经计算，双创百强城市制度文化平均得分为 3.8 分，其中大部分城市得分低于 6.9，占据了百强城市的 95%，而仅有 5% 的城市制度文化得分在［6.90，9.30），可见大部分城市制度文化基础薄弱；平均得分较去年有所下降，虽然存在北京、上海、深圳等高分城市，但其他城市仍需进一步加强制度文化建设。

改善商业信用环境有利于促进双创城市制度文化建设。如图 3 所示，从双创百强城市制度文化得分排名来看，北京、深圳、上海、广州、苏州等城市位于前几位。北京市以 9.23 的得分位于制度文化得分第一位，与深圳、上海、广州构成高分段梯队，得分远高于其他城市。其中北京市和深圳市制度文化得分达 9 分以上，表明其政府工作效率、商业信用环境以及每万人藏书册数的综合提升。以北京市为例，其 2019 年商业信用环境指数达 87.08，居百强城市首位，展示了其为创新产业提供的良好发展环境和政策支持体系。

4. 配套支持

城市的双创建设和发展需要完备完善全备的配套支持，具体表现为各大城市为支持双创发展所配备的相应设备和相关基础建设，如物流交通建设、互联网建设及综合性医院建设等。本部分从公共交通车辆数、货物运输总量、互联网宽带普及率、医院占医疗机构比重以及国家级科技企业孵化器数

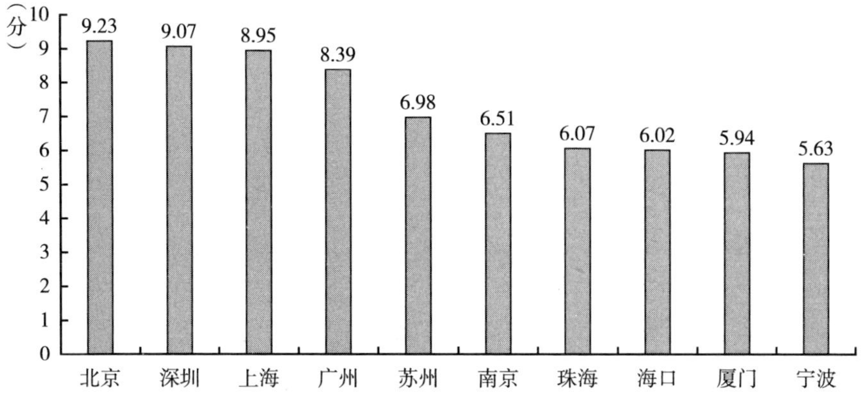

图3　双创百强城市制度文化得分前10

量等标准化指标的角度出发，赋予各指标相应的权重，最后求和。通过得分数值的高低来评价城市对双创配套支持的重视程度和实施力度，据此来推断其对双创发展的推进能力。

经计算，百强城市双创配套支持得分界于0.95～8.96。其中上海分数最高，赣州得分最低。本报告进一步将整体区间分成7组，组间距为1.15。

如表6所示，大部分双创百强城市拥有较好的基础性配套设施，但仍有较大的完善空间。根据本书所采用的评价方法和最终的计算结果，百强城市中，96%的配套支持得分分布在［0.95，6.70）；百强城市平均配套支持得分为3.52，与满分仍有较大差距，各城市仍需注重双创配套设施的建设和改善。

表6　双创百强城市配套支持得分分布情况

单位：个，%

配套支持分数段	城市数量	占比
［0.95,2.10)	20	20
［2.10,3.25)	29	29
［3.25,4.40)	25	25

续表

配套支持分数段	城市数量	占比
[4.40,5.55)	13	13
[5.55,6.70)	9	9
[6.70,7.85)	2	2
[7.85,9.00)	2	2

一线与新一线城市双创配套设施基础较好，且竞争力不断增强。如图4所示，传统一线城市“北上广”同2018年一样依然保持领先地位，南京、苏州、武汉等城市发展势头强劲，在前10排名中已超越深圳。除此之外，杭州、成都等新一线城市，在双创配套支持方面取得了明显的成就。国家级科技企业孵化数量的高低，于双创发展而言至关重要。

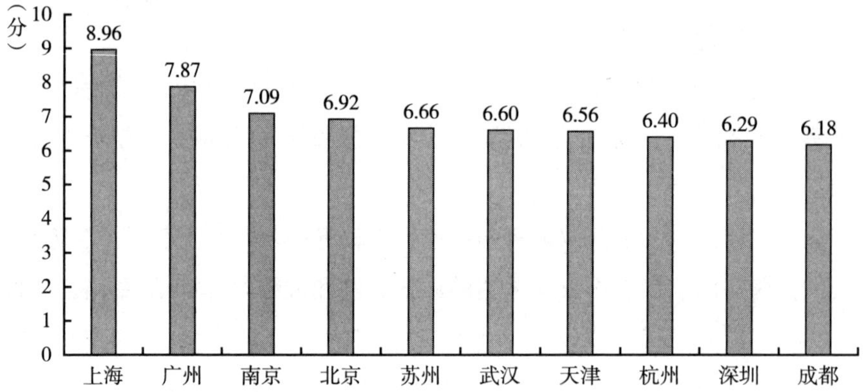

图4　双创百强城市配套支持得分前10

二　双创资源子特征

投入的资源直接决定双创的发展和产出。宏观经济学中的经典生产函数将生产力视作劳动、资本和技术的函数。与之类似，双创的生产与发展也依赖于人力资源水平、资本市场规模和技术支撑能力。本部分就从人力资源、资本市场和科技投入三大部分对双创百强城市的资源子特征进行分析。

（一）双创资源得分及排名

双创资源子特征有3个二级指标——人力资源、资本市场和科技投入，进一步被细化为10个具体的三级指标，经过指标标准化与加权计算求得城市双创资源得分，以衡量各城市的双创资源丰富程度。满分为33分，得分越高代表该城市双创资源越充沛，能推动双创的生产和发展；反之则表明资源匮乏，不利于双创的健康快速发展。

如表7所示，总体上我国城市双创资源较为匮乏，在选取的百强城市样本中，仅有13个城市的得分在19.8以上，也即仅有13%的百强城市的双创资源得分达到了满分的60%，百强城市的双创资源能力略显不足。最低的城市得分仅为13.61分。绝大多数的得分集中在15～17分，而得分在30分以上的城市仅有北京（32.51分），第2名深圳与其有着6.51分的差距。

相较2018年，双创资源得分呈现整体下降的趋势。2018年的双创资源最低分保定（15.51分）在2019年的排名中占据第57名的位置，2019年高分段的表现也整体不如2018年。这可能是由于新的评估指标体系的建立，相较2018年，2019年将科技投入单独列为与人力资源和资本市场平行的二级指标，可能能够更加精准地测度城市的双创资源水平。

将目光聚焦每个百强城市的资源排名变化，本报告发现，大多数城市的资源排名比较稳定，变化不大。北京、深圳和上海始终占据前3的位置。但也有一些城市的资源情况得到了显著的改善，太原、烟台从2018年的未入百强城市榜到2019年分别排名第24、55名，双创资源能力方面有显著的进步和发展。而有些城市双创资源则有下降的趋势，例如芜湖从2018年的第34名下降到了2019年的第71名，绵阳、榆林更是分别位居第84名和第91名，同比2018年分别下降了73名和75名，说明对双创资源投入力度不够稳定。

表 7　2019 年双创百强城市资源得分及排名

单位：分

城市	双创资源得分	双创资源得分排名	2018 年排名	城市	双创资源得分	双创资源得分排名	2018 年排名
北京	32.51	1	1	长春	17.46	30	43
深圳	26.00	2	2	南宁	17.34	31	31
上海	24.36	3	3	宁波	17.27	32	22
广州	23.82	4	6	福州	17.21	33	38
西安	23.69	5	4	呼和浩特	17.05	34	67
武汉	22.31	6	9	银川	16.88	35	42
杭州	21.86	7	14	温州	16.73	36	40
郑州	21.29	8	17	乌鲁木齐	16.66	37	39
济南	20.93	9	19	嘉兴	16.61	38	49
苏州	20.93	10	8	石家庄	16.60	39	24
南京	20.82	11	7	无锡	16.57	40	23
长沙	20.05	12	15	海口	16.56	41	45
厦门	19.90	13	5	三亚	16.26	42	44
成都	19.75	14	12	中山	16.13	43	36
佛山	19.64	15	32	马鞍山	16.09	44	70
天津	19.20	16	13	镇江	16.06	45	48
沈阳	19.08	17	29	扬州	15.98	46	64
哈尔滨	18.83	18	25	吉林	15.96	47	78
常州	18.78	19	33	淄博	15.95	48	65
昆明	18.68	20	27	湖州	15.76	49	58
青岛	18.63	21	21	唐山	15.74	50	76
重庆	18.61	22	18	西宁	15.72	51	61
合肥	18.39	23	20	台州	15.63	52	53
太原	18.29	24	100 +	南昌	15.63	53	35
大连	17.91	25	28	桂林	15.63	54	50
东莞	17.85	26	26	烟台	15.62	55	100 +
珠海	17.84	27	10	南通	15.61	56	51
贵阳	17.79	28	41	保定	15.60	57	100
兰州	17.73	29	30	惠州	15.48	58	57

续表

城市	双创资源得分	双创资源得分排名	2018 年排名	城市	双创资源得分	双创资源得分排名	2018 年排名
徐州	15.42	59	71	衡阳	14.87	80	83
漳州	15.42	60	74	洛阳	14.81	81	37
淮安	15.42	61	55	鄂尔多斯	14.79	82	82
金华	15.34	62	68	拉萨	14.79	83	46
济宁	15.34	63	75	绵阳	14.77	84	11
包头	15.33	64	62	安庆	14.75	85	94
廊坊	15.30	65	100 +	潍坊	14.69	86	100 +
绍兴	15.30	66	56	泰州	14.68	87	60
常德	15.27	67	79	江门	14.62	88	73
威海	15.25	68	59	沧州	14.59	89	72
宜昌	15.23	69	100 +	新乡	14.52	90	86
九江	15.17	70	88	榆林	14.46	91	16
芜湖	15.16	71	34	遵义	14.46	92	47
鞍山	15.08	72	85	临沂	14.34	93	100 +
郴州	15.03	73	80	汕头	14.12	94	93
盐城	14.99	74	100 +	莆田	14.05	95	100 +
湘潭	14.98	75	66	襄阳	13.96	96	69
连云港	14.96	76	54	赣州	13.83	97	77
株洲	14.92	77	52	德州	13.81	98	89
柳州	14.88	78	81	茂名	13.71	99	98
岳阳	14.87	79	63	泉州	13.61	100	91

（二）双创资源得分的频率分布

根据2019 年双创资源得分的最高分32.51 与最低分13.61，将总区间分为10 组，组间距取2，得到我国百强城市的双创资源得分频率分布。

如表8 所示，城市得分分布最多的分数段是在［15.00，17.00），双创百强城市的双创资源发展不平衡、不充分，主要资源集中、整体资源不足，总体发展潜力巨大。根据设定的指标体系，北京的资源得分达32.51 分，十分接近满分33分，深圳、上海、广州等城市紧随其后，除济南外，得分在20分以上的城市均跻身一线城市或新一线城市之列，主要资源十分集中。但就整体而言，双创资源发展极不平衡，87%的城市得分集中在19.8分以下的低分段，且百强城市得分均值为16.88分，远低于满分33分，整体资源严重匮乏。大部分城市的双创资源得分较低，有巨大的改善空间和发展潜力。得分仅次于北京的深圳，得分也仅为26分，20分以上的城市得分也主要集中在22分以下，这些大城市的得分虽然相对较高，但也依然有不小的提升空间。

表8　双创百强城市创新资源得分频率分布情况

单位：个，%

资源能力分数段	城市数量	占比
[13.00,15.00)	27	27
[15.00,17.00)	39	39
[17.00,19.00)	17	17
[19.00,21.00)	9	9
[21.00,23.00)	3	3
[23.00,25.00)	3	3
[25.00,27.00)	1	1
[27.00,29.00)	0	0
[29.00,31.00)	0	0
[31.00,33.00]	1	1

（三）双创资源子特征分析

基于本蓝皮书的指标体系，本部分对人力资源、资本市场和科技投入3个指标分别予以进一步分析。

1. 人力资源

人力是最重要的资本之一，作为市场的参与主体和创新创业的践行者，人力资源对双创发展有举足轻重的作用，较高的人力资源水平给城市的双创发展注入新的活力。人力资源水平具体表现为城市吸引人力和高水平人才的能力、知识密集型服务业的发展状况和对大学生的培养能力等方面。据此将人力资源的子指标细分为净流入常住人口、高等教育学历人口比例、知识密集型服务业占从业人员比例和普通高校在校生数量等4个三级指标，对各指标进行标准化处理，并进行加权求和，计算出能够反映该城市人力资源水平的分值。

人力资源得分满分为13.20分（4个三级指标各占3.30分），经计算，北京市以13.14分名列榜首，也是百强城市中人力资源得分唯一超过10分的城市，而泉州则以0.77分列末位。进一步将总区间分为10组，组间距为1.25，得出百强城市人力资源得分的具体分布。

如表9所示，各城市双创人力资源情况的分布极度不均衡，绝大部分城市人力资源得分不高，主要位于［0.70，5.70），极少部分城市拥有较高的人力资源得分，分值在8.20及以上的城市仅有4个，其中10分以上的仅有1个。一线和新一线城市本身发展水平较高，对于人力资源的吸引力更强，造成了人力资源分布的高集聚；大部分城市人力资源水平较低，少量城市人力资本储备较高，分布极不平衡。这种不均衡状态相较资源整体得分程度更甚，人力资源得分的最低分甚至不足1分。

表9　双创百强城市人力资源得分分布情况

单位：个，%

人力资源分数段	城市数量	占比
[0.70,1.95)	20	20
[1.95,3.20)	41	41
[3.20,4.45)	14	14
[4.45,5.70)	12	12
[5.70,6.95)	4	4
[6.95,8.20)	5	5
[8.20,9.45)	3	3
[9.45,10.70)	0	0
[10.70,11.95)	0	0
[11.95,13.20]	1	1

双创人力资源的极度不平衡在某种程度上反映了教育资源分布不均衡的现状。北京、武汉、广州等城市位列人力资源得分前10，如图5所示，得分前10的城市也是国内顶尖高校的主要分布地，它们拥有比较丰富的教育资源，尤其是高等教育资源，这样的优势是其他城市所不能及的，高等教育资源分布的不均衡是双创城市人力资源分布极度不均衡的原因之一。

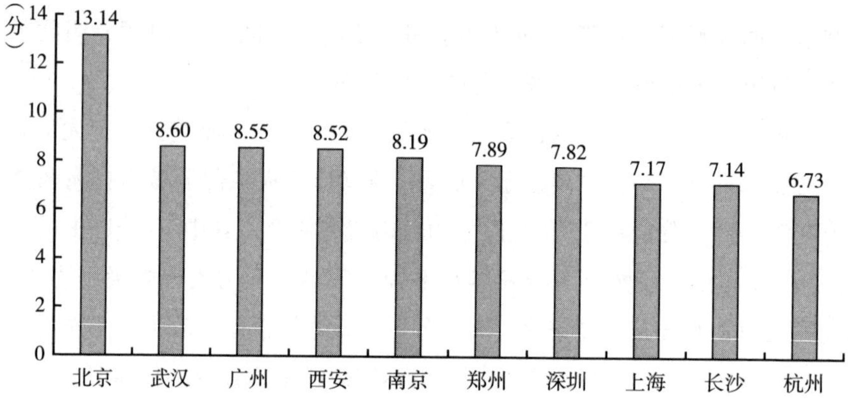

图5 双创百强城市人力资源得分前10

2. 资本市场

双创发展不仅需要人力资源基础，还需要资本市场的运转和支撑给其提供合适的市场环境，以促进其健康发展。资本的投入力度对双创发展有重要的推动作用。本报告将其进一步细分为“年度新增市值”“年度IPO规模”“年度新三板上市数量”3个三级指标，反映该城市在资本市场上的规模情况。对各指标进行标准化处理，并进行加权求和，以所得分值高低来衡量该城市的资本市场的发展状况和资本投入情况。

资本投入得分满分为9.90分（三个三级指标各占3.30分），经计算，北京以9.85的分值名列榜首；而临沂以4.24的分数名列末位。进一步将总区间分为12组，组间距为0.5，得出百强城市资本市场得分的具体分布。

如表10所示，大部分城市的双创资本投入水平较低。百强城市的资本投入得分主要位于［4.00，5.00）低分数段，平均分为4.95分，反映出总体资本投入水平较低。而高于平均分的城市仅有31个，得分7分以上的仅有4个城市。绝大部分城市的资本投入都低于平均值，呈现较不均衡的发展状态。

表10 双创百强城市资本市场得分分布情况

单位：个，%

资本投入分数段	城市数量	占比
[4.00,4.50)	35	35
[4.50,5.00)	35	35
[5.00,5.50)	10	10
[5.50,6.00)	9	9
[6.00,6.50)	1	1
[6.50,7.00)	6	6
[7.00,7.50)	0	0
[7.50,8.00)	2	2
[8.00,8.50)	1	1
[8.50,9.00)	0	0
[9.00,9.50)	0	0
[9.50,10.00)	1	1

资本投入可能会出现马太效应的正反馈，呈现“强者愈强，弱者愈弱”的态势。如图6所示，双创资本投入前10的城市主要集中在东部地区，西部地区仅有西安一所城市上榜。资本有逐利的特征，越是经济发达的地区，越能够从市场中获益，资本便会自然地向其流动，投入的资本反过来又能直接推动当地经济发展。企业在投资时会考虑城市的区位优势和民众的消费能力，经济实力较强的城市会吸引企业的投资和投入，形成强者的聚集，而经济实力较弱的城市资金吸引力较弱，无法有效地促进经济发展。

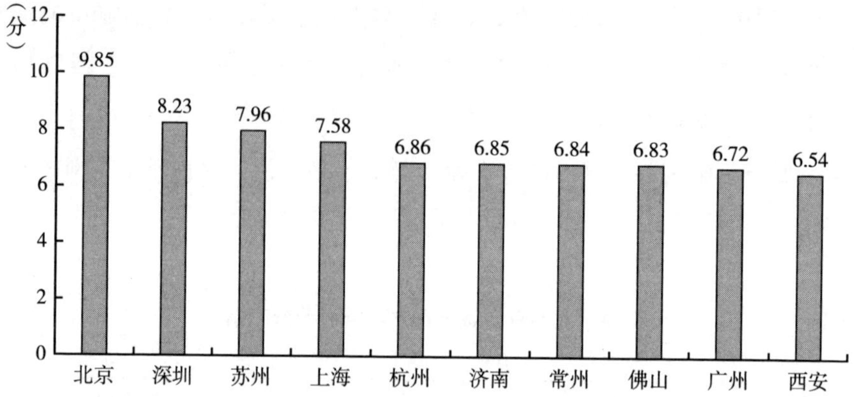

图6　双创百强城市资本市场得分前10

3. 科技投入

技术可以提升资本和劳动生产的效率，双创的快速发展不仅需要人力资源的支持和资本市场环境的运转支撑，还需要科学技术的成果。无论是基础科学研究，还是以应用为导向的研究，都能够促进该地的双创发展。本报告将科技投入进一步细分为“基础研究经费支出占万元GDP比重”“应用研究经费支出占万元GDP比重”“试验发展经费支出占万元GDP比重”3个三级指标，反映该城市在科学技术方面的投入规模。对各指标进行标准化处理，并加权求和，对该城市的科技投入情况进行分析。

科技投入水平得分满分为9.90分（3个三级指标各占3.30分），经计算，深圳市以9.95分名列榜首，紧随其后的是上海和北京，而海口则以8.24分名列末位。进一步将总区间分为9组，组间距为0.20，得出百强城市的人力资源得分的具体分布。

如表11所示，各城市双创科技投入不均衡，极少数城市科技投入脱颖而出。84%的城市的科技投入在［8.20，8.60），得分最高的4座城市超过了9.0分。百强城市科技投入得分的极差为1.71，在资源特征的3个二级子指标的极差中是最小的。各城市的科技投入水平的总体差异不是特别明显，可能是因为不论城市经济发展水平如何，科技投入总是城市财政预算中的重要部分，各城市间不会呈现“天壤之别”，但城市间依然呈现一种不均衡的状态。

表 11　双创百强城市科技投入得分分布情况

单位：个，%

科技投入分数段	城市数量	占比
[8.20,8.40)	61	61
[8.40,8.60)	23	23
[8.60,8.80)	11	11
[8.80,9.00)	1	1
[9.00,9.20)	1	1
[9.20,9.40)	0	0
[9.40,9.60)	1	1
[9.60,9.80)	1	1
[9.80,10.00)	1	1

如图 7 所示，北京第一地位被撼动，深圳、上海科技投入位列前二。中山、贵阳、合肥、宜昌等城市在人力资源和资本市场的排名并不十分靠前，但在科技投入的前 10 中却有一席之地，这反映出它们对科技发展的重视程度较高。对科技的大力投入和认可，能够提升该地科技实力，有利于吸引更多高水平人才，并且民众对于科技的追求在一定程度上能够促进科技企业的发展，促进资本流入，对未来城市双创发展都有长期的积极影响。

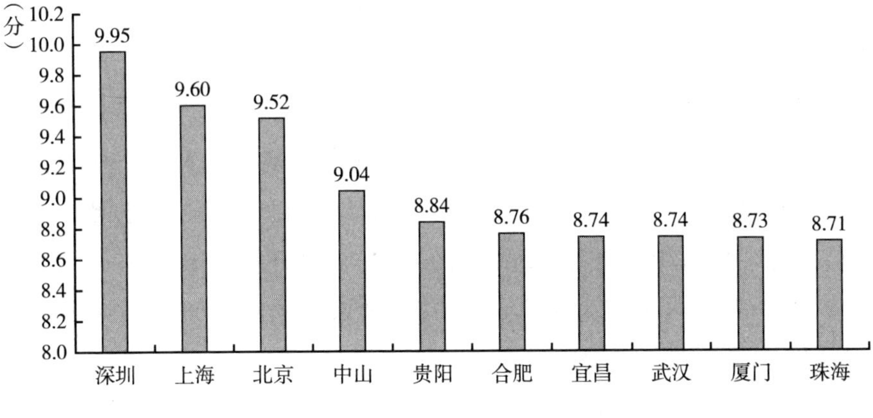

图 7　双创百强城市科技投入得分前 10

三　双创绩效价值子特征

绩效价值一级指标旨在评价一个城市在双创环境支持下，通过开发和利用双创资源推动产业、创新、环境等方面发展的能力和效果。本部分将从“产业绩效”“创新绩效”“可持续发展”3个绩效价值的子特征角度来对双创城市的绩效价值进行评估。

（一）绩效价值得分及排名

绩效价值得分由“产业绩效”“创新绩效”“可持续发展”3个二级指标进一步细分出的8个三级指标经过加权求和计算得出。某一指标的得分越高，代表该城市在这一维度的双创绩效价值越好。表12展示了双创百强城市的绩效价值得分排名和与上一年相比的变化情况。

由于2019年的绩效价值计算指标与上一年相比进行了一定程度的调整，故双创百强城市绩效得分排名与上一年相比存在一定差异。如表12所示，从整体上看，北京、上海、广州、深圳等高分段城市排名变化不大，说明这些城市绩效价值的综合水平较高，在各个衡量维度上都处于领先位置，因此对于指标体系的变动不敏感。而一些排名相对靠后的城市由于在某些方面存在短板的可能性较大，因此对于指标体系的变动会更加敏感，于是在不同指标体系下的排名就有可能出现更大的波动。

此外，低分段城市得分与高分段城市得分差距悬殊，且这种差距有进一步扩大的趋势。2019年双创百强城市中绩效价值排名第一的深圳分数为33.11，较2018年第1名（深圳）的32.80有小幅提升；而2019年绩效价值排名在第100名的保定分数为6.52，较2018年第100名（邯郸）的11.30分有较大幅度的下降。

表 12　2019 年双创百强城市绩效价值得分及排名

单位：分

城市	绩效价值得分	绩效价值得分排名	2018 年排名	城市	绩效价值得分	绩效价值得分排名	2018 年排名
深圳	33.11	1	1	漳州	13.81	33	47
北京	28.72	2	2	台州	13.50	34	31
上海	27.77	3	3	惠州	13.39	35	36
广州	23.53	4	4	湖州	13.33	36	41
苏州	22.90	5	7	扬州	13.15	37	39
杭州	22.25	6	6	长春	13.15	38	33
南京	19.61	7	13	沈阳	13.12	39	40
珠海	19.38	8	11	郑州	13.06	40	19
宁波	19.06	9	8	泰州	12.78	41	37
无锡	18.78	10	12	海口	12.47	42	50
武汉	17.87	11	18	绵阳	12.38	43	69
东莞	17.60	12	5	哈尔滨	12.37	44	62
佛山	17.36	13	9	金华	12.24	45	34
厦门	17.08	14	20	烟台	12.17	46	100 +
泉州	16.64	15	28	南宁	12.16	47	53
福州	16.55	16	26	芜湖	11.99	48	43
重庆	16.37	17	14	威海	11.98	49	35
长沙	16.36	18	10	宜昌	11.90	50	100 +
天津	15.83	19	16	盐城	11.90	51	100 +
常州	15.62	20	25	吉林	11.88	52	51
成都	15.55	21	15	柳州	11.87	53	57
绍兴	15.42	22	23	榆林	11.86	54	78
合肥	15.36	23	21	济南	11.85	55	44
青岛	15.29	24	22	遵义	11.77	56	67
嘉兴	15.02	25	24	中山	11.77	57	17
南通	14.91	26	29	镇江	11.62	58	42
贵阳	14.54	27	48	呼和浩特	11.61	59	60
温州	14.50	28	27	汕头	11.49	60	54
西安	14.26	29	45	兰州	11.48	61	88
大连	14.14	30	30	江门	11.20	62	55
南昌	14.06	31	32	石家庄	11.15	63	85
昆明	13.97	32	38	莆田	11.10	64	100 +

续表

城市	绩效价值得分	绩效价值得分排名	2018 年排名	城市	绩效价值得分	绩效价值得分排名	2018 年排名
乌鲁木齐	11.09	65	77	襄阳	9.49	83	71
西宁	10.93	66	89	郴州	9.38	84	70
拉萨	10.87	67	74	潍坊	9.29	85	100 +
桂林	10.79	68	59	衡阳	9.25	86	65
包头	10.63	69	87	鞍山	9.24	87	90
赣州	10.58	70	61	唐山	8.89	88	97
株洲	10.51	71	56	安庆	8.81	89	79
三亚	10.37	72	52	太原	8.80	90	100 +
九江	10.34	73	73	廊坊	8.78	91	100 +
鄂尔多斯	10.33	74	46	洛阳	8.53	92	82
连云港	10.32	75	76	沧州	8.41	93	98
岳阳	10.10	76	64	淄博	8.09	94	83
马鞍山	10.10	77	84	济宁	8.02	95	86
淮安	10.04	78	49	临沂	7.85	96	100 +
银川	9.98	79	99	湘潭	7.04	97	58
茂名	9.95	80	66	德州	6.89	98	95
常德	9.89	81	63	新乡	6.56	99	96
徐州	9.78	82	72	保定	6.52	100	94

（二）双创绩效价值得分的频率分布

为了对双创百强城市绩效价值得分的分布情况有更为直观的了解，绘制绩效价值得分的频率分布直方图。由数据可知，绩效价值最低分为 6.52，最高分为 33.11，因此取区间［6.50，33.20），规定组数为 6，组距为 4.45，统计双创百强城市的绩效价值得分分布。

如表 13 所示，双创百强城市绩效价值得分普遍不高，低分段分布比较集中，高分段城市数量较少。绩效价值得分频率分布最集中的区间为［10.95，15.40），占总数的 43%。有超过 80% 的城市绩效价值得分没有达 17 分（满分为 34 分），而绩效价值得分等于或大于 19.85 分的只有 6 个城市。

表 13　双创百强城市绩效价值得分频率分布情况

单位：个，%

绩效价值分数段	城市数量	占比
[6.50,10.95)	35	35
[10.95,15.40)	43	43
[15.40,19.85)	16	16
[19.85,24.30)	3	3
[24.30,28.75)	2	2
[28.75,33.20)	1	1

（三）双创绩效价值子特征分析

1. 产业绩效

产业绩效是指城市在双创环境的支持下，利用双创资源在经济增长、企业发展等方面获得的双创效益。产业绩效的衡量包括 3 个子指标：人均 GDP、高新技术企业数量以及规模以上工业企业利润总额。对各子指标进行标准化处理并进行加权求和，得到产业绩效的综合得分，得分越高说明该城市的产业绩效越好。

计算结果显示，双创百强城市产业绩效得分最高的是深圳（12.69 分），非常接近该指标的满分 12.75 分。得分最低的城市金华为 0.44 分。进一步将总区间平均分为 8 组，取组间距 1.55，得到双创百强城市产业绩效得分的频率分布（见表 14）。

（1）双创百强城市的整体产业绩效水平不高，低分段城市分布集中，高分段城市分布稀疏

可以看出，90% 左右的城市没有达到该指标满分的一半，因此大部分双创百强城市在产业绩效方面还有较大的提升空间。

（2）双创百强城市产业绩效发展水平不均衡，呈现两极分化的特征

高分段城市产业绩效得分比较接近满分，说明这些城市的产业基础较好，利用双创环境和双创资源促进科技、经济发展的能力较强。如图 8 所示，这些得分较高的城市都是经济较为发达的城市，都比较重视高新技术产业和知识密集型产业的发展。而许多低分段城市产业绩效得分接近 0 分，说明这些城市的产业基础较为薄弱，双创资源的转化能力较差，今后亟须寻找制约产业发展的具体原因，破解双创产业发展难题。

表 14　双创百强城市产业绩效得分分布情况

单位：个，%

产业绩效分数段	城市数量	占比
[0.40,1.95)	25	25
[1.95,3.50)	46	46
[3.50,5.05)	15	15
[5.05,6.60)	8	8
[6.60,8.15)	2	2
[8.15,9.70)	1	1
[9.70,11.25)	0	0
[11.25,12.8)	3	3

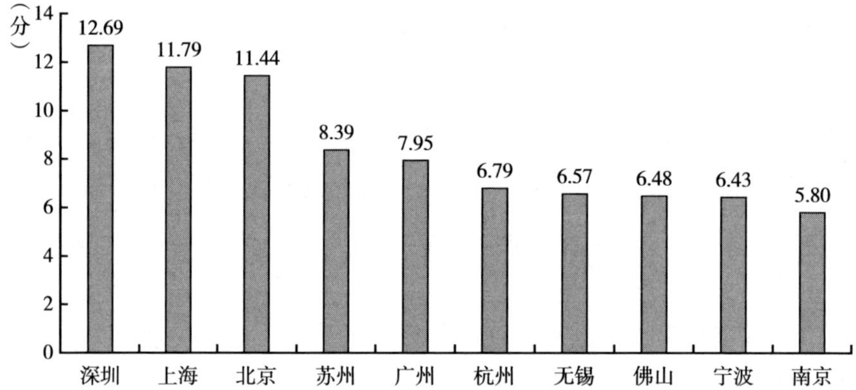

图 8　双创百强城市产业绩效得分前 10

2. 创新绩效

创新绩效是双创城市绩效价值评价中的关键指标，它反映了双创城市在双创环境的支持下，利用双创资源推动科技发展和创新水平提升、为经济转型赋能的效果。创新绩效具体包括3个子指标：专利授权量、每万人国内发明专利申请量以及中国城市数字经济指数。通过对3个子指标进行标准化和加权求和，得到双创百强城市的创新绩效得分，得分越高代表该城市的创新绩效越好。

根据双创百强城市创新绩效得分的最高分和最低分，确定数据分布区间为［0.10，12.70）。进一步将总区间平均分为6组，组间距为2.10，得到双创百强城市创新绩效得分的频率分布。

如表15所示，总体来看，双创百强城市创新绩效水平较低，大部分城市在创新水平与科技发展能力方面仍有巨大的提升潜力。同时，两极分化现象十分突出。与产业绩效得分的分布特征十分类似，90%左右的双创百强城市在创新绩效上的得分没有达到满分的一半，其中有不少城市得分接近0分，而排名靠前的几个城市得分却接近满分。从图9可以看出，创新绩效得分排名前10的城市都是经济发展水平较高的城市，这些城市更加重视创新在经济发展中的驱动作用，有丰富的人才资源和领先的区位优势，从而为科技创新提供了肥沃的土壤。

表15　双创百强城市创新绩效得分分布情况

单位：个，%

创新绩效分数段	城市数量	占比
[0.10,2.20)	29	29
[2.20,4.30)	49	49
[4.30,6.40)	14	14
[6.40,8.50)	3	3
[8.50,10.60)	3	3
[10.60,12.70)	2	2

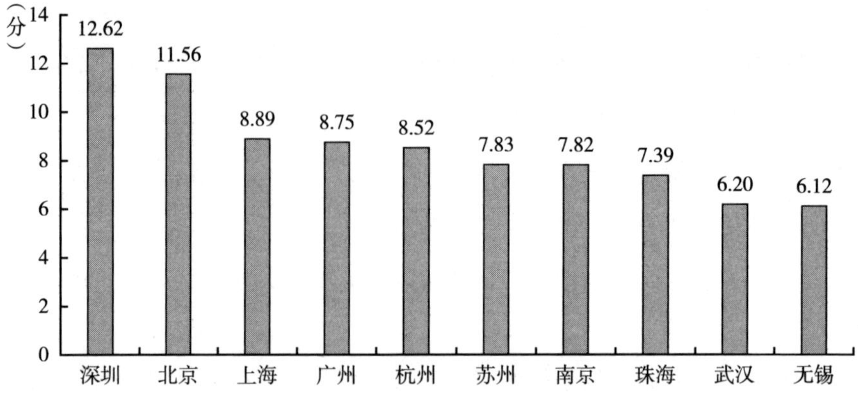

图 9　双创百强城市创新绩效得分前 10

3. 可持续发展

"绿水青山就是金山银山"的可持续发展理念如今已深入人心。作为评价双创绩效价值的另一个重要二级指标，可持续发展水平体现了城市对经济发展质量的重视程度以及对经济、社会、环境等多方面协调发展的关注程度。本书采用单位 GDP 能耗以及空气质量优良（二级及以上）天数占比重 2 个子指标经过加权求和来衡量双创百强城市的可持续发展能力。该指标得分越高，说明该城市的可持续发展能力越强，经济增长模式越健康。

可持续发展二级指标的满分为 8. 5 分。经计算，双创百强城市中厦门排名第一，分数为 8. 44；太原得分最低，分数为 3. 24。设定区间为［3. 10，8. 50］，并将总区间平均分成 6 组，组间距为 0. 90，得到双创百强城市可持续发展得分的频率分布。

如表 16 所示，双创百强城市的可持续发展水平整体较高。可以看出，大部分城市得分分布在中高分数段，并且有许多城市的可持续发展得分都接近满分。而低分段城市很少，只有 6 个城市得分低于 4 分。这说明，从当前数据来看，大部分城市都在进行绿色双创，走可持续发展道路。

表 16　双创百强城市可持续发展得分分布情况

单位：个，%

可持续发展分数段	城市数量	占比
[3.10,4.00)	6	6
[4.00,4.90)	10	10
[4.90,5.80)	10	10
[5.80,6.70)	23	23
[6.70,7.60)	30	30
[7.60,8.50]	21	21

此外，从图 10 可以看出以下两点。

（1）可持续发展得分排名靠前的城市基本分布在南方省份，且大部分都在沿海地区

这一特点可能与沿海城市气候条件较好、污染物不易聚集有关。同时这也说明了南方沿海城市与北方内陆城市相比更加注重绿色发展、可持续发展的经济发展特点。

（2）城市的可持续发展水平与城市当前经济发展水平没有必然的联系

除了厦门、福州等少数城市经济发展水平较高外，其他城市都不属于经济发达的城市。对于这些城市而言，在维持现有自然环境和资源状况的同时，利用双创环境和双创资源促进经济发展水平的进一步提升，避免走过去经济发达城市"先污染，后治理"的老路，是这些城市发挥自身优势、激发双创活力的关键所在。

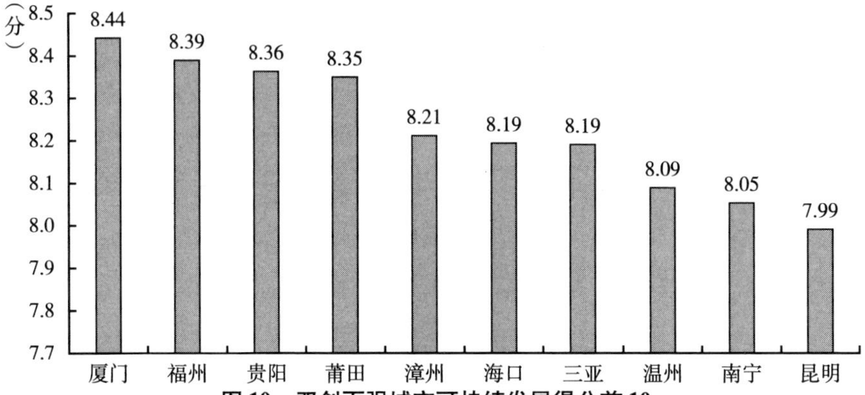

图 10　双创百强城市可持续发展得分前 10

B.4
2020年度双创主要指标分析

苗 璐　黄晓林*

摘　要：　“大众创业、万众创新”作为中国新常态下经济发展的“双引擎”之一，在城市创新发展的过程中对推动国民经济增长、促进产业结构转型升级、稳定和扩大就业具有重要的作用。为了深入挖掘及阐释我国双创的整体发展水平、分布格局及发展特点，本报告首先基于细化的双创指标评估体系中10项二级指标和32项三级指标，并提取对双创具有重要影响的关键指标进行量化分析；其次，为了厘清各双创维度之间的内在关系，对3个一级指标即环境支持、资源能力和绩效价值分别从不同维度进行相关性分析；最后，从分析结果来看，驱动双创发展的内在原因为各维度在不同层次间的相互支撑和相互作用。继续坚持、加大双创环境支持、建设力度，将为下一阶段双创发展奠定坚实的基础。

关键词：　双创指标　环境支持　资源能力　绩效价值

一　双创评估体系下各级指标选择与关系研究

基于本蓝皮书“双创”指数指标体系的构建，即环境支持、资源能

* 苗璐，经济学博士，深圳大学中国经济特区研究中心助理教授，研究方向为城市经济学、环境经济学、大数据分析；黄晓林，深圳大学应用统计专业硕士研究生。

力和绩效价值3个维度的10项二级指标和32项三级指标，本报告进一步基于32个细化指标（三级指标）进行深入的分析。本报告采用相关系数来衡量具体指标（三级指标）与对应维度之间相关关系的密切程度，相关系数的绝对值越大，则该指标与对应维度的相关性越强。基于此标准，以下主要选取相关系数较大的指标，即筛选对应维度下影响力较大的细化指标（三级指标）作为关键指标进行详细的分析，对其余指标作简要分析。

（一）影响双创环境支持的重要指标选择及关系研究

双创环境支持由市场结构、产业基础、制度文化和配套支持4个方面的二级指标综合反映，其下共计14个子指标（三级指标）。通过测算双创环境支持下14个子指标与双创环境支持得分的相关系数，本报告选取相关系数较高的7个指标进行分析。其中，排名前3的指标有“国家级科技企业孵化器数量（个）”（其对应的相关系数为0.8595）、“规模以上工业总产值（亿元）”（其对应的相关系数为0.8271）、“对外进出口总额（亿元）”（其对应的相关系数为0.8050），对其进行详细的分析；相关系数相对较低的4个指标为“商业信用环境指数”（其对应的相关系数为0.7449）、“公共交通车辆数（辆）”（其对应的相关系数为0.7151）、“每万人藏书册数”（其对应的相关系数为0.6979）、“非公有制企业数量比重（%）”（其对应的相关系数为0.5275），对其进行简要的分析。

1. 国家级科技企业孵化器数量

随着我国创新创业不断深化，国家级科技企业孵化器作为培育和扶植高新技术中小企业、促进科技成果转化的重要载体，对推动高新技术产业发展、完善国家和区域创新体系、繁荣经济有重要的作用。当前，我国国家级科技企业孵化器正处于迅猛发展的阶段，国家级科技企业孵化器的数量和规模已经跃居世界首位，其发展趋势从量变逐渐升级转型为质变。我国科技企业孵化器的发展已形成自己的特色并正朝着形式多样化、功能专业化、投资主体多元化和组织网络化多种方向发展，为科技型中小企业提供多方面的服务支持。

国家级科技企业孵化器正发挥越来越重要的作用，城市企业孵化器的蓬勃发展给城市提供了良好的生态环境和制度保障，给城市的双创环境支持提供了有力的支持。在2019年双创排名百强城市中，国家级科技企业孵化器数量平均每个城市为9.84个，最多的城市为北京，高达61个，其次为上海（54个），苏州（45个）（见表1）。

国家级科技企业孵化器集中分布在经济发达地区，且数量较2018年有所增加。根据表1，2019年双创百强城市国家级科技企业孵化器数量与2018年同期相比，整体规模呈现稳中有进的态势。双创百强城市中没有国家级科技企业孵化器的百强城市减少为5个（2018年为10个），这些城市相对其他百强城市经济发展水平较低；而数量超过30个的百强城市增加到9个（2018年为5个），如苏州、广州、深圳等城市国家级科技企业孵化器数量都提高到30个以上。与此同时，超过一半的百强城市国家级科技企业孵化器数量依然在10个以下，共62个城市，占比为62%；国家级科技企业孵化器大多集中在经济发展水平较高的一二线城市，其中数量排名较为靠前的有北京（61个）、上海（54个）、苏州（45个）、杭州（39个）、南京（35个）等，其在双创科技技术发展方面具有的较大优势，为该城市双创活动的发展发挥重要的作用。

表1　2019年双创百强城市国家级科技企业孵化器数量分布情况

单位：个

孵化器数量	城市数量	主要城市
0	5	郴州、衡阳、漳州、三亚等
1~9	57	石家庄、洛阳、厦门、南宁等
10~19	24	成都、大连、南昌、珠海等
20~29	5	佛山、无锡、东莞、西安等
30~39	6	广州、南京、深圳、天津等
40及以上	3	北京、上海、苏州

资料来源：根据科技部国家级科技企业孵化器名单制作。

国家级科技企业孵化器数量对城市双创环境支持具有更加积极的影响。通过计算分析得出，国家级科技企业孵化器数量与双创环境支持之间线性相关程度的相关系数为0.8595，二者之间存在较强的正相关性，相比往年相关系数有所提高，国家级科技企业孵化器数量对城市双创环境支持具有更大的影响力，成为双创环境支持各子指标中相关系数中最高的指标。图1直观呈现了双创百强城市中国家级科技企业孵化器数量与双创环境支持得分的对比。

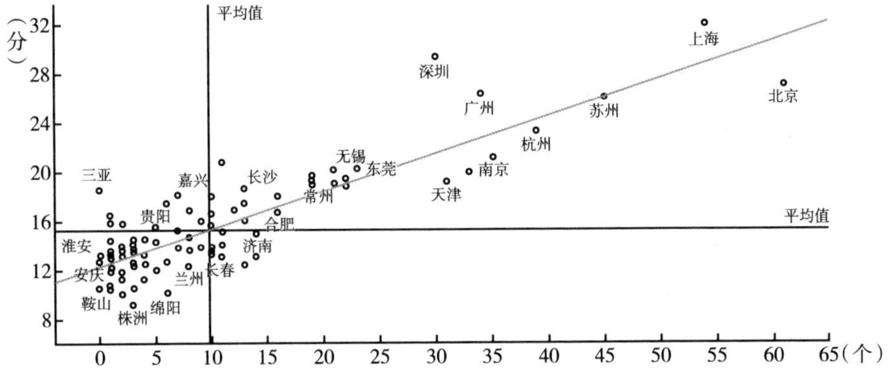

图1　双创百强城市国家级科技企业孵化器数量与双创环境支持得分对比

资料来源：根据科技部国家级科技企业孵化器名单制作。

如图1所示，在双创百强城市中，国家级科技企业孵化器的数量与其双创环境支持得分有明显的正相关关系，国家级孵化器数量越多，其城市双创环境支持得分越高。横轴与纵轴的交点为国家级科技企业孵化器数量与双创环境支持得分均值，可以发现，大部分城市国家级科技企业孵化器数量都位于均值以下，且分布比较密集，这些城市的国家级科技企业孵化器数量差距不是特别大；随着国家级科技企业孵化器数量的增加，城市的双创环境支持得分差距也开始逐渐扩大。特别是处于第一象限的城市尤为突出，国家级科技企业孵化器给城市双创环境支持带来了较大的优势，例如，北京（孵化器61个，双创环境支持得分26.94分）、上海（孵化器54个，双创环境支持得分31.82分）、苏州（孵化器45个，双创环境支持得分25.92分）、杭州（孵化器 39 个，双创环境支持得分 23. 31 分）；反之，国家级科技企业孵化器数量较少城市双创环境支持得分则处于相对劣势的位置，例如，衡阳（孵化器 0 个，双创环境支持得分 12. 64 分）、郴州（孵化器 0 个，双创环境支持得分 10. 52 分）、漳州（孵化器 0 个，双创环境支持得分 10. 42 分）、茂名（孵化器 1 个，双创环境支持得分 10. 78 分）。双创环境支持得分与城市国家级科技企业孵化器数量相辅相成、相互影响，随着双创环境支持建设的深入，企业孵化器将发挥越来越重要的作用。科技企业孵化器的建设有利于构建良好的双创环境支持，进一步激发市场活力和社会创造力，带动就业及科技创新能力的提高。所以，政府在开展双创工作的总体部署上，应重视高质量科技企业孵化器的建设和推进，应该加大对于孵化器较少的城市孵化器建设的支持力度，并积极根据当地经济发展状况、环境地理形态等因素，合理规划建设高质量且符合当地城市特色的科技企业孵化器。

2. 规模以上工业总产值

规模以上工业总产值是指年主营业务收入 2000 万元及以上的法人工业企业，在一定时期内生产的以货币形式表现的工业最终产品和提供工业劳务活动的总价值量，包括生产的成品价值、对外加工费收入、自制半成品和在制品期末期初差额价值三部分。该指标反映了地区规模以上工业企业的生产总规模和总水平，规模以上工业总产值越高，说明该地区工业发展水平越高，工业企业生产规模越大，生产效率与能力越强。

2019 年双创排名百强城市中，规模以上工业总产值最高的城市与最低的城市相差约 37249. 7 亿元，平均值为 7242. 17 亿元。其中，深圳规模以上工业总产值以 37326. 16 亿元的成绩赶超上海排名第 1，上海位居第 2，为 34427. 17 亿元。而排名靠后的有三亚（76. 494 亿元）和拉萨（144. 0266 亿元）（见表 2）。

2019 年双创排名百强城市的“规模以上工业总产值”呈金字塔形分布走势，其中有 52% 的城市总产值在 5000 亿元以下。根据表 2，可发现双创百强城市规模以上工业总产值在 15000 亿元以下的占比为 89%，共计 89 个城市，且这些城市的规模以上工业总产值分布差距不大，区间内分布的城市个数较多，尤其5000亿元以下的区间分布有52个城市，在5000亿元~10000亿元的城市有27个，在10000亿元~15000亿元的城市则为10个；而15000亿元以上的仅有11个城市，产值差距较大。总体来看，城市规模以上工业总产值分布与2018年相似。其中，三亚的规模以上工业总产值不到100亿元，其经济发展主要以第三产业为主，工业企业的发展相对其他城市较为逊色。而规模以上工业企业生产能力较高、发展水平较高的城市有深圳、上海、苏州、重庆、佛山等。其中，深圳以超过35000亿元的规模以上工业总产值超过上海，居于首位；上海、苏州规模以上工业总产值均超过30000亿元，与上年相比，依然遥遥领先于其他城市，而杭州规模以上工业总产值则从2018年的30000亿元以上降到10000亿元~15000亿元。东莞、北京两个城市产值则提高到20000亿元~25000亿元。

表2　2019年双创百强城市规模以上工业总产值分布情况

单位：个

规模以上工业总产值	城市数量	主要城市
5000亿元以下	52	桂林、昆明、兰州、泉州等
5000亿元~10000亿元	27	洛阳、惠州、天津、西安等
10000亿元~15000亿元	10	长沙、合肥、成都、杭州等
15000亿元~20000亿元	4	广州、宁波、无锡、郑州
20000亿元~25000亿元	4	北京、东莞、佛山、重庆
25000亿元以上	3	深圳、上海、苏州

资料来源：各地统计年鉴、各地国民经济和社会发展统计公报。

规模以上工业企业总产值是双创环境支持的重要构成指标之一，二者具有强相关性。通过计算分析得出，规模以上工业企业总产值与双创环境支持之间线性相关程度的相关系数为0.8271，两者存在较强的相关性。双创百强城市规模以上工业企业总产值与双创环境支持二者得分对比见图2。

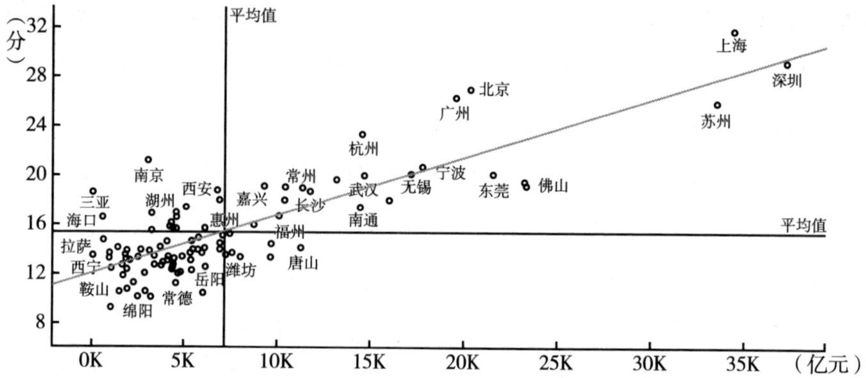

图 2　双创百强城市规模以上工业企业总产值与双创环境支持得分对比

资料来源：各地统计年鉴、各地国民经济和社会发展统计公报。

通过绘制双创百强城市规模以上工业企业总产值与双创环境支持得分对比图（横轴与纵轴的交点为规模以上工业企业总产值与双创环境支持得分均值），可以更直观地反映规模以上工业企业总产值与双创环境支持之间明显的正相关关系。如图 2 所示，位于第一象限的城市，即双创环境支持得分与规模以上工业企业总产值均高于平均水平的城市，分布差距较大，其中深圳、上海、苏州 3 个城市与其他城市拉开了较大的差距。而大部分城市处于第三象限，如西宁、拉萨等城市，其规模以上工业企业总产值与双创环境支持得分均较低，低于百强城市平均水平，该区间的城市产值与环境得分差距不是特别大。从趋势线不难看出，随着规模以上工业企业总产值的增长，城市的双创环境支持得分也逐渐上升，规模以上工业企业总产值的增长对双创环境支持具有明显的积极提升作用。政府可以适当关注对规模以上工业企业的培养和支持，充分发挥产业化的规模效应，提高生产效率，推进工业经济高效高质量发展，提高城市的双创环境支持得分。

3. 对外进出口总额

对外进出口总额是指实际进出我国国境的货物总金额，反映该城市对外贸易的规模情况，体现该城市的经济开放程度。2019 年双创排名百强城市，对外进出口总额的平均值为 3345. 09 亿元；对外进出口总额最高的城市与最低的城市差距甚大，二者相差 39071.2587 亿元。其中，杭州对外进出口总额达 39071.33 亿元，跃居百强城市的首位，上海为 34046.82 亿元，居百强城市的第 2 位，而福州在百强城市中排名最后，只有不到 1 亿元（见表 3）。

2019 年双创排名百强城市的对外进出口总额规模较之前呈现稳中有进态势。2019 年双创排名百强城市的对外进出口总额与之前的分布基本一致，大部分的城市进出口总额集中分布在 5000 亿元以下，共 85 个城市，占比为 85%，与 2018 年同期一致；而进出口总额范围在 20000 亿元以上的城市数量，由 2018 年的 4 个增加到 2019 年的 6 个，其中，杭州进出口总额首次突破 3 万亿元大关再创新高，超越上海居首位；深圳、西安、宁波、广州等城市对外进出口总额也有所增加。总体而言，呈现稳中有进态势，进一步巩固了我国全球外贸大国的地位。

表 3　2019 年双创百强城市对外进出口总额分布情况

单位：个

对外进出口总额	城市数量	主要城市
5000 亿元以下	85	惠州、合肥、济南、南京等
5000 亿元～10000 亿元	6	天津、厦门、青岛、成都等
10000 亿元～20000 亿元	3	宁波、广州、东莞
20000 亿元～30000 亿元	3	北京、苏州、西安
30000 亿元以上	3	杭州、上海、深圳

资料来源：各地统计年鉴、各地国民经济和社会发展统计公报。

优化贸易结构，提升经济开放程度，推进国内外双循环互促共进，建设有竞争力的双创环境支持。通过计算分析得出，2019 年双创百强城市中对外进出口总额与双创环境支持之间的相关系数为 0.805，二者之间存在较强的正相关性。双创百强城市中，对外进出口总额与双创环境支持二者得分对比见图 3。

如图 3 所示，总体上可以看出，百强城市对外进出口贸易发展水平不均衡。位于“对外进出口总额”平均值以上的城市，对外进出口总额相差非常大，第一象限中的杭州、上海、深圳、北京等的进出口总额与其他百强城市拉开了较大的距离。且这些城市主要以沿海城市为主，部分如西安、成都等中西部地区城市也有所突破，尤其西安的进出口总额已突破20000亿元。这与城市能抓住“一带一路”、自贸区建设等一系列机遇，激发内生动力，积极对外开放，坚持创新发展具有密切的关系。受历史、资源、地域等多种因素的影响，各城市间经济开放程度的不平衡，短期内难以从根本上扭转。对外开放水平相对落后的城市，更应利用好“后发优势”，优化贸易结构，积极抓住新机遇，提高市场化程度；提升城市开放的广度和深度，深化对外经贸合作；持续建设高质量的双创环境支持，推进国内外双循环互促共进，开启改革开放的新高地。

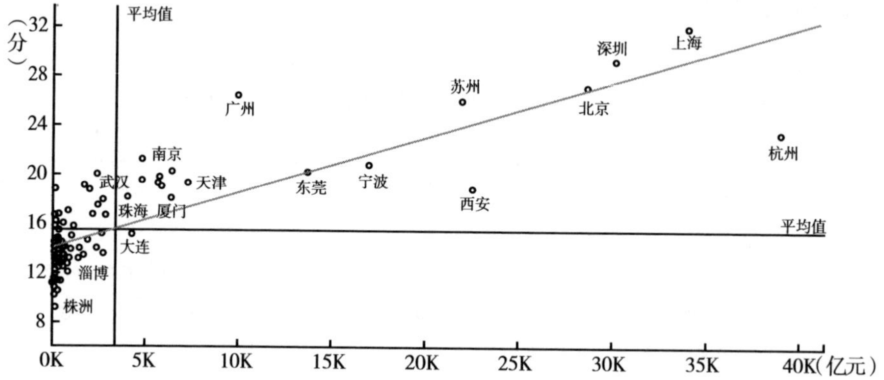

图3 双创百强城市对外进出口总额与双创环境支持得分对比

资料来源：各地统计年鉴、各地国民经济和社会发展统计公报。

4. 中国商业信用环境指数

“中国城市商业信用环境指数”是一组反映我国城市信用经济发展状况、市场经济秩序好坏、诚信道德高低、社会信用体系运行效果等内容的综合经济评价指数，综合反映一个城市的商业信用水平、企业生存状况和城市之间的差异，是我国城市信用体系建设和运行的“风向标”，也是衡量城市营商环境优劣的一个客观视角。

根据统计，双创百强城市城市信用环境指数靠前的城市依次为北京、上海、广州、杭州、珠海、重庆、深圳、天津、南京。双创百强城市商业信用环境指数最大的是北京，最小的是郴州；双创百强城市商业信用环境指数的平均值为73.7106。通过计算分析得出，2019年双创百强城市中商业信用环境指数与双创环境支持之间线性相关系数为0.7449，二者之间具有正相关关系。双创百强城市的商业信用环境指数与双创环境支持得分的对比见图4。

图4直观地显示了双创排名百强的大部分城市信用环境指数位于均值附近。信用环境指数与双创环境支持得分呈线性正相关分布，一般城市拥有高信用环境指数，其双创环境支持得分也较高。例如，北京（87.09分）、上海（85.49分）、广州（80.18分）、杭州（79.73分）；反之，低信用环境指数的城市，其双创环境支持得分较低。因此，数据证明了良好的城市商业信用环境与良好的双创环境支持呈现协同性相互作用的规律。在良性循环的作用下，城市良好的商业信用环境必然提高城市双创环境支持水平，并助推双创在当地城市落地开花，而良好的城市双创环境支持也必将推动商业信用环境指数进一步提高。

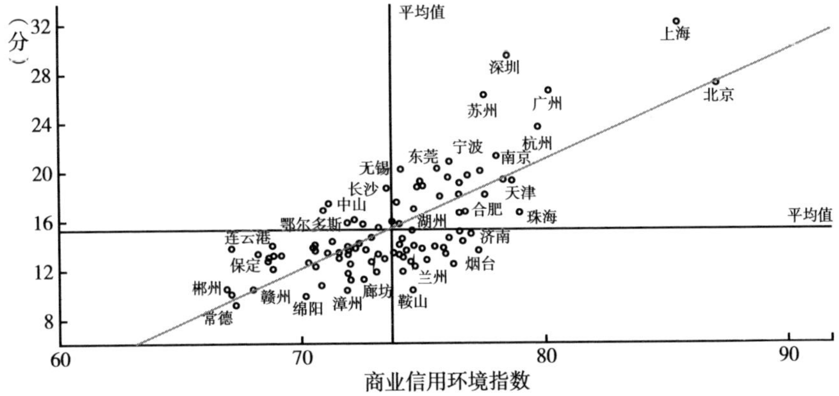

图4　双创百强城市商业信用环境指数与双创环境支持得分对比

资料来源：《中国城市商业信用环境指数（CEI）蓝皮书》。

5. 公共交通车辆数

公共交通车辆数在一定程度上反映了城市交通运输配套设施的完备情况、城市人口的流动情况以及“最后一公里问题”的解决。公共交通车辆数作为重要的接驳交通保障，站点覆盖广，是城市市民重要的出行方式之一，完善的公共交通系统对城市的发展具有重要的作用。

双创百强城市公共交通车辆数的平均值约为5085辆，最多的是广州（38510辆），最少的是拉萨（437辆），最大值与最小值差距较大（见表4）。

双创百强城市公共交通车辆数大部分在5000辆以下。根据表4，双创百强城市2019年公共交通车辆数在5000辆以下的城市共有72个，占百强城市数量的72%。5000辆及以上的城市有28个，占28%。其中公共交通车辆数较少的城市有拉萨、安庆、茂名等，不到1000辆；而公共交通车辆数较多的有广州、北京、昆明，其公共交通车辆数超过20000辆，城市公共交通流量远大于其他城市。

表4　2019年双创百强城市公共交通车辆数分布情况

单位：辆，个

公共交通车辆数	城市数量	主要城市
5000以下	72	拉萨、洛阳、桂林、海口等
5000～10000	14	佛山、青岛、长沙、武汉等
10000～20000	11	成都、东莞、深圳、天津等
20000以上	3	广州、北京、昆明

资料来源：各地统计年鉴、各地国民经济和社会发展统计公报。

建设基础公共交通环境有利于促进双创环境支持的发展。通过计算分析得出，2019年双创百强城市公共交通车辆数与双创环境支持之间线性相关系数为0.7151，呈现正相关。

如图5所示，大部分城市的公共交通车辆数分布在区间均值以下，随着公共交通车辆数的增加，城市的双创环境支持得分也开始逐渐上升。公共交通车辆数较高的城市，其双创环境支持得分也比较高。公共交通车辆数对双创环境支持有一定的积极作用。各城市可建设、完善公共交通基础设施，提高交通运行效率，改善城市双创环境支持。城市公共交通的建设是一个系统工程，需要先有一个合理的规划，相关部门要真正切实做到为民便民，合理规划公共交通建设及路线，既要考虑主体公交体系的建设，也要安排配套的设施，解决和完善现实中城市存在的站点覆盖不足、缺乏足够的接驳交通保障、“最后一公里”等问题，为市民提供便捷的交通基础设施，提高城市运行效率。

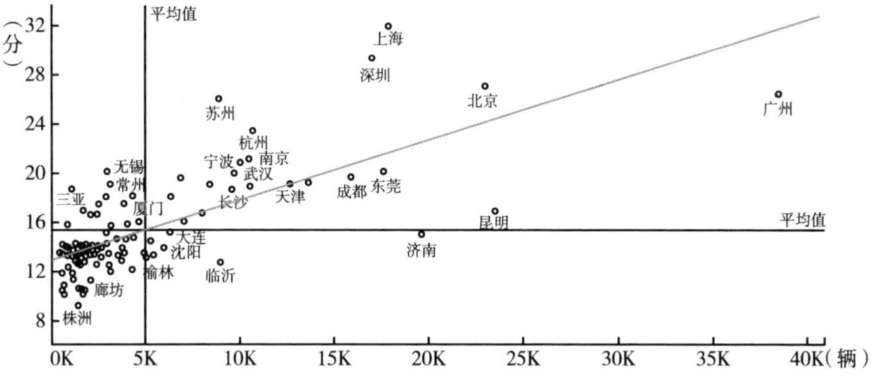

图5　双创百强城市公共交通车辆数与双创环境支持得分对比

资料来源：各地统计年鉴、各地国民经济和社会发展统计公报。

6. 每万人藏书册数

书籍是传承文化、承载知识的重要载体，知识文化是城市的灵魂，是城市创新发展的内在驱动力，城市文化建设成为“双创”发展的重要途径之一。每万人藏书册数在一定程度上体现了该地区在文化建设上的配套支持情况，反映了该城市的文化和知识底蕴。双创百强城市中，深圳的每万人藏书册数最多，约为34051册，其次是上海（约33206册）、北京（约32727册），它们在双创知识文化建设上具有绝对的优势。根据数据统计，苏州每万人藏书册数也已经超过30000册。总体来看，在双创百强城市中，每万人藏书册数平均约为10060.7册，双创百强城市之间每万人藏书册数仍存在较大的差距，每万人藏书册数最多的城市与最少的城市相差约 32809 册，部分百强城市的藏书册数相对较为匮乏，如西宁每万人藏书册数仅约为 1242 册（见表 5）。

如表 5 所示，2019 年双创排名百强的大部分城市的每万人藏书册数在 10000 册以下，即人均藏书不到一本，共有 64 个城市，占比为 64%。每万人藏书册数在 10000 册及以上的有 36 个城市，占比为 36%。

表 5　2019 年双创百强城市每万人藏书册数分布情况

单位：册，个

每万人藏书册数	城市数量	主要城市
5000 以下	28	茂名、西宁、南昌、济南等
5000～10000	36	青岛、泉州、宜昌、桂林等
10000～20000	25	成都、珠海、三亚、厦门等
20000～30000	7	海口、广州、南京、太原等
30000 以上	4	深圳、上海、北京、苏州

资料来源：各地统计年鉴、各地国民经济和社会发展统计公报。

从图 6 可以发现，城市每万人藏书册数与双创环境支持得分具有一定的正相关关系。如北京、深圳、上海同时具有较多的每万人藏书册数和较高的环境支持得分。可是同时也有部分每万人藏书册数与双创环境支持得分相背离的城市，如海口、杭州等。城市文化的建设和传播载体除了书籍以外，还有很多其他的形式。但总体来看，文化是一个城市的灵魂和软实力，应重视城市知识文化的建设，进一步提高城市知识文化的影响力。积极开展文化基础设施建设，如图书馆，增加图书藏书册数以及知识涵盖的广度，提高全民的知识储备及文化水平。每万人藏书册数较少的城市，应加强改善城市文化设施，对公民进行积极的引导宣传，增强文化发展意识，培育超前的文化发展理念，培育城市文化底蕴，形成城市创新发展的有机组成，引领和支持城市的高质量发展。

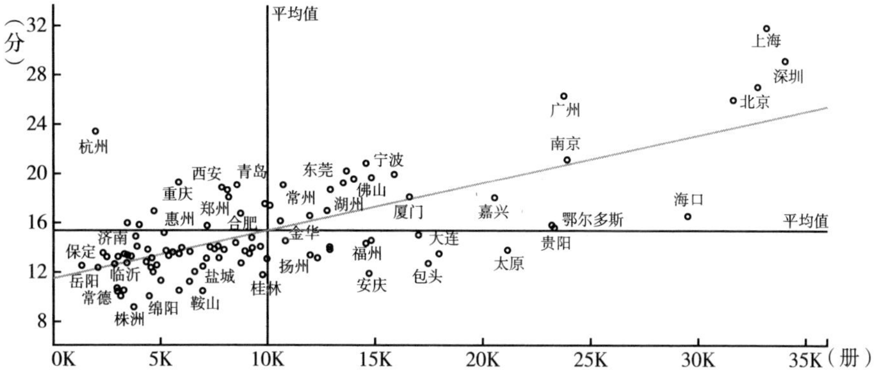

图6　双创百强城市每万人藏书册数与双创环境支持得分对比

资料来源：各地统计年鉴、各地国民经济和社会发展统计公报。

7. 非公有制企业数量比重

非公有制企业主要包括私营企业、港澳台商投资企业、外商投资企业、非公经济成分占主导或相对主导地位的股份合作企业、其他联营企业、有限责任公司、股份有限公司等。非公有制企业是经济增长的主要部分和双创发展的重要动力，是地区经济创新发展的重要主体。双创指数得分百强城市非公有制企业数量比分布情况见表6。

根据表6，双创百强城市非公有制企业数量比重稳步提升，双创百强城市非公有制企业数量比重均达90%以上（2018年同期只有83个城市）；在百强城市中，非公有制企业数量比重达95%以上的城市数量达90个；相对较低的鞍山、茂名，非公有制企业数量比重也分别达91.1%、92.6%。这说明了双创发展的深入和非公有制企业的健康发展，对于促进经济发展、增加就业、转变经济发展方式等起到了重要作用。所以，应全面优化制度和政策环境，为非公有制经济发展稳预期、稳信心，激发民间资本潜力，调动各方创新创业积极性，有效规范和约束市场主体行为，提高非公有制企业发展质量和效益，激发其发展活力和创造力，为经济健康稳定发展营造良好环境。

表6　2019年双创百强城市非公有制企业数量比重分布情况

单位：个

非公有制企业数量比重	城市数量	主要城市
90% ~95%	10	汕头、哈尔滨、茂名、漳州等
95%以上	90	北京、海口、杭州、合肥等

资料来源：各地统计年鉴、各地国民经济和社会发展统计公报。

（二）影响双创资源能力重要指标选择与研究

本蓝皮书中双创资源能力维度是由“人力资源”、“资本市场”和“科技投入”这3个二级指标综合反映的，其下共计10个子指标（三级指标）。本部分分别选取3个二级指标下与其相关系数最高的子指标（三级指标）进行详细的分析，对应指标如下：①与人力资源相关系数最高的“高等教育学历人口比例（%）”（对应的相关系数为0.8793）；②与资本市场的相关系数最高的“年度新三板上市数量（个）”（对应的相关系数为0.9619）；③与科技投入的相关系数最高的“基础研究经费支出占万元GDP比重（%）”（对应的相关系数为0.7706）。

1. 高等教育学历人口比例

高等教育学历人口比例是指该城市的高等教育学历人口占其常住人口的比例，该比例一定程度上反映了城市在人力资源方面的创新竞争力。“高等教育是一个国家发展水平和发展潜力的重要标志”，教育是城市发展的有力途径，人力资源是城市创新核心竞争力的重要来源，为城市可持续创新发展提供坚实的人才保障。

双创百强城市的高等教育学历人口比例均值为14.33%，其中最高的是北京，为39.94%；最低的是泉州，为2.36%（见表7）。

双创百强城市高等教育学历人口比例基本处于20%以下区间。根据表7，双创百强城市中，高等教育学历人口比例在10%以下的城市共有30个，在10% ~20%的城市有48个，而高于20%的城市有22个，总体来看，高等教育学历人口比例较往年有所提升。其中，高等教育学历人口比例超过30%的有北京、南京、西安3个城市，这些城市分布有较多国家重点高校以及研究所，具有重要的人才发展优势。

表7　2019年双创百强城市高等教育学历人口比例分布

单位：个

高等教育学历人口比例	城市数量	主要城市
10%以下	30	安庆、郴州、吉林、盐城等
10%～20%	48	佛山、宁波、成都、苏州等
20%～30%	19	深圳、上海、广州、武汉等
30%以上	3	北京、南京、西安

资料来源：各地国民经济和社会发展统计公报、全国1%人口抽查调查主要数据公报。

高等教育学历人口与双创人力资源紧密相关，双创人力资源对双创资源能力具有重要的影响。根据测算，双创百强城市高等教育学历人口比例与双创资源能力得分的相关系数为0.8202，具有明显的相关性。双创百强城市高等教育学历人口比例与双创资源能力得分对比见图7。

如图7所示，双创百强城市高等教育学历人口比例与资源能力的分布主要集中在第一和第三象限。其中，位于第一象限的高等教育学历人口比例较高的城市其双创资源能力得分也较高，如北京（比例39.9392%，资源能力得分32.5075分）、南京（比例35.83%，资源能力得分23.6897分）、上海（比例27.32%，资源能力得分24.36分）、广州（比例25.19%，资源能力得分22.31分）等。反之，处于第三象限的城市高等教育学历人口比例较低其双创资源能力得分也相对较低，如泉州（2.36%，13.61分）、绵阳（2.8%，14.77分）、赣州（3.77%，13.83分）等均处于较低的水平。高质量的人才是城市创新动力的源泉和核心竞争力，城市应构建完备的人才队伍建设体系，完善教育体系，培养实用、创新型人才。强化重才意识，树立求才导向，尊重知识、尊重人才。同时积极主动引进外部人才，高效实施专项人才引进计划，改进引才模式，创新完善人才激励机制，提升聚才实效。

着力打造适合人才发展的政策环境，吸引人才，激发人才创新活力，为城市创新创业发展道路提供坚实的人才保障。

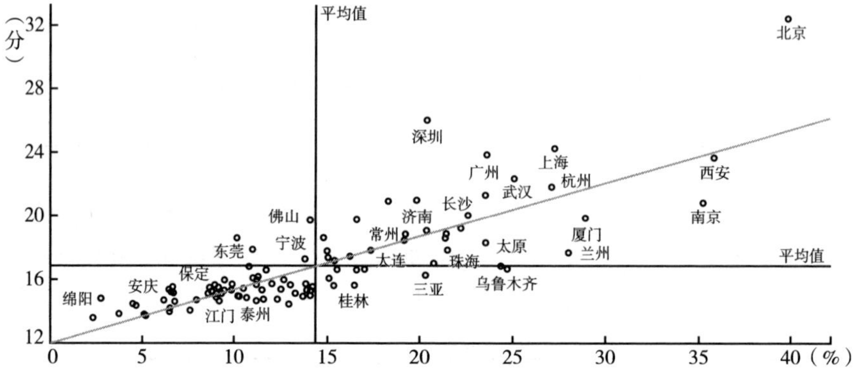

图7　双创百强城市高等教育学历人口比例与资源能力得分对比

资料来源：各地国民经济和社会发展统计公报、全国1%人口抽查调查主要数据公报。

2. 年度新三板上市数量

年度新三板上市数量在一定程度上体现了城市资本的配置效率，其与资本市场（二级指标）得分的相关系数为0.9619。新三板聚集了大批优秀的创新型中小企业，是一个极具活力的企业群体，是实施双创活动深化发展的重要载体。新三板市场上市，对处于初创期科技含量较高、自主创新能力较强的非上市高科技股份公司而言，更有利于其拓宽公司融资渠道，完善公司的资本构成，提高公司的可持续创新能力，激发企业的创新活力。

双创百强城市中，年度新三板上市数量平均值为2家，最多的是苏州和深圳，都为11家；最少的是桂林、西宁等35个城市，为0家（见表8）。

绝大多数双创百强城市年度新三板上市企业数量低于5家。如表8所示，年度新三板上市企业数量为5家及以下的城市共90个，数量为6家及以上的城市共10个。总体来说，2019年双创百强城市年度新三板上市数量并不多。

表 8　2019 年双创百强城市新三板上市数量分布情况

单位：个

新三板上市企业数量	数量	主要城市
0	35	兰州、柳州、徐州、衡阳、郴州等
1~5	55	杭州、武汉、昆明、重庆、长春等
6 及以上	10	北京、上海、广州、深圳、西安等

资料来源：各地统计年鉴、各地国民经济和社会发展统计公报。

年度新三板上市数量与双创资源能力具有一定的相关性。经过测算，年度新三板上市数量与双创资源能力的相关系数为 0.7114。年度新三板上市数量与双创资源能力的得分对比见图 8。

如图 8 所示，年度新三板上市数量越多的城市，如深圳、北京、上海、广州和西安等，其双创资源能力得分越高，说明双创资源能力与年度新三板上市数量有密切的联系。新三板给科技创新类中小企业带来很多有益的条件，促使公司治理更加规范，在一定程度上还有广告效应，增加资本的流动性，便于企业进行投融资行为。2019 年总体来说，百强城市的年度新三板上市数量不多，国家应出台相关政策支持，完善资本市场，减少系统性风险，鼓励上市企业积极规范治理，为企业创新发展提供资本便利，带动区域内资本市场发展，优化资本配置。

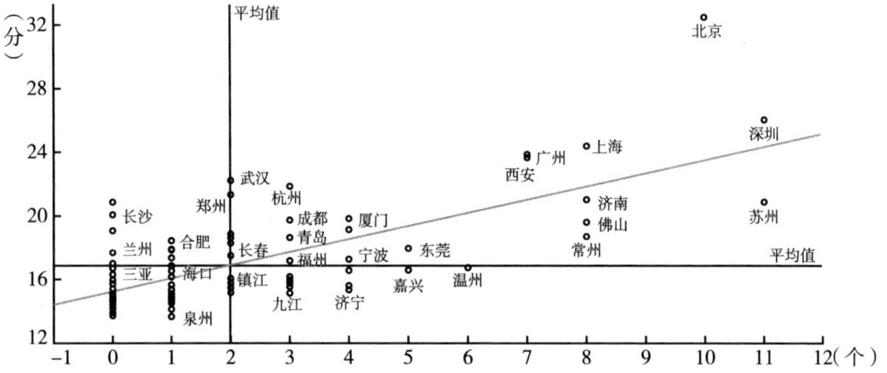

图 8　双创百强城市年度新三板上市数量与双创资源能力得分对比

资料来源：各地统计年鉴、各地国民经济和社会发展统计公报。

3. 基础研究经费支出占万元 GDP 比重

“十四五”规划进一步重视基础研究经费的投入，要实现科技自主创新，离不开基础研究的支撑。基础研究经费支出占万元 GDP 比重反映了地区基础研究投入力度。城市基础研究整体实力的发展和突破，需要有基础研究经费的支持。双创百强城市中，基础研究经费支出占万元 GDP 比重的均值约为 50%，其中，深圳基础研究经费支出占万元 GDP 比重最高，居榜首，其次为北京、上海（见表 9）。

双创百强城市基础研究经费支出占万元 GDP 比重主要集中在 25% 以下。根据表 9 数据，基础研究经费支出占万元 GDP 比重在 25% 以下的城市占比为 70%，同时，基础研究经费支出占万元 GDP 比重超过 50% 的城市有 13 个，百强城市之间基础研究经费占万元 GDP 比重的差距还是非常的大，其中比重在 5% 以下的有 47 个城市，而占比超过 100% 的有 8 个城市。且部分城市的基础研究经费占万元 GDP 的比重远超 100%，如深圳、北京、上海等；相反，部分双创百强城市的基础研究经费占万元 GDP 的比重不足 1%，如绵阳、安庆、莆田、马鞍山、拉萨等。基础研究经费投入力度较大的城市具有较大研发创新的基础资源条件优势，更有利于为地区创新活动的开展奠定基础；基础研究经费投入不足的地区，应根据实际地区资源、文化、经济、社会因素，合理构建新发展格局，适当加强基础研究以及应用基础研究，激发地区创新创造活力，着力推动科技创新与经济发展深度融合，形成推动高质量发展的有力支撑。

表 9 双创百强城市基础研究经费支出占万元 GDP 比重分布情况

单位：个

基础研究经费支出占万元 GDP 比重	数量	主要城市
5% 以下	47	福州、桂林、海口、合肥、衡阳等
5% ~25%	23	武汉、南京、广州、济南等
25% ~50%	17	佛山、宁波、珠海、杭州等
50% ~100%	5	天津、台州、鞍山、潍坊、赣州
100% 以上	8	深圳、北京、上海、汕头等

资料来源：各地统计年鉴、各地国民经济和社会发展统计公报。

（三）影响双创绩效价值的重要指标选择及关系研究

双创绩效价值反映城市双创活动过程中成果输出部分，是双创落实成绩的重要体现，本蓝皮书中，该维度由“产业绩效”、“创新绩效”以及“可持续发展”这3个二级指标综合反映，其下共计8个子指标（三级指标）。本部分根据测算8个子指标与对应二级指标的相关系数，选取二级指标下较具有代表性的细分指标（三级指标）作为关键指标进行详细分析，对应选取的指标如下：①与产业绩效相关系数最高的“规模以上工业企业利润总额（亿元）”（对应的相关系数为0.9120）；②与创新绩效的相关系数最高的“专利授权量（件）”（对应的相关系数为0.9026）；③与可持续发展的相关系数最高的“空气质量优良（二级及以上）天数占比重（%）”（对应的相关系数为0.8956）。

1. 规模以上工业企业利润总额

规模以上工业企业利润总额指规模以上企业在生产经营过程中各种收入扣除各种耗费后的盈余，反映企业在报告期内的盈亏情况。一般地，规模以上工业企业利润总额越高，说明该地区工业企业的销售情况越好，效益状况越好，企业盈利能力越强，工业经济发展情况越好。但企业的利润总额受市场需求、工业品价格、成本等复杂因素影响，良好的利润情况才能确保地区工业企业的持续发展。

2019年双创排名百强城市规模以上工业企业利润总额均值为483.02亿元，最高值的城市与最低值的城市相差2948.34亿元。其中，上海领跑全国，以2927.07亿元居百强城市规模以上工业企业利润总额之首，虽然上海并非百强城市的规模以上工业企业总产值之首，但利润总额却领先于百强城市，上海的规模以上工业企业的效益状况相比其他城市表现最优；其次为深圳，规模以上工业企业利润总额为2521.89亿元，其规模以上工业总产值最高，利润总额却稍逊色于上海，有进一步的提升空间。另外，规模以上工业企业利润总额表现最差的为西宁，处于亏损状态；其次为三亚，规模以上工业企业利润总额不足5亿元（见表10）。

2019 年双创排名百强城市的规模以上工业企业利润总额分布主要集中在 500 亿元以下区间。根据表 10，可发现双创指数得分百强城市规模以上工业企业利润总额大部分在 500 亿元以下，占百强城市的 70%，共计 70 个城市，其中西宁利润总额为负值。500 亿元以上的城市占 30%。且可以看出 500 亿元以上的城市规模以上工业企业利润总额差距较大，其中，500 亿元 ~1000 亿元的城市有 18 个；1000 亿元 ~2000 亿元的城市有 10 个；深圳、上海的规模以上工业企业利润总额超过 2000 亿元，与其他城市拉开较大的距离，其规模以上工业企业的效益状况相比其他城市更为出色。

表 10　2019 年双创百强城市规模以上工业企业利润总额分布情况

单位：个

利润总额范围	城市数量	主要城市
0 亿元以下	1	西宁
0 亿元 ~250 亿元	42	昆明、盐城、岳阳、兰州等
250 亿元 ~500 亿元	27	珠海、惠州、西安、厦门等
500 亿元 ~1000 亿元	18	成都、武汉、东莞、南京等
1000 亿元 ~2000 亿元	10	佛山、苏州、北京、广州等
2000 亿元以上	2	深圳、上海

资料来源：各地统计年鉴、各地国民经济和社会发展统计公报。

规模以上工业企业利润总额是体现双创绩效价值的重要指标之一，二者具有强相关性。通过计算分析得出，规模以上工业企业利润总额与双创绩效价值得分之间线性相关程度的相关系数为 0.8291，二者之间存在较强的相关性。双创百强城市规模以上工业企业利润总额与双创绩效价值得分对比见图 9。

图 9 中，横轴与纵轴的交点为规模以上工业企业利润总额与双创绩效价值得分均值，可以更直观地看出双创绩效价值与规模以上工业企业利润总额之间的相关关系。如图 9 所示，大部分城市都位于规模以上工业企业

利润总额与双创绩效价值得分均值以下区间，且分布比较密集，这些城市的利润总额与绩效价值得分差距不是特别大；随着规模以上工业企业利润总额的增长，城市的绩效价值得分也开始逐渐上升，特别是第一象限尤为突出，规模以上工业企业利润总额较高的城市在双创绩效价值得分排名中处于较前的位置，尤其上海、深圳等，其规模以上工业企业利润总额远高于其他城市，且绩效得分也较高。总体上看，不难发现，规模以上工业企业利润总额是双创绩效价值的重要组成内容，各城市在发展规模以上工业企业时要注意合理高效布局工业产业结构，提升工业经济效益，做好市场环境变化的应对措施，扎实推进供给侧结构性改革，实现工业销售利润总额稳定持续增长。

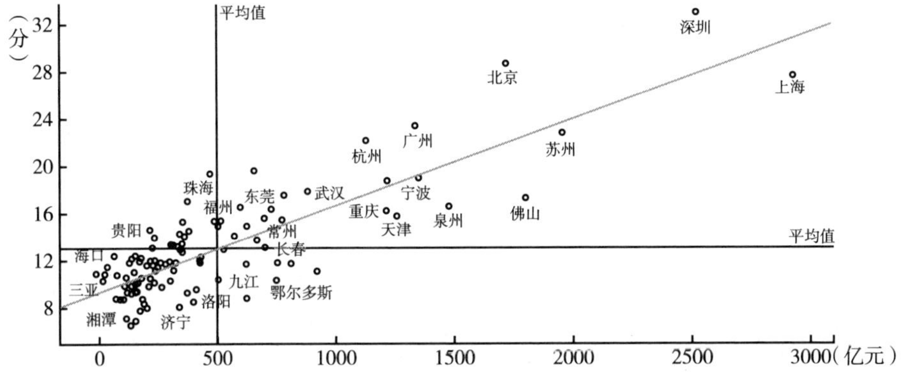

图 9　双创百强城市规模以上工业企业利润总额与双创绩效价值得分对比

资料来源：各地统计年鉴、各地国民经济和社会发展统计公报。

2. 专利授权量

专利授权量指在一定时间内，专利行政部门授予专利的数量，包括发明专利、实用新型专利、外观设计专利 3 种。新增的专利授权数量是衡量城市创新绩效的重要指标之一，专利授权量越多，城市的创新程度越强。

2019 年双创排名百强城市的专利授权量均值约为 19599 件，最高值的城市与最低值的城市相差 166296 件。其中，专利授权量最多的是深圳，为 166609 件；最少的是三亚，为 313 件（见表 11）。

2019 年，双创百强城市中有一半城市专利授权数量在 10000 件以下，但呈现稳步增长态势。根据表 11 数据，专利授权量在 5000 件以下的城市有 31 个；在 5000～10000 件的城市有 19 个；在 10000 件以上的城市有 50 个。其中，授权数较高的为深圳 166609 件（2018 年同期为 140200 件）、北京 131716 件（2018 年同期为 123496 件）等，远远领先其他城市；2018 年同期最低专利授权数仅为 10 件，2019 年专利授权数最低的城市为三亚（313 件），总体有所提高。

表 11　2019 年双创百强城市专利授权量分布情况

单位：件，个

专利授权量	数量	主要城市
5000 以下	31	柳州、洛阳、三亚、岳阳、衡阳等
5000～10000	19	济宁、连云港、宜昌、兰州、淮安等
10000～50000	41	宁波、重庆、武汉、青岛、西安等
50000 以上	9	深圳、北京、上海、广州、苏州等

资料来源：各地统计年鉴、各地国民经济和社会发展统计公报。

专利授权量与双创绩效价值呈现高度相关性。通过测算发现，专利授权量与双创绩效价值的相关系数为 0.8875，呈现高度相关性。专利授权量与双创绩效价值分数的相关性见图 10。

如图 10 所示，专利授权量越多的城市，其创新绩效得分也相对较高，可明显看出专利授权量是衡量城市双创绩效价值的重要指标之一。在双创百强城市中，深圳、北京、上海、广州等城市专利申请量相对其他城市较多，绩效价值得分表现优秀，同时这些城市一般具有“知识正外部性”优势，双创主体从外部汲取知识，更有益地开展创新活动。专利输出是一个城市创新创业活动成果的重要体现。尽管城市创新发展，专利授权量有了一定的提升，但专利授权量既要有数量的增加更要有质量的提高。对于专利授权量相对较低的城市，其创新发展还有很大的提升空间。城市应积极倡导创新文化，强化知识产权的创造、保护、运用，在原有基础上，提升专利质量，优化布局，推广企业应用，使专利的“含金量”更高、竞争力更强，不断推动城市双创发展。

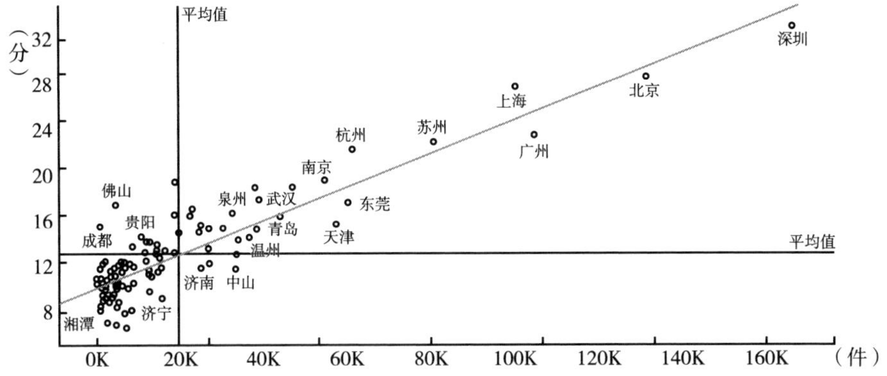

图10　双创百强城市专利授权量与双创绩效价值得分对比

资料来源：各地统计年鉴、各地国民经济和社会发展统计公报。

3. 空气质量优良（二级及以上）天数占比重

可持续发展遵循环境友好原则，在新时期，经济的发展与环境的保护相辅相成，应达到和谐共存状态。城市逐渐深入落实以科技创新推动绿色发展，创新创业融合可持续发展理念，其中对环境的保护和整治是城市创新创业发展的重要绩效衡量之一。空气质量优良（二级及以上）天数占比重，反映了城市的空气质量情况，是衡量环境保护、可持续发展情况的指标之一。

2019年，双创排名百强城市空气质量优良（二级及以上）天数占比重均值约为78%，最高值的城市与最低值的城市相差0.53个百分点。其中，空气质量优良（二级及以上）天数占比重最高的是拉萨，为99.70%；空气质量优良（二级及以上）天数占比重最低的是镇江，为46.84%（见表12）。

接近一半的双创百强城市空气质量优良（二级及以上）天数占比重在80%以上。如表12所示，空气质量的优良（二级及以上）天数占比重在60%~80%的城市有36个，占比在40%~60%的城市有15个。总体来看，大部分城市的空气质量水平有所提升，城市在建设发展的过程中更重视环境保护问题，坚持人与自然和谐统一的意识逐渐增强。城市在发展创新的过程中应深入落实以科技创新推动绿色发展，加快粗放型传统经济发展模式转型，不断调整产业结构，加快构建绿色技术创新体系，改革完善生态环境治理体系，推动形成可持续发展方式和生活方式。从长期看，以科技创新推动绿色发展是城市长治久安的长远之计，这就需要充分发挥绿色技术创新的支撑作用。

表 12　2019 年双创百强城市空气质量优良（二级及以上）天数占比重分布情况

单位：个

空气质量优良天数占比	数量	主要城市
40% ~60%	15	济南、洛阳、中山、郑州等
60% ~80%	36	佛山、成都、苏州、天津等
80% ~100%	49	广州、拉萨、三亚、上海等

资料来源：根据各地气象局或环保局发布的统计数据整理得出。

二　双创指标相关分析

为进一步探究双创指标下不同维度之间的结构关系，本部分将对环境支持、资源能力和绩效价值 3 个维度进行相关性分析，以期初步发现双创活动内部结构之间的联系。

（一）双创综合竞争力与经济发展水平的相关性分析

本蓝皮书所测算的双创指数得分综合反映了各城市的双创竞争力，即在优越的双创环境支持下，充分利用充沛的双创资源能力，创造出色的双创绩效价值的综合能力。城市的经济发展水平指该地区经济发展的规模、速度和所达到的水平。双创竞争力是新一轮经济发展的引擎，是经济整合滚动过程的基本动力源泉，推动周边经济向前发展。拥有较强的双创综合竞争力的城市往往具有优越的创新产业集聚效应，在这些城市带里面，研发和市场拓展是相互关联的，通过创新创业链上下游的整合完善，发挥区域经济发展的引擎作用。双创综合竞争力高的城市必将创造高的经济效益，在衡量经济发展水平的几个指标的选择中，本部分以人均 GDP 为参考。将 2019 年双创排名百强城市的双创指数得分与各城市人均 GDP 做相关分析，得出其相关系数为 0. 7588，说明两变量间具有一定的相关关系。

如图 11 所示，双创竞争力与经济发展水平有密切联系。总体来看，随着双创竞争力的提高，其人均 GDP 也相对增加，而双创竞争力较弱的城市，其经济发展活力相对较低迷，大部分城市的人均 GDP 处于中、低区间。另外，部分城市双创竞争力与人均 GDP 并不完全协调，如北京、上海、深圳等双创核心城市，其双创综合竞争力比其他城市更强，且明显偏离趋势线，位于趋势线的上方，可见其具有更高的发展潜力，经济发展水平仍有较大的提升空间；此外，如鄂尔多斯人均 GDP 达 175921 元，远高于平均水平，其双创指数得分却仅为 40. 89，这可能是因为该地区拥有丰富的自然资源，但同时相对地广人稀，给当地的居民带来了巨大的财富，也使当地人均 GDP 较高。从整体来看，双创综合竞争力与经济发展水平存在一定的相关性，双创综合竞争力的提高可以激发城市经济的发展活力，提高城市的经济发展水平。

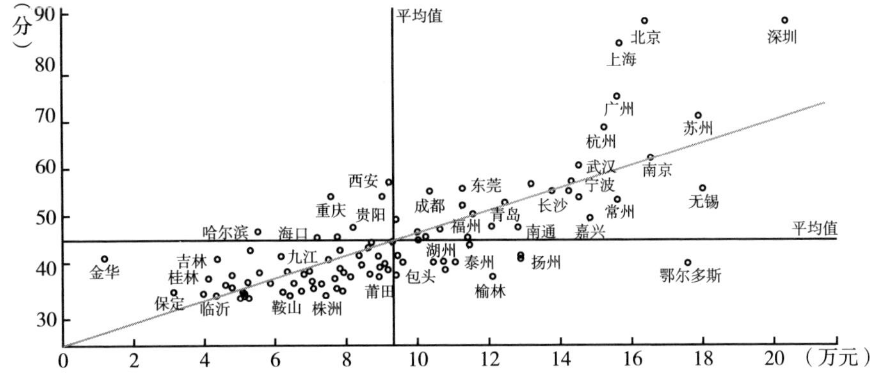

图 11　双创百强城市双创指数得分与其人均 GDP 对比

资料来源：各地统计年鉴。

（二）双创环境支持与双创资源能力的相关性分析

本蓝皮书城市双创环境支持维度通过市场结构、产业基础、制度文化、配套支持 4 个方面综合体现；双创资源能力维度从人力资源、资本市场、科技投入 3 个方面综合评价反映。本部分将进一步讨论“环境支持”与“资源能力”这两个维度之间的联系。

理论上，环境支持与资源能力相辅相成、相互促进。城市构建良好的双创环境支持能吸引外部的双创人力资源、资本和研发经费往该城市集聚，提高城市双创资源能力；相应地，双创资源的增加与水平的提高在一定程度上也可以增加双创环境支持建设的资源投入，促进双创环境支持的建设。通过计算分析 2019 年双创百强城市的环境支持与资源能力 2 个维度之间的相关性，得出其系数为 0. 8153，两变量间存在较强相关性。

如图 12 所示，随着双创环境支持的不断提升，其双创资源能力也呈上升趋势，两者具有一定的相关性。其中位于第三象限的城市的双创环境支持及资源水平均低于双创百强城市的平均水平，其双创环境支持与资源能力差距不是特别明显；而随着双创环境支持的提升，双创城市的资源能力也不断提高，且差距开始逐渐扩大；如北京、上海、广州、深圳等双创核心城市，其双创环境支持和双创资源能力相比其他城市均具有较大的优势。更进一步的分析可以发现，北京资源能力水平得分较高，显著偏离了趋势线，位于趋势线的上方；可看出北京具有丰富的创新资源要素，并为其带来了更具有竞争力的要素优势，以推动双创经济的高质量发展，北京在发展过程中可以更加注重其资源配置能力，使其更有效地释放新潜能、培育新动能、激发新活力。总体来看，双创环境支持与双创资源能力具有一定的相关关系，理论上两者相辅相成、相互促进，形成愈加完善和高效的双创生态系统，让双创持续深入、释放新动能。

（三）双创环境支持与双创绩效价值的相关性分析

双创绩效价值主要为双创活动在双创环境支持下，综合运用双创资源能

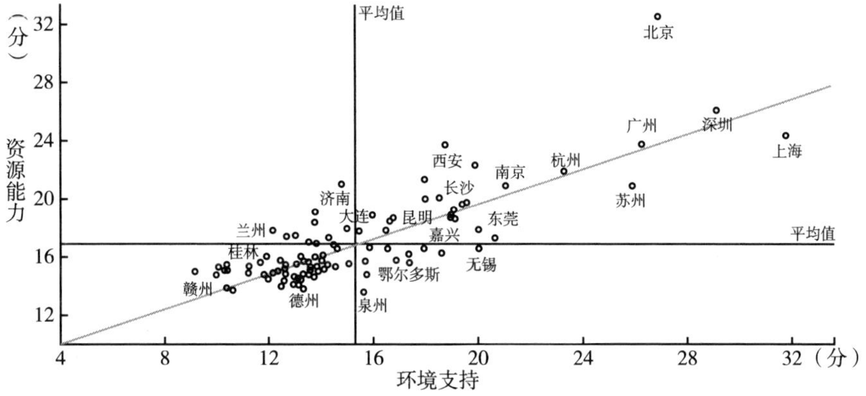

图 12　双创环境支持和双创资源能力综合指标相关性分析

力后的成果体现，如前文所述，该指标通过产业绩效、创新绩效、可持续发展 3 个方面综合体现。本部分将进一步讨论“环境支持”与“绩效价值”这两个维度之间的联系。

（1）双创环境支持对双创绩效价值有促进作用

由图 13 可以直观地看出双创百强城市双创绩效价值与双创环境支持存在正相关性，通过计算，得出二者相关系数为 0. 8676。双创百强城市基本分布在第一、三象限，随着城市双创环境支持得分的上升，双创绩效价值得分也逐渐上升。更进一步的分析可以发现，深圳双创绩效价值得分表现较优秀，其双创环境支持得分排名第 2（环境支持得分为 29. 17 分），而绩效价值得分排名第 1（绩效价值得分为 33. 11 分），且明显偏离趋势线，位于趋势线上方；绩效价值体现了创新创业资源投入产出效益及经济成果，绩效价值维度下深圳“产业绩效”“创新绩效”2 个二级指标均居城市群榜首，深圳作为建设中国特色社会主义先行示范区和粤港澳大湾区核心城市，在自主创新方面有显著的引领作用，其在创新效益、产业布局和创新研发等方面均体现较大的优势，深圳在较高的创新绩效水平下，能更有效地带动和辐射粤港澳大湾区其他城市协同发展。总体来看，双创环境支持与双创绩效价值具有一定的相关关系，理论上双创环境支持为城市双创绩效价值成果的输出提供了条件支撑，为城市双创发展奠定了重要的基础。

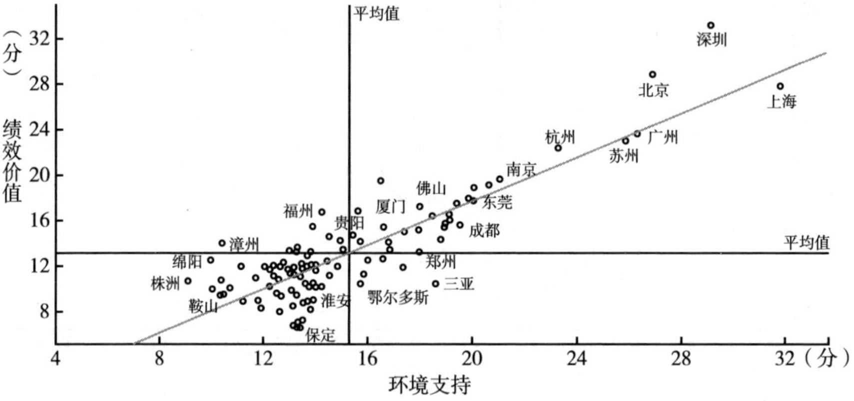

图 13　双创百强城市双创绩效价值与双创环境支持得分对比

（2）在同等双创环境支持支持得分下，不同城市之间的双创绩效价值得分仍然存在较大差距

城市的双创绩效价值一方面受双创环境支持的影响，另一方面还会受到其他各种重要因素影响而产生一定的差距。通过图 13 可以发现，环境支持在一定程度上能提高城市的双创绩效价值，但双创环境支持评分相差不大的城市之间，其双创绩效价值得分仍然存在较大差距，尤其环境支持处于较低水平的城市，如保定环境支持得分为 13. 37 分，绩效价值得分为 6. 52 分，而绍兴环境支持得分为 13. 91，绩效价值得分为 15. 42，虽然二者环境支持得分相差不大，但绍兴绩效价值得分为保定的 2 倍多。此外，也有部分城市双创环境支持与双创绩效价值表现不匹配，如三亚环境支持得分（18. 64 分）高于均值水平，而其绩效价值得分（10. 37 分）却低于均值水平；保定、新乡、湘潭等城市绩效价值偏低，相对偏离趋势线，位于趋势线以下。可看出双创环境支持对绩效价值起到一定的支持作用，但还受其他各种复杂因素的影响，特别对于双创环境支持力度不大的城市（处于第三象限的城市），在既有的双创环境支持下，如何调整和优化产业结构，运用区域内基础设施和环境优势，在创新市场体系建设方面逐步构建形成多层次创新驱动模式，以达到更高效的经济效益产出，需要不断地探索。

（四）双创资源能力与双创绩效价值的相关性分析

如前文所述，本部分继续探讨双创资源能力与绩效价值的相关关系。资源能力的投入在一定程度上能提高双创绩效价值，通过测算，双创百强城市的双创资源能力与双创绩效价值的相关系数为0.7938，二者具有正相关关系。双创绩效价值与双创资源能力得分情况对比见图14。

资源能力的提升有助于提高城市绩效价值，同时百强城市创新创业资源投入与产出效益之间匹配差异较大。从图14可以直观地看到，资源能力供给水平较高的城市其双创绩效价值也相对较高。其中，北京具有相对优越的资源环境，但绩效价值得分却相对落后于深圳，深圳在有限的资源能力下表现出较为优秀的绩效价值成绩。此外，部分城市资源能力相当，其双创绩效价值得分却有较大的差异，比如太原，资源能力得分为18.29分，与珠海的资源能力得分（17.84分）相当，但其绩效价值得分仅为8.8分，而珠海却有19.38分的得分，双创资源能力投入与产出效益之间匹配差异较大。资源能力的区域分布总体呈现不均衡的现象。双创资源能力较为集中于北京、深圳、上海，而二三线城市的资源能力水平相对落后，在双创发展的过程中，可以考虑增加二三线城市的资源供给，以促进双创绩效价值的提高。但是，城市发展中的资源供给不可能无限地扩张，在资源供给到一定的程度时，将会面临绩效提升的瓶颈。归根结底，双创绩效价值提升的根本动力是技术创新，要提高区域创新资源的配置能力，推动创新变革。在资源供给能力有限的条件下，完善区域创新体系，推动地区产业结构调整变革，实现区域资源的有效结合，调整创新资源结构，充分发挥创新资源的效能，提高资源利用效率，激发创新资源的再生和优化，提高产业绩效和创新绩效，促进可持续发展。

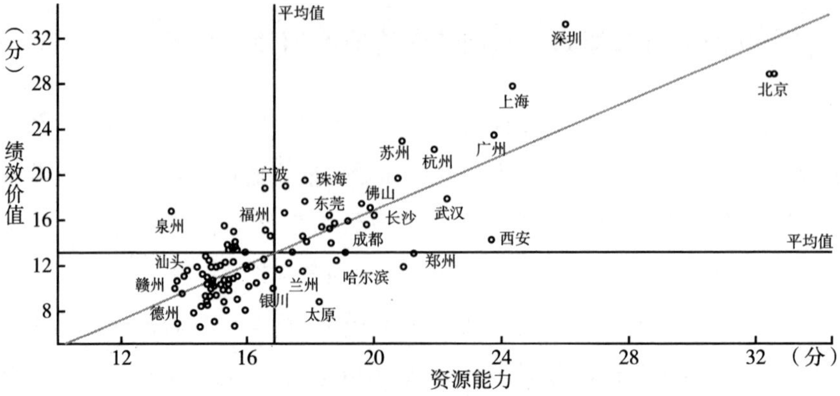

图 14　双创百强城市双创绩效价值与双创资源能力得分对比

参考文献

杜威剑、李梦洁：《产业集聚会促进企业产品创新吗？——基于中国工业企业数据库的实证研究》，《产业经济研究》2015 年第 4 期。

韦胜、王磊、曹珺涵：《长三角地区创新空间分布特征与影响因素——以“双创”机构为例》，《经济地理》2020 年第 8 期。

乌仕明、李正风：《孵化到众创：双创政策下科技企业孵化器的转型》，《科学学研究》2019 年第 9 期。

谢呈阳、胡汉辉：《中国土地资源配置与城市创新：机制讨论与经验证据》，《中国工业经济》2020 年第 12 期。

区 域 篇

Regional Articles

B.5

基于双创指数的区域总体情况分析

陈庭翰*

摘　要：2019年中国双创发展的外部因素发生了显著变化，中美贸易摩擦和疫情冲击接踵而至，要素流动效率降低，国民经济活动受到抑制，全球宏观经济不振。在外部因素恶化的背景下，中国双创发展呈现了新的特征。为把握双创发展的动态变化，中国双创"区域篇"以区域为视角，运用中国双创指数评价体系，通过对比分析等方式聚焦我国创新创业取得的新成就与面临的新问题。从总体特征来看，东部进一步扩大优势，中西部之间竞争日趋白热化，东北地区表现稳健。关键城市中，最发达城市受冲击最小，优势愈加明显，深圳依旧实现了对中国双创发展的引领。从环境方面来看，东部地区扩大优势，西部地区对中部地区进一步追赶，东北地区环境有所恶化；从资源方面来看，东部

* 陈庭翰，经济学博士，深圳市社会科学院助理研究员，研究方向为产业经济、区域经济。

地区在资源投入上占优，中部和西部地区有着各自的优势，东北地区资源首位度明显；从绩效方面看，东部地区优势非常明显，西部地区呈现上升势头，中部和东北地区出现效能不振的情况。

关键词：　双创指数　区域比较　绩效价值

一　区域视角下的双创指数特点

根据本书评价体系，本报告运用其典型数据对百强城市所属的区域特征、对双创百强城市的区域特征展开分析。以区域为分类方式，对双创指数区域特征、双创环境区域特征、双创资源区域特征及双创绩效区域特征进行归纳与解析。

根据总报告中对城市区域的划分①，本报告将我国双创的特点总结为“贸易纠纷和疫情冲击下，全国双创发展更看重既有基础”。东部进一步奠定绝对优势，中西部之间竞争日趋白热化，东北地区表现稳健。

在2019年中国双创指数百强城市中，有54个东部城市，21个中部城市，19个西部城市，6个东北城市。相较2018年，东部城市增加了4个，中部城市减少了2个，西部城市没有变化，东北部城市减少了2个。百强分布格局大体上没有发生显著变化，但是值得注意的是，东部城市继续展现出强劲势头，中部和东北部城市则较为弱势。将2016年与2019年进行比较可以发现，东部城市3年间增加了5个，中部城市3年间减少了3

① 分为东部、中部、西部和东北部。东部10省（市）包括北京、天津、河北、上海、江苏、浙江、福建、山东、广东和海南；中部6省包括山西、安徽、江西、河南、湖北和湖南；西部12省（区、市）包括内蒙古、广西、重庆、四川、贵州、云南、西藏、陕西、甘肃、青海、宁夏和新疆；东北3省包括辽宁、吉林和黑龙江。划分标准来自国家统计局。

个，东北部城市3年间减少了1个。因此，双创实力方面，东部不仅是综合实力最强的区域，还是实力提升最显著的区域，其他区域与东部之间的差距不断拉大。

平均来看，百强城市双创指数平均值为45.41，东部城市平均值为48.22，中部城市平均值为40.77，西部城市平均值为40.21，东北城市平均值为43.38。受贸易纠纷和全球宏观经济不振的影响，2019年全国双创水平较2018年都出现了较为明显的下滑，百强平均下滑20.7%，东部平均下滑19.4%，中部平均下滑26.1%，西部平均下滑27.8%，东北平均下滑21.2%（见图1）。可以发现，仅东部地区下滑幅度小于全国百强，中部与西部下滑程度远超东部与东北地区。除此之外，区域之间也出现了一些变化：第一，东部地区依旧是唯一超过全国百强平均值的区域，并进一步扩大了自身的优势；第二，东北地区双创平均水平反超中部和西部，仅次于东部地区；第三，中部地区反超西部地区，主要由于中部地区的百强城市数量下滑。大体上，中部地区和西部地区平均水平依然非常接近，但这两个区域和东部以及全国平均水平之间的差距都拉大了。

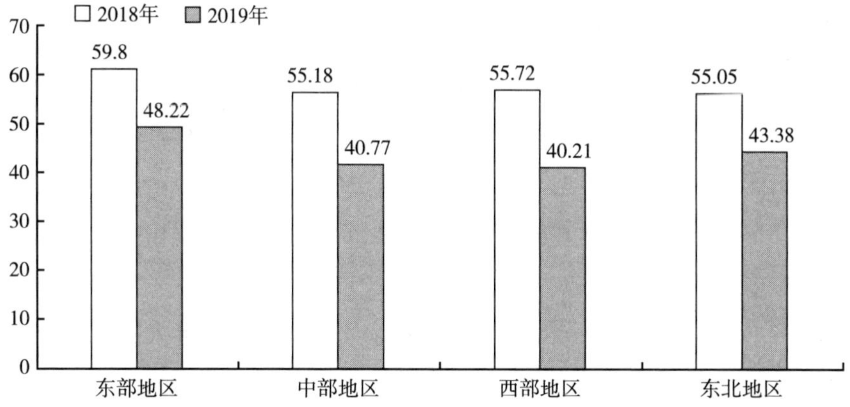

图1　2018年和2019年不同区域下双创指数平均得分

根据本书测算的双创指数百强城市及其得分，统计其所在区域的分布情况，结果如表1所示。

表 1 双创指数百强城市区域分布

双创指数分数段	东部地区	中部地区	西部地区	东北地区	合计
[30,40)	17	13	8	1	39
[40,50)	21	4	8	5	38
[50,60)	9	3	3	0	15
[60,70)	3	1	0	0	4
[70,80)	1	0	0	0	1
[80,90)	3	0	0	0	3
合计	54	21	19	6	100

根据表1，我们将全国的区域双创在2019年发展所形成的新特征归纳如下。

第一，贸易纠纷和疫情对双创的开展冲击巨大。相较2018年，所有百强城市的双创指数都出现了降档。深圳跌回［80，90），百强城市主要分布区间也由［50，60）下滑至［30，50）。尤其是2018年百强城市不存在［30，40），在2019年却成为城市最多的区间。

第二，外部因素变化展现出百强城市在双创基础水平上的巨大差异。在2018年，74个城市的双创指数聚集在［50，60），绝大多数城市的双创指数都看似处在一个水平线上。但是在外部环境变化的背景下，大多数百强城市的双创指数分散分布在［30，40）、［40，50）、［50，60）这三个区间中，百强城市所展现的实力出现了显著分层。百强城市双创指数区间分散化的主要原因来自城市双创发展基础和体系优势之间的差距，百强城市双创基础之间的差异依然不容小觑。

第三，受外部环境影响，最发达城市成为最大赢家。外部环境变化对大多数百强城市冲击很大，但是对于双创指数最高的几座城市的影响则相对较小。双创指数排名前6的城市没有变化，且指数下降幅度都非常小。在全国百强城市平均下滑20.7%的情况下，Top 6城市下滑幅度大多保持在2%以内，受影响最大的深圳和上海的下滑幅度也控制在5%以内（见表2）。因此，2019年最发达城市与其他大多数百强城市所处的形势相比可谓泾渭分明。这些城市进一步探索先进产业、先进技术和新兴技术三者的结合，向双创新格局进发。

表 2　中国 Top 6 城市双创指数在 2018～2019 年的变化

城市	2019 年	2018 年	变化幅度(%)
深圳	88.28	92.62	-4.69
北京	88.16	89.65	-1.66
上海	83.94	86.68	-3.16
广州	73.65	74.42	-1.03
苏州	69.74	70.92	-1.66
杭州	67.41	69.67	-3.24

二　区域视角下的双创环境的特征及对比

根据本书所用的评价方法，双创环境的子特征具体包括区域支持双创发展的市场结构、产业基础、制度文化与配套支持。各区域双创环境子特征平均得分情况见表 3。

表 3　各区域双创环境子特征平均得分情况

单位：分

地区	市场结构	产业基础	制度文化	配套支持	总分
东部	6.17	2.38	4.27	3.79	16.61
中部	6.02	1.62	3.11	2.90	13.65
西部	5.65	1.56	3.47	3.48	14.16
东北	5.19	1.36	3.31	3.80	13.66

根据以上数据可以总结出双创环境区域分布特征的变化。

第一，东部地区重新建立了创新环境上的优势。不同于 2018 年东部地区优势的全面削弱，2019 年东部地区在创新环境子特征上建立了显著的优势，仅在配套支持上稍弱于东北地区。尤其在产业基础和制度文化上，东部地区领先第 2 名分别多达 47% 和 23%，这说明东部双创在产业基础和制度文化上具有深厚基础，在外部环境变化导致的宏观经济不振影响下展现出了其独特优势。

第二，中部地区凸显硬实力和软实力的不平衡。2019 年，中部地区在市场结构和产业基础上仅次于东部地区，但在制度文化和配套支持上表现最差。制度文化在 2018 年稍强于东北地区，2019 年被东北地区反超。2018 年，中部地区在配套支持上仅次于东部地区，2019 年却遭到西部和东北地区的反超，这充分展现出中部地区强于硬实力而弱于软实力的地区特征。

第三，西部地区对中部地区的追赶成效显著。西部地区在制度文化上仅次于东部地区，继续维持了对中部地区的优势。在配套支持上，西部地区从 2018 年的落后于中部地区到 2019 年的显著强于中部地区。在产业基础方面，西部地区与中部地区的差距显著缩小，差距从 9% 下降到 3. 8% 。总体来看，西部地区在创新环境上实现了对中部的成功追赶，近年来在政府制度、市场制度改革和产业发展上卓有成效。

第四，东北地区创新环境的下滑趋势显著。首先，除了配套支撑，东北地区创新环境在其他方面都出现了较为严重的下滑，尤其在市场结构和产业基础上，受中美贸易摩擦和疫情的影响非常显著。其次，作为老工业基地，东北产业柔性不足，出现风险时难以保护创新环境。不过，东北地区的配套支撑下滑程度最小，从 2018 年的排名靠后跃升为 2019 年的各区域第一。这说明作为老工业基地，东北地区虽然产业活力不足，但是得益于深厚的基础设施和强大的工业品提供能力，创新活动在东北地区能得到相对稳定的配套支持。

三　区域视角下的双创资源特征及对比

为研究双创百强城市双创资源的区域分布特征，根据本书所确定的评价方法，对双创百强城市的资源子特征得分情况进行统计。双创资源子特征具体包括以往所确定的该区域支持双创发展的人力资源和资本投入，以及今年新增的科技投入子特征，各区域双创资源子特征平均得分情况见表4。

表4　各区域双创资源子特征平均得分情况

单位：分

地区	人力资源	资本投入	科技投入	总分
东部	3.40	5.33	8.46	17.19
中部	3.19	4.54	8.43	16.16
西部	3.81	4.57	8.39	16.77
东北	4.49	4.51	8.39	17.39

由于本部分增加了科技投入子特征，因而三个子特征的计算权重有所调整，不能和2018年数据做对比分析，因此本部分只分析区域间强弱对比情况。根据上述数据，总结出双创百强城市的双创资源特征呈现以下变化。

第一，东部地区在双创资源的总体优势并不强，主要优势在要素投入。东部地区在资源方面的优势远不如其在环境方面的优势，尤其是在人力资源上不如西部地区和东北地区。东部地区主要优势体现在资本投入和科技投入方面，表明要素投入向东部地区倾斜的基本状况并未改变。

第二，中西部地区资源状况有所分化，中部地区情况不容乐观，西部地区情况稳健。中部地区在科技投入上仅次于东部，但是在人力资源和资本投入上都较低。中部地区在双创资源平均值上也位列全国最低，情况不容乐观；西部地区在双创资源上表现亮眼，人力资源是核心优势。西部地区人力资源仅次于东北地区，资本投入仅次于东部地区，在双创资源总体水平上表现稳健。

第三，东北地区双创资源平均水平总体全国最高，资源首位度很高。东北地区双创资源平均值达17.39，比东部地区17.19还高，居四大区域首位。人力资源全国最高，资本投入仅次于东部地区。这是由于东北地区仅有6座城市进入全国百强，整个地区资源首位度很高，大部分双创资源集中在这6座城市，因而平均水平位居全国第一。

四　区域视角下的双创绩效特征及对比

为研究双创百强城市双创资源的区域分布特征，根据本书所确定的评价方法，对双创百强城市的绩效价值子特征得分情况进行统计。双创绩效价值子特征具体包括该区域支持双创发展的产业绩效、创新绩效与可持续发展三个方面，各区域绩效价值子特征平均得分情况见表5。

表5　各区域绩效价值子特征平均得分情况

单位：分

地区	产业绩效	创新绩效	可持续发展	总分
东部	3.93	4.07	6.44	14.44
中部	2.49	2.44	6.02	10.95
西部	2.54	2.83	6.86	12.23
东北	2.52	2.89	6.89	12.30

根据上述数据，总结出双创百强城市的双创绩效价值的特征发现了如下变化。

第一，东部地区继续保持在产业和创新方面的绩效优势，但可持续发展出现显著滑坡。东部地区在产业绩效和创新绩效上表现出了难以逾越的优势，产业绩效比第二名的西部地区高55%，创新绩效比第二名的东北地区高41%。不过，东部地区可持续发展状况相较2018年严重恶化，值得警惕。2018年东部地区可持续发展平均水平仅次于东北地区，2019年仅高于中部地区，位列倒数第二。

第二，中部地区在绩效平均水平上下滑明显，西部地区稳健提升。2019年中部地区双创绩效价值3个子特征全部位列全国最低，对比2018年中部地区两项第二的表现，2019年中部地区绩效平均水平出现了严重下滑。与之相对的是，2018年绩效表现不如中部地区的西部地区，在2019年实现了对中部地区的完全超越，表现稳健。

第三，东北地区继续保持可持续发展优势，绩效平均水平表现亮眼。东北地区延续了2018年可持续发展第一的势头，在2019年再次位居全国第一。不仅如此，东北地区在产业绩效上超越中部地区，并在创新绩效上拉大了和中西部地区的差距，使其在绩效平均总体水平上位列全国第二。

五　区域视角下的双创环境、资源和绩效总体水平

通过对各区域百强城市的双创环境、资源和绩效的平均水平的分析，我们对进入百强的各区域城市水平形成了一定了解。但是，4个区域进入百强城市的数量相差较大，平均水平并不足以展现区域之间的在双创实力上的差别。因此，本部分将每个区域进入百强的城市视作一个整体，直接比较各区域双创总体水平，结果见表6。

表6　各区域百强城市双创总体水平比较

地区	环境	资源	绩效
东部	58.42	54.89	59.23
中部	18.69	20.07	17.48
西部	17.54	18.87	17.67
东北	5.35	6.17	5.62

可见，4个区域之间的双创总体水平相差很大。东部地区在环境、资源和绩效上都拥有着平均数值难以表现出的绝对优势。不仅如此，在成熟的产业结构、要素积累、制度安排和市场环境下，东部地区获得了高效能的绩效优势，用相当于中部地区2.7倍的资源获得了近3.4倍于中部地区的绩效产出。

中部地区在环境和资源上相较于西部地区依旧存在微弱优势，但是在绩效上已经稍逊于西部地区。中西部之间的竞争已经高度集中在核心城市之间的竞争，中部地区的武汉、长沙、郑州、合肥和西部地区的西安、成都、重庆、合肥进入了双创百强的Top 30，在排名上呈现相互咬合的态势。

虽然在平均表现上，东北地区的表现并不差，部分子特征甚至位居全国第一，但是从整体水平来看，东北地区环境和资源难以和其他三个区域相比。由于区域规模有限，环境和资源上落后在情理之中。但是，东北地区和中部地区相似，在绩效产出上效率较低，凸显出在东部地区加快产业融合优化和西部地区快速转型的背景下，东北地区和中部地区亟待经济结构优化和发展理念转换。

参考文献

路建楠、吴新梅、倪晨昕：《京沪深推动创新创业打造“双创”升级版若干比较》，《科学发展》2021 年第 4 期。

綦良群、高文鞠：《区域产业融合与装备制造业绩效提升》，《中国科技论坛》2019 年第 10 期。

B.6

深圳市数字经济产业发展分析

赖勉珊*

摘　要： 数字经济是中国经济高质量发展的创新驱动力，而深圳市是数字经济产业发展的龙头城市。通过对深圳市数字经济产业发展现状的分析，南山区在培育中国数字经济新动能方面尤为突出，人工智能、区块链以及工业互联网是协同创新的强力引擎。当前深圳市可在以下方面进一步推动数字经济产业的发展：推动实体经济和数字经济融合发展、推进符合中国国情的数字经济立法、破解数据生产要素的统计核算难题以及建设数据交易中心发展跨境业务。

关键词： 数字经济　数据生产要素　数字经济立法　数据交易中心

一　数字经济的概念与发展意义

（一）数字经济的概念

2016 年，G20 杭州峰会发布的《二十国集团数字经济发展与合作倡议》将数字经济界定为，“以使用数字化的知识和信息作为关键生产要素、以现代信息网络作为重要载体、以信息通信技术的有效使用作为效

---

* 赖勉珊，土地经济学博士，深圳大学中国经济特区研究中心助理教授，研究方向为区域经济学、产业经济学。

率提升和经济结构优化的重要推动力的一系列经济活动”。由此，数字经济的定义日渐清晰。2020 年，中国信息通信研究院基于 G20 的定义，对数字经济的定义进一步补充，“以数字技术为核心驱动力量，通过数字技术与实体经济深度融合，不断提高数字化、网络化、智能化水平，加速重构经济发展与治理模式的新型经济形态”。这一定义是目前比较权威并得到广泛认可的。

在《深圳市数字经济产业创新发展实施方案（2021—2023 年）》[①]（以下简称《实施方案》）中，数字经济产业的定义沿用了 G20 的定义。同时，该实施方案进一步明确了数字经济在深圳市的定义，即“数字经济产业作为深圳市七大战略性新兴产业之一，主要包括软件和信息技术服务业、互联网和相关服务业、电信、广播电视和卫星传输服务业及其与各行各业融合衍生出的新兴业态”。《实施方案》也明确了数字经济产业的范畴，即以“数字产业化”和“产业数字化”为主线，从供给侧和需求侧双向发力。“其中数字产业化主要指信息产业的增加值，主要包括基础电信、电子信息产品制造业、软件和信息服务业、互联网产业。产业数字化包括信息技术对其他产业（包括农业、工业和服务业）的贡献。”[②]

（二）发展数字经济的意义

1. 贯彻落实创新驱动发展战略

发展数字经济不仅是贯彻落实创新驱动发展战略，推动“大众创业、万众创新”的最佳试验场，而且是贯彻“创新、协调、绿色、开放、共享”五大发展理念的集中体现。[③]

2. 实现新经济阶段的换道超车

2020 年 3 月 30 日，《中共中央　国务院关于构建更加完善的要素市场

---

① 深圳市人民政府办公厅：《深圳市数字经济产业创新发展实施方案（2021—2023 年）》，2020 年 12 月 25 日。

② 单志广：《数字新经济　发展新动能》，《学习时报》2019 年 1 月 4 日。

③ 张新红：《发展数字经济具有重要意义》，《商讯》2018 年第 5 期。

化配置体制机制的意见》正式发布，首次将数据与土地、劳动力、资本、技术并列为生产要素。这意味着数据要素重构了生产要素体系，成为第五大生产要素，数据要素的重要性及价值由此可见。如图 1 所示的生产函数的演变，数字经济是继农业经济、工业经济之后的新经济阶段。我国数字经济发展的时代背景为“四化同步”，即我国在还没有完成工业化、城镇化和农业现代化之时，就迎来了信息化。发展数字经济是我国有可能实现用二三十年走完西方发达国家二三百年走完的工业化、城镇化和农业现代化历程的空前机遇①，是换道超车的突破口。

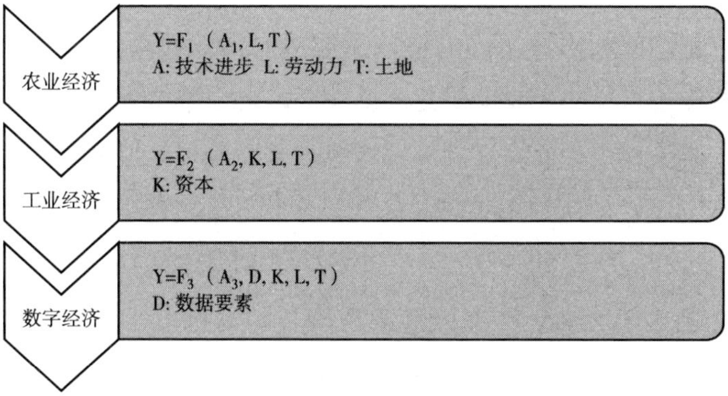

图 1　生产函数的演变

资料来源：中国信息通信研究院，《中国数字经济发展白皮书（2020 年）》，2020 年 7 月。

3. 支撑疫情下的社会正常运转

疫情背景下，数字经济支撑着中国社会的正常运转。大数据产业打通数据并加速流通，稳定了市场供给；人工智能满足疫情催生“无人”“无接触”消费场景的需求；云计算技术也带来了远程办公、在线教育、远程医疗等在线服务项目；在 5G 等技术支持下，新冠肺炎多学科移动远程会诊国家医疗队项目实现了“前方临床救治，后方多学科远程支持”的诊疗模式。

① 陈煜波：《抓住历史机遇发展数字经济（势所必然）》，《人民日报》2018 年 6 月 4 日。

而数字经济也将引领疫情背景下中国的经济发展，成为发展新引擎。数字经济与实体经济、虚拟空间与真实空间高度融合的新型全球化体系，改变了生产方式和经济增长方式，有助于推进以低碳、循环、共生、安全和智能为特征的可持续社会发展。①

二　深圳市数字经济产业发展现状分析

（一）深圳市数字经济整体发展

数据显示，深圳市数字经济整体发展迈向产业新高度。2019 年深圳市数字经济产业规模达 27800 多亿元，位居全国大中城市首位，成为数字经济产业发展的龙头城市。而在数字经济增速方面，深圳市持续高位运行。2018 年数字经济产业增加值为 1240.73 亿元，增长 3.8%②；2019 年数字经济产业增加值为 1596.59 亿元，增长 18.0%③。预计未来三年年均增长 15% 左右，2022 年达 2428 亿元。④ 在经济高速增长的情况下，深圳市继续优化升级数字经济结构与数字经济产业布局，筛选出 12 个重点领域发力数字经济产业以及布局 22 个重点片区的数字经济产业园。

（二）深圳市数字经济发展规划

1. 深圳市数字经济产业园区规划布局

深圳市通过布局 22 个重点片区的数字经济产业园，引导各区发挥比较优势，整合提升各产业集聚区功能，形成“前沿创新、应用融合、新兴领域拓展”等数字产业差异化发展模式。各辖区的片区与核心产业园如表 1 所示。

① 陈超：《数字经济将引领疫情后的中国经济》，《科技日报》2020 年 6 月 2 日。
② 参见《深圳市 2018 年国民经济和社会发展统计公报》。
③ 参见《深圳市 2019 年国民经济和社会发展统计公报》。
④ 参见深圳市统计局统计数据。

表1　深圳市数字经济产业园区规划布局

辖区	片区	核心产业园
福田	梅林—彩田片区	福田国际电子商务产业园 新一代产业园
	香蜜湖片区	香蜜湖新金融中心
	福田保税区	深圳福田国际互联网金融产业园 高新技术创业中心保税区基地 深港国际科技园 深港金融科技城
罗湖	笋岗—清水河片区	清水河人工智能产业基地
	莲塘片区	莲塘高新技术产业园区 莲塘“四创联动”产业园区 深圳市互联网产业园 罗湖网商虚拟产业园 罗湖智慧城市产业园
盐田	海山片区	大百汇高新科技园 田心工业园 海鹏工业园 太平洋工业区
南山	留仙洞片区	万科云城 鹏城实验室
	西丽大学城片区	南山智园
	南山高新区深圳湾片区	深圳市软件产业基地 深圳湾科技生态园 南山区中科研发园
	深圳湾超级总部基地	神州数码总部 碳云大厦
	蛇口片区	蛇口网谷
宝安	空港新城	沙井西部新兴产业园 蚝二 V 谷产业园 中亚电子博览中心
	新桥东科技城片区	新桥东智能装备产业园 新桥东智慧创新港

续表

辖区	片区	核心产业园
宝安	尖岗山—石岩南片区	汇聚创新园 高新奇战略新兴产业园 中粮创芯大厦 庭威工业园 领亚美生智慧绿谷 创维创新谷 天格科技园 宏发科技园
	宝安中心区—大铲湾片区	美生创谷科技园 腾讯"互联网+"未来科技城 宝安桃花源科技创新园旭生分园
龙岗	大运	大运软件小镇
	新城	龙岗创投大厦 龙岗天安数码城 启迪协信科技园
龙华	深圳高新区龙华园区	九龙山智能科技城
坪山	坪山高新区	国家新型工业化产业示范基地 深圳出口加工区 国家生物医药基地 坪山人工智能产业基地 国家新能源汽车产业基地
光明	光明凤凰城	招商局智慧城 鹏森海纳中心
	光明科学城	光明云谷 科润大厦 联想南方智能制造基地
深汕	西部组团	深汕合作区腾讯数据中心 易能高新产业园

资料来源：《2020 年深圳市数字经济产业规模及园区规划布局分析》，"中商产业研究院"搜狐号，2020 年 7 月 2 日，https://www.sohu.com/a/405373531_350221。

在 22 个重点片区的数字经济产业园规划布局里，南山区占据 5 个片区，承担了深圳市数字经济产业发展的重任。因此，对南山区的数字经济发展概况进行分析，对于深圳市数字经济的发展现状具有重要意义。

2. 南山区数字经济发展概况

南山区集聚了丰富的创新要素。在创新载体方面，拥有工程实验室、企业技术中心等1358家，其中国家部委级74家，诺贝尔奖实验室9家，国家级高新技术企业超过4100家。在人才拥有量方面，稳居全市第一，其中全职院士37人、经认定的海内外高层次人才8000人、博士1万余人。全社会研发投入占GDP比重达5.72%，PCT国际专利申请量约占全国的1/8，双创示范基地考评获全国城区类第一名。①

南山区是深圳的经济大区、科技强区以及创新高地，一直大力支持数字经济的发展。在培育中国数字经济新动能方面，南山区承载的担当与作为从未缺席。

（1）成立南山区数字经济产业协会

2020年12月，深圳市南山区数字经济产业协会成立，该协会旨在帮助数字经济企业落地南山区，发挥数字经济产业的引领能力，共同促进数字经济高质量发展。事实证明，南山区承担了大部分的数字经济产业发展重任。如深圳市区块链信息服务的79家备案企业中，就有57家位于南山区，占比高达72%。

（2）填补数据生产要素统计和核算空白

关于数据生产要素统计和核算的研究和实践，目前在国内尚属空白。南山区作为数字经济发展高地，汇聚了中兴通讯、大疆、腾讯、财付通等数字经济、新兴金融类企业，数据生产要素交易活跃，具有数据生产要素统计和核算的良好基础。2021年南山区将试点生产要素统计和核算。南山区统计局将选取有代表性的企业，展开深入调查，了解数据要素在企业生产经营过程中的参与和贡献情况，为下一步在全市及全国铺开积累相关的经验，也为下一阶段的GDP核算提供新的增长点。

（3）推进人工智能普及教育

为贯彻国家对中小学开展人工智能教育的部署，南山区制订了推进中小

---

① 深圳市商务局网站。

学人工智能教育的指导意见，计划按照“统筹规划、试点先行、特色发展”的思路，推动人工智能教育与基础教育深度融合，探索“政企校”三方面合作服务模式。为此，南山区发布了《南山区推进人工智能教育的指导意见》，试图通过培养一支人工智能教师队伍、构建一套人工智能课程体系、落实普及人工智能课程教学以及探索人工智能与教育融合应用，最终实现南山区中小学“人工智能+教育”生态体系的构建，以及实现将南山区打造成全国最具影响力的“人工智能教育示范区”的目标。

三　深圳市数字经济产业重点支持领域发展现状分析

基于深圳的产业定位、发展优势且有一定产业基础的细分领域，如表2所示，《实施方案》筛选出12个重点支持的领域，分别是高端软件产业、人工智能产业、区块链产业、大数据产业、云计算产业、信息安全产业、互联网产业、工业互联网产业、智慧城市产业、金融科技产业、电子商务产业、数字创意产业。

表2　深圳市数字经济产业发展的12个重点领域

重点支持领域	发展方向
高端软件产业	重点支持突破操作系统、云操作系统、数据库、中间件、办公套件等基础软件和CAD、CAE、EDA等工业软件
人工智能产业	发展无人驾驶、智能家居、图像识别等人工智能产品，推动人工智能特色应用示范
区块链产业	加强共识机制、数据存储、网络协议、加密算法、隐私保护和智能合约等技术研发
大数据产业	重点支持数据采集、数据清洗、数据分析挖掘、数据可视化、大数据行业应用等领域
云计算产业	重点支持IaaS（基础设施即服务）、PaaS（平台即服务）、SaaS（软件即服务）等领域，推动公有云、私有云、混合云等多种模式协同发展
信息安全产业	集中研发基于5G、AI和物联网等泛在网安全产品、网络关键基础设施安全产品、商用密码产品等
互联网产业	重点支持互联网生产服务平台、互联网生活服务平台、互联网科技创新平台等领域

续表

重点支持领域	发展方向
工业互联网产业	大力发展深圳优势制造行业的工业核心软件
智慧城市产业	重点推进智慧安防、智慧出行、智慧医疗、智慧教育、智慧监管、智慧社区、智慧能源等应用发展
金融科技产业	重点支持基于云计算、大数据、机器学习等技术的金融产品创新
电子商务产业	加快推进跨境电商综合试验区建设,拓展与共建"一带一路"国家和地区经贸合作
数字创意产业	推动文化产业数字化、网络化发展,建设和推广数字图书馆、数字博物馆、数字文化馆、数字美术馆、文体设施智慧服务平台等工程项目

资料来源:《深圳市数字经济产业创新发展实施方案(2021—2023年)》。

驱动数字经济的动力包括人工智能和区块链等数字技术，深圳在这些方面已经具备坚实的基础。以下选取深圳市数字经济产业重点发展领域的3个数字经济产业技术进行进展分析。

(一)人工智能产业

人工智能(Artificial Intelligence，AI)是指使用机器代替人类实现认知、识别、分析、决策等功能，包含了基础层、技术层、应用层三部分。我国人工智能在应用层领域领先，但基础理论研究及关键核心技术方面尚处于跟随者地位。①

2019年深圳市获批建设国家人工智能创新应用先导区和国家人工智能创新发展试验区，为人工智能产业发展奠定了良好基础。目前深圳市已经集聚了以华为、腾讯、中兴、平安科技等人工智能综合型领军型企业，以大疆科技、奥比中光、华大基因、优必选、云天励飞、金大智能、盛视科技、越疆科技等为代表的分赛道"领头羊"和"独角兽"企业。这些企业将人工智能与各自所在行业紧密结合，打造"AI+智能制造""AI+智慧金融"

① 深圳市人工智能产业协会编制《深圳市人工智能产业发展白皮书(2019—2020)》，2020年7月31日。

“AI + 生命健康”“AI + 智慧安防”“AI + 未来教育”等落地场景，实现了“AI + 应用”的全国领先发展。深圳市人工智能产业集聚区见表3。

针对较为薄弱的技术层，深圳市加大技术研发力度，如腾讯优图实验室、华为诺亚方舟实验室、中兴通讯云计算及IT研究院、鹏城实验室与微众银行联合建立了“AI金融联合实验室”、腾讯AI Lab和港中大（深圳）联合成立了机器智能联合实验室等。人才是人工智能竞争的关键要素，深圳市高端复合型人才缺口较大，建议采用“揭榜制”吸引全球顶尖团队来深发展，加强深圳市的人工智能产业创新力量。

表3　深圳市人工智能产业集聚区

辖区	人工智能产业集聚区
光明区	光明新一代信息技术(智能制造)产业基地
	光明人工智能产业基地
宝安区	宝安立新湖智能装备未来产业集聚区
龙华区	智能无人驾驶研发及测试基地
	九龙山产学研片区
	鹭湖清湖片区
龙岗区	坂雪岗科技城
南山区	留仙洞未来产业集聚区
	高新区北区未来产业集聚区
福田区	深港科技创新特别合作区
罗湖区	罗湖人工智能产业基地
坪山区	坪山人工智能(智能制造)产业园
	坪山人工智能(智能网联汽车)产业园
盐田区	盐田人工智能产业基地

资料来源：HIIC智能经济研究所。

（二）区块链产业

区块链是一个共享的、不可更改的账本，可以促进在业务网络中记录交易和跟踪资产的过程。资产可以是有形的（例如房屋、汽车、现金、土地），也可以是无形的（例如知识产权、专利、版权、品牌）。几乎任何有价值的东西都可以在区块链网络上进行交易和跟踪，从而降低各方面的风险和成本。①

区块链是粤港澳大湾区建设全球科技创新中心的前沿阵地。深圳肩负建设粤港澳大湾区全球科技创新中心的重任，在发展区块链产业方面也是排头兵。由于深圳有众多在深交所上市企业涉及区块链应用和产业上下游的布局，深交所于2019年底发布首个区块链指数——区块链50指数，以此反映区块链相关企业的表现。区块链50指数展示出已得到区块链赋能的实体经济的发展状况，是产业的晴雨表。

表4为深圳市区块链产业布局的特征。深圳市区块链信息服务备案企业截至2019年底共有79家，其中大部分成立于深圳密集出台区块链产业扶持政策的2016~2018年。而在这些备案企业当中，应用领域居前三位的分别为金融领域（44%）、数字资产（13%）、健康医疗（8%）。在产业政策的扶持下，深圳市也涌现出一批产业组织，如金融区块链合作联盟、区块链密码创新联盟、深圳区块链产业联盟以及深圳市信息服务业区块链协会。

表4　深圳市区块链产业布局特征

备案年份	备案企业数(家)	领域	领域占比(%)	产业组织
2016年	12	金融	44	金融区块链合作联盟
2017年	14	数字资产	13	区块链密码创新联盟
2018年	22	健康医疗	8	深圳区块链产业联盟
其他	31	其他领域	35	深圳市信息服务业区块链协会

资料来源：国家互联网信息办公室网站；广东海丝研究院网站。

深圳市扶持政策的一个重要发力方向是区块链在金融领域的应用。如深圳成立了金融区块链合作联盟，该联盟集结了包括微众银行、平安银行、招银网络、恒生电子、京东金融、腾讯、华为、银链科技、深圳市金融信息服

① 《什么是区块链技术?》，IBM网站，https://www.ibm.com/cn-zh/topics/what-is-blockchain。

务协会等在内的31家企业。该联盟发挥了整合及协调金融区块链技术研究资源的作用。

具体到企业，腾讯区块链已在"区块链+医疗""区块链+司法""区块链+物流"等领域应用；华为关注"区块链+存证""区块链+新能源""区块链+溯源"等；迅雷链也已发布了在金融、政务、司法、医疗、工业和民生六大核心领域，共计16个垂直场景的产品解决方案。①

深圳市区块链主要研究机构见表5；区块链在深圳市政府与企业的应用案例见表6。

表5　深圳市区块链主要研究机构

深圳市区块链研究机构
区块链研究院
乐信区块链实验室
信大区块链研究院
深圳大学区块链技术研究中心
腾讯—国税"智税"创新实验室
香港中文大学(深圳)软件与区块链系统实验室
北京大学深圳市内容中心网络与区块链重点实验室

资料来源：广东海丝研究院，《2020深圳区块链产业发展报告：深圳凭什么争夺区块链之都?》，2020年3月。

表6　区块链在深圳市政府与企业的应用案例

政府应用案例	企业应用案例
区块链电子发票	腾讯云区块链开放平台 TBaas
粤港澳大湾区贸易金融区块链平台	华为云区块链服务
网贷平台投票系统	超级区块链平台"迅雷链"Thunder Chain
"i深圳"区块链电子证照	平安集团金融壹账通
深圳四部门信息情报交换平台	

资料来源：《2020深圳区块链产业发展报告：深圳凭什么争夺区块链之都?》《2019腾讯区块链白皮书》《华为区块链白皮书》。

① 《2020深圳区块链产业发展报告：深圳凭什么争夺区块链之都?》，广东海丝研究院网站，2020年3月6日，https：//www.gdhsyjy.com.cn/html/hsbg/513.html。

（三）工业互联网产业

工业互联网是新一代信息技术与工业系统全方位深度融合所形成的产业和应用生态，其本质是以机器、原材料、控制系统、信息系统、产品及人的网络互连互通为基础，通过对工业数据的全面深度感知、实时传输交换、快速计算处理及高级建模分析，实现智能控制、运营优化和生产组织方式的变革。①

我国正处于由制造大国向制造强国的转型阶段，而工业互联网是制造业转型升级的关键举措，所以工业互联网对我国现阶段来说非常关键。深圳市工业互联网具备实现高质量工业互联网发展的良好基础，具体表现为全国领先的工业发展水平、持续增强的创新能力、不断完善的基础网络以及基础扎实的企业信息化。因此，工业互联网是深圳市工业高质量发展的必然选择。凭借工业互联网，深圳市可破解工业发展的瓶颈、可连接制造业跨地域的发展、可支撑深圳在大湾区的核心作用以及中国特色社会主义先行示范区的建设。②

如表 7 所示，工业互联网在行业应用的案例非常丰富，涉及行业包括电子信息制造业、服装制造业、生物医疗制造业、钟表制造行业以及精密制造等。这些应用案例充分说明了制造业通过工业互联网有效地提高了生产效率。

表 7　工业互联网在行业应用的典型案例

行业	应用案例
电子信息制造业	富士康通过推进工业互联网应用实践，使生产效率提高 30%，库存周期降低 15%
服装制造业	赢领智尚建立了国内首个高级女装大规模个性化定制智能制造产线，使整体成本降低 20% 以上，设计周期缩短 30% 以上，整体生产效率提高 20% 以上，管理人员减少 30% 以上，产品交期从 30 天缩短到 7 天，工厂实现了零库存

① 《工业互联网产业联盟》，2021。

② 深圳市工业和信息化局：《深圳市工业互联网发展白皮书（2019）》，2019 年 12 月。

续表

行业	应用案例
生物医疗制造业	迈瑞医疗通过工业互联网技术的应用，产能增加了两倍，直接生产人员减员28%，每年产生经济价值超过200万元
钟表制造行业	飞亚达通过工业互联网应用提升了20%工作效率，多单拣选缩短收发料周期30%以上，物料信息错误率降低100%
精密制造	银宝山新应用工业互联网设计周期缩短30%、备模时间减少30%、质量问题降低15%、减少现场操作人员25%

资料来源：深圳市工业和信息化局，《深圳市工业互联网发展白皮书（2019）》，2019年12月。

四　深圳市数字经济的发展与挑战

（一）推动实体经济和数字经济融合发展

习近平总书记2017年指出，要加快发展数字经济，推动实体经济和数字经济融合发展，推动互联网、大数据、人工智能同实体经济深度融合，继续做好信息化和工业化深度融合这篇大文章，推动制造业加速向数字化、网络化、智能化发展。这是具有现实意义的重大挑战。推动实体经济和数字经济的深度融合发展可以消除人们对虚拟经济过度发展导致的实体经济空心化的担忧。两者的正确关系应是互相促进、互相融合的：实体经济支撑数字经济，数字经济则帮助制造企业实现转型升级。

（二）推进符合中国国情的数字经济立法

数字经济立法是发展数字经济所需要的体制机制保障条件之一，因此推进符合中国国情的数字经济立法具有重大现实需要和意义。数字经济立法是一个动态的系统工程，其中的数字产业化和产业数字化需要发挥法律规则的调整、指引和规范作用。同时，关于数据开放、产权保护、数据交易、跨境传输、安全保护等方面相关政策的法规和标准体系也须进一步完善。为防范重大风险和确保国家利益，新规则体系的制定应该考虑适应数字经济特点，包括平台责任、知识产权保护、创新、税收、劳动就业、反垄断、国际规则、信息技术风险与安全等方面。数字经济立法的重点主要包括网络安全、审慎监管、数据资源共享以及个人信息保护。①

（三）破解数据生产要素的统计核算难题

在数字经济的生产要素体系中，数据与土地、技术、劳动力、资本一样都属于资产。而进行数据生产要素的统计核算则是一个亟须破解的难题，主要存在以下三个难点：数据生产要素的权属需要清晰界定；数据的采集、应用、交易、以及使用流程需要一个透明机制；数据要素的定价需要相对稳定的衡量标准，以此确保数据作为生产要素的价格和价值获得大众的认可以及数据的顺利交易变现。同时，在国民经济的统计核算中，如何对数字经济进行测度是难点所在，合理的计量方法也是发展数字经济过程中的一大挑战。②

（四）建设数据交易中心发展跨境业务

粤港澳大湾区巨大的市场让深圳市具备了承载数据交易中心的优势。深圳市作为数据要素国家战略的先行示范区，应秉承产业数据化、数据产业化的理念，建设数据交易中心并完善相关配套措施。深圳市可联通周边城市，推动数据流通交易，实现数据价值最大化；同时，可发展数据交易的跨境业务，促进粤港澳跨境数据流通，探索建立全球数据融通机制。这意味着深圳市在迎来数据要素万亿级市场的重大机遇中，可通过数据驱动粤港澳大湾区建设。

---

① 周汉华、周辉：《数字经济立法为什么重要?》，《财经》2019 年第 10 期。

② 《深圳探索数据要素市场　李可顺：数字经济将纳入政府 KPI 考核》，《时代财经》2020 年 10 月 14 日。

参考文献

《2020 年深圳市数字经济产业规模及园区规划布局分析》，“中商产业研究院”搜狐号，2020 年 7 月 2 日，https：//www. sohu. com/a/405373531_ 350221。

中国信息通信研究院：《中国数字经济发展白皮书（2020 年）》，2020 年 7 月。

B.7

互联网金融的企业发展模式与创新

——以腾讯公司为例

刘 斌 黄 腾 邱钰雯*

摘　要： 近年来，我国互联网金融经历了一段从无序生长到规范发展的过程，互联网金融领域出现诸多创新产品和形态，给金融业的发展带来了深刻冲击，互联网金融行业也随之频繁爆发各类风险。随着监管机构不断制定并完善法律法规，行业也逐渐走向规范。本报告首先梳理了我国互联网金融的发展概况，并以腾讯公司的产品为例，介绍了互联网金融的创新产品，分析了当前互联网金融发展的潜在风险与挑战。指出互联网金融行业在目前存在以下风险：行业法规待健全、监管机制有待完善、安全风险突出、信用风险明显以及专业人才匮乏。其次对互联网金融未来发展的方向进行总结，认为长效监管机制势必逐渐建成，互联网金融须服务于实体经济，推进普惠金融和金融科技创新是互联网金融的后续之路。最后对互联网金融企业的未来发展提出建议，指出要自觉遵守法律法规，拥抱监管；要持续降低信用风险，服务实体经济；要加大技术研发，保障网络安全；要做好人才规划，完善人才培养。

关键词： 互联网金融　金融科技创新　实体经济

---

* 刘斌，爱荷华州立大学统计学博士，研究方向为风控策略；黄腾，北京师范大学经济与资源管理研究院硕士研究生，研究方向为区域经济学；邱钰雯，香港科技大学运筹管理专业本科生，研究方向为互联网经济。

一　互联网金融企业发展概况

互联网金融是传统金融机构和互联网企业利用互联网技术和信息通信技术实现资金融通、支付、投资和信息中介服务的新型金融业务模式（见图1）。[①] 互联网金融是将传统金融业务和互联网技术相结合的一种金融业务模式，利用互联网的流量、平台和技术优势，将金融中的支付、转账、借贷、投资、保险和信息中介等服务互联网化。互联网金融机构的组成主要包含传统金融机构的互联网、科技化板块，互联网公司的金融业务板块，以及专门从事金融应用的科技企业，相对传统金融，互联网金融具有壁垒不高、成本较低、传播速度快、监管灵活等特点。也正是由于这些特点，近几年来，相对传统金融公司的互联网化，互联网公司的金融业务发展得更加迅速。

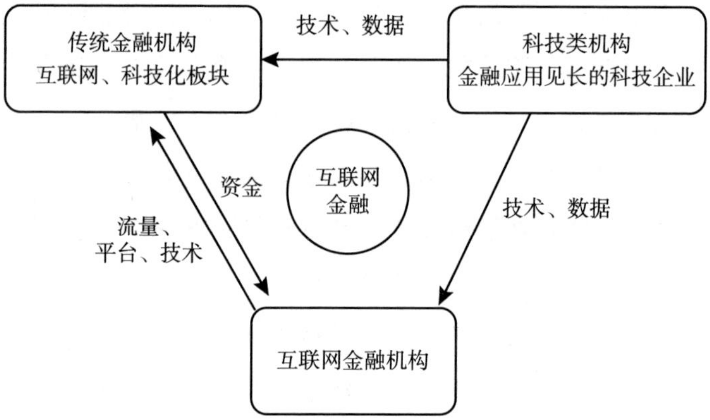

图1　互联网金融定义

资料来源：笔者根据《关于促进互联网金融健康发展的指导意见》整理。

① 中国人民银行等十部委联合印发的《关于促进互联网金融健康发展的指导意见》。

（一）互联网金融产品分类及特征

随着互联网金融的发展，传统金融机构和互联网公司通过互联网平台推出多样化的互联网金融产品。与传统金融产品相比，互联网金融产品的形式更加丰富多样，目前常见的互联网金融产品主要包括以下五种类型。一是移动支付类产品，如支付宝、财付通、翼支付等。艾瑞咨询发布的《2020 年中国第三方支付行业研究报告》显示，第三方支付市场已经形成支付宝、财付通两大巨头垄断的市场格局，2019 年支付宝占市场份额的 54.4%，财付通占市场份额的 39.4%。[①] 二是网络理财类产品，如余额宝、零钱通、京东金融等。三是网络贷款类产品，主要包括机构出资类的借贷产品（以蚂蚁金服的借呗和微信的微粒贷为代表）和个人出资类的 P2P（以人人贷、陆金所为代表）这两类典型产品。四是网络证券类产品，包括证券网和以雪球为代表的证券网络社交。五是互联网保险产品，以互联网巨头控股的蚂蚁保险、微保、众安保险为例（见图 2）。

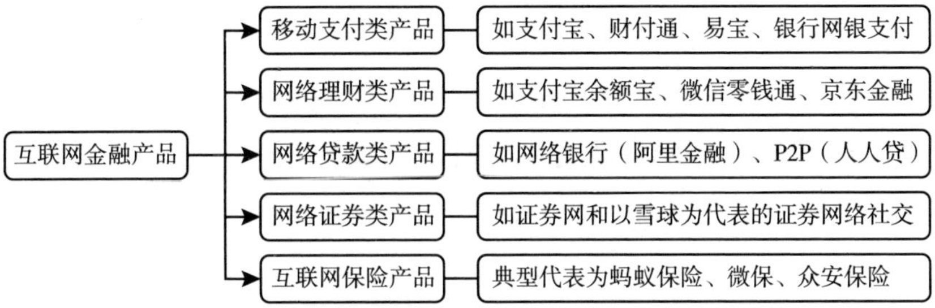

图 2　互联网金融产品分类

资料来源：笔者根据互联网金融监管政策整理分类。

相对于传统金融，互联网金融具有运营成本低、服务效率高、风险大等特征。

运营成本低。在互联网金融模式下，资金供求双方可以借助互联网平台

① 参见艾瑞咨询研究院网站，http：//report. iresearch. cn/report_ pdf. aspx？ id =3552。

自行定价、交易，减少中介机构环节和交易成本；金融机构可以减少营业网点，从而节约网点建设和运营成本；互联网利用本身的流量和其他业务带来的大规模引流，进行大量的业务宣传和分发；互联网金融可以利用大数据模型更有效地定价，以更低成本吸引客户。

服务效率高。互联网金融的业务主要借助互联网平台和手机 App，客户无须到营业网点排队等候，极大地缩短了流程操作的时长，节约了用户等候的时间。以互联网贷款为例，用户用手机 App 从申请借贷到发放贷款到个人银行卡，往往只需要几分钟。借助互联网平台，客户也可以突破时间和地域限制，在互联网上寻找合适的资金资源，有利于提高资金配置效率。

风险偏高。互联网金融行业的风险高主要体现在以下两个方面。第一是网络安全风险和信息安全风险突出，互联网金融依托互联网技术发展金融业务，一旦网络不流畅或者发生黑客攻击或病毒入侵等事故，就会影响互联网金融交易的正常运行，甚至导致用户信息泄露，威胁用户信息安全和财产安全。第二是信用风险大，主要表现在用户对互联网金融企业资质缺乏了解，存在严重的信息不对称，为恶意骗贷、卷款跑路等风险事件的发生埋下了隐患。

（二）中国互联网金融行业的发展历程

中国互联网金融起步较晚，但是发展迅速，大致可以分为以下四个发展阶段（见图3）。

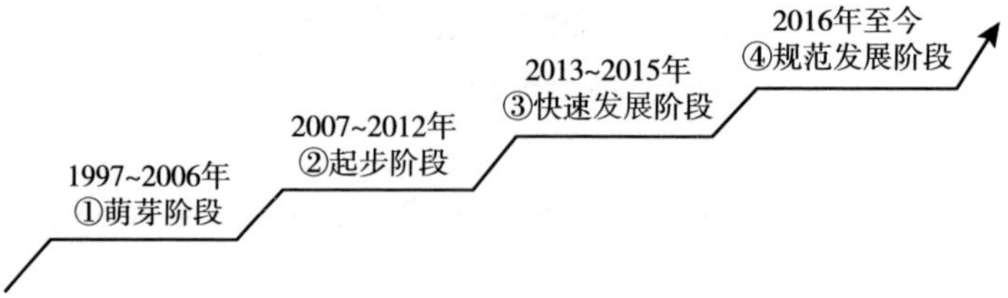

图3　互联网金融发展阶段

资料来源：笔者根据互联网金融发展态势整理。

第一个阶段是萌芽阶段（1997～2006年），该阶段以网络银行、网络证券、互联网保险等互联网金融业务的诞生为标志。1997年招商银行开通自己的网站，率先推出了中国第一家网上银行；1999年，出现第一家第三方支付机构——首易信；2003年淘宝网首次推出支付宝服务，解决电子商务中的支付问题；2004年，支付宝从淘宝网独立出来，作为第三方支付平台向更多的合作方提供支付服务；此后网络银行、网络证券、互联网保险等互联网金融业务也相继诞生。在这一阶段，互联网与金融的结合主要体现在为金融机构提供网络技术服务，帮助银行逐步实现业务互联网化，还未出现真正意义上的互联网金融业态。

第二个阶段是起步阶段（2007～2012年），该阶段以第三方支付的蓬勃发展为主要标志。在这一阶段，传统金融机构不断利用互联网技术发展自身业务，互联网企业也依托电子商务和移动支付、利用社交网络等新技术形式将其业务范围拓展到金融业。2007年中国首家P2P网贷平台“拍拍贷”在上海成立，互联网金融由此正式诞生，2011年5月中国人民银行正式向第三方支付颁发牌照，互联网金融基础设施建设进一步完善，互联网金融和人民的生活联系更加紧密。第三方支付平台、网贷平台、众筹等互联网新兴形态的出现和发展，标志着互联网金融进入一个新的发展阶段。

第三个阶段是快速发展阶段（2013～2015年），该阶段以传统金融机构和互联网企业加速全面布局互联网金融为主要标志。互联网思维成为影响并改变传统金融业态形式的冲击力量。在这个阶段，传统金融机构纷纷利用互联网技术发展金融业务，互联网企业更是依靠技术优势全面涉足金融领域，腾讯、百度、京东、新浪等巨头纷纷在互联网金融布局，余额宝推出当年规模就突破1800亿元，成为市场上最大的公募基金。首家互联网保险公司、首家互联网银行相继成立，第三方支付不断成熟，P2P网贷平台爆炸式增长，众筹平台开始发展，大数据金融、互联网理财等互联网金融模式层出不穷。

第四个阶段是规范发展阶段（2016年至今）。互联网金融在高速发展的同时，其背后的风险和问题也逐渐暴露出来，2015 年下半年风险事件频发，如昆明泛亚、e 租宝、P2P 跑路、校园贷等事件，引起了社会的极大关注，国家对此也做出了相应的举措来规范互联网金融行业的发展，如中国人民银行等十部委联合发布《关于促进互联网金融健康发展的指导意见》、证监会发布《关于清理整顿违法从事证券业务活动的意见》等。国家启动专项整治，密集出台了相关监管文件，2017 年和 2018 年，互联网金融连续两年被写入政府工作报告，从 2017 年“高度警惕互联网金融风险”到 2018 年“健全互联网金融监管”，反映了互联网金融行业从高速发展到规范整治的历程。金融严管时代已经到来。

二 互联网金融的创新产品与影响——以腾讯公司为例

作为即时通信社交软件的巨头，腾讯公司依靠自身庞大的用户群体，在互联网金融领域不断开拓新业务，虽然进入互联网金融行业稍晚，但是目前已在第三方支付、互联网理财、互联网贷款、互联网保险等领域形成较大的规模、产生较大影响，下面将以腾讯公司的互联网金融产品为例，介绍互联网金融公司的创新产品。

（一）微信支付

微信支付是目前市场上使用最广泛的第三方支付方式之一，由财付通和腾讯公司合作于 2013 年 8 月推出。微信支付是指微信客户端的支付功能，帮助用户通过手机在微信客户端快速完成支付流程。用户在微信钱包里绑定银行卡，便可以使用收发红包、转账、扫码支付等服务。微信支付的应用场景主要包括公众号支付、App 支付、扫码支付、刷卡支付。实体线下商户可以申请微信收款二维码，实现线上收款。商家可以通过开通微信支付（商户功能），将商品网页生成二维码张贴在地铁站等地方，供消费者扫码购买。

微信支付的适用范围非常广，在不同国家和地区也可以使用，其适用国家和地区超过 25 个，包括中国、中国香港、中国澳门、中国台湾、日本、韩国、新加坡、马来西亚、泰国、澳大利亚、美国、荷兰、加拿大、印度尼西亚、菲律宾、新西兰、阿联酋、法国、越南、柬埔寨、意大利、英国、瑞士、德国、肯尼亚、哈萨克斯坦、土耳其。微信支付发展历程见图 4。

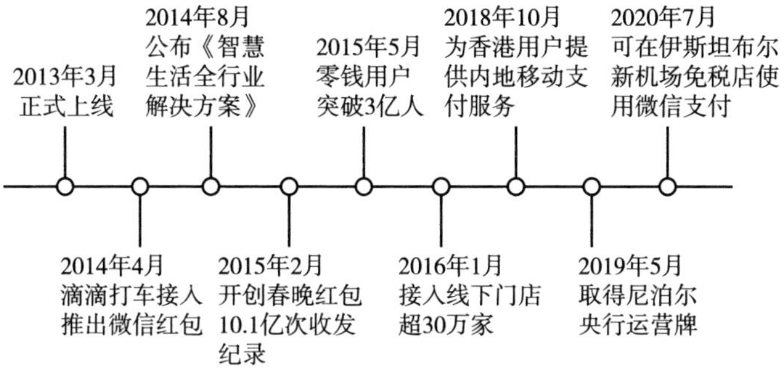

图 4　微信支付发展历程

资料来源：笔者根据微信支付页面整理。

尽管微信支付是相对安全、高效便捷的支付方式，但也存在一些安全隐患。2018 年 7 月，微信支付官方 SDK（软件工具开发包）存在的严重漏洞被网友公布于国外安全社区，这个漏洞会导致商家服务器被入侵，一旦攻击者获得商家的关键安全密钥，就可以通过发送伪造的信息来欺骗商家。2019 年 10 月有用户反映，使用微信支付在多渠道无法付款成功，腾讯官方只表示已经修复，未提及支付崩溃原因和预防方案。

（二）理财通

理财通是由腾讯推出的官方理财平台，2014 年 1 月正式上线，由腾讯旗下的上海腾富金融信息服务有限公司与多家金融机构合作，是一个为用户提供多样化理财服务的理财平台。根据用户需求，将理财产品分为稳健理财和进阶理财，稳健理财又上线了货币类、债基类、保险类和券商类四大产品类别，进阶理财则涵盖黄金、股票基金、境外型基金等多个类别，具有工资理财、指数定投等多种便捷功能。

理财通和金融机构分工明确。在理财通平台，金融机构作为金融产品的提供方，负责金融产品的结构设计和资产运作，为用户提供账户开立、账户登记、产品买入、收益分配、产品取出、份额查询等服务，理财通则是为用户提供金融产品信息查询、交易下单等辅助服务的入口，协助用户在金融机构完成账户开立、买入与取出、信息查询等服务。

理财通具有稳健、安全、功能多样性等特点。第一，与理财通合作的基金公司多为一线公司，同时腾讯理财通严格挑选金融机构合作伙伴，为用户提供高品质产品。第二，在资金安全方面，理财通的每笔交易都有中国人寿养老保险投限公司（PICC）担保。第三，腾讯理财通首创了安全卡机制，理财通账户首次购买时使用的银行卡被默认为是安全卡，资金提现只能取到安全卡中，不能用于消费或转到其他卡，即使手机丢失，微信支付也不会被盗刷，安全系数相对较高。理财通依托微信客户端，较容易获取用户，虽然起步晚，但是也有较大的用户群体。

（三）微粒贷

“微粒贷”是微众银行针对微信用户和 QQ 用户推出的纯线上小额信用循环消费贷款产品，于 2015 年 6 月正式上线 QQ，并于同年 5 月正式上线微信端。它采用用户邀请制，根据用户的综合情况，给予用户 500 元到 20 万元的授信额度，日利率为 0.02% ~0.05%。作为一款银行贷款产品，“微粒贷”具有如下特点。

第一，提供无抵押、无担保贷款。传统金融机构贷款提供个人贷款，需要借款人提供抵押等担保，如果没有可供抵押或担保的资产，借款人难以成功贷款。“微粒贷”突破这一模式，提供了无抵押、无担保贷款，较好地满足了信用良好的客户的小额贷款需求。第二，提前还款无手续。“微粒贷”支持常规默认代扣还款，同时支持用户随时还清贷款，不收取其他手续费。第三，提供 24 小时服务。不同于传统金融机构贷款，“微粒贷”作为互联网银行贷款产品，提供 24 小时线上服务，用户可以随时随地通过手机完成全部办理流程，借款最快 40 秒到账，办理手续高效便捷。

（四）腾讯微保

腾讯微保是腾讯公司旗下首家保险平台，积极响应“互联网＋”国家发展战略，秉承“用户为本、科技向善”的价值观，旨在实现全行业生态共享共赢，并成功入选2020年Fintech Power 50。它一方面与保险公司深度合作，共同研发保险产品；另一方面通过微信、QQ两大平台挖掘用户，精准投放保险广告。其旗下产品包括微医保、微出行、全民保、护身福意外险等产品。

据腾讯微保网站数据，截至2020年8月8日，累计已经有8000万用户加入微保；截至2020年6月30日，累计赔付金额达12亿7329万5861元，累计赔付数量达458248件。其旗下产品和获得的荣誉见表1。

表1　腾讯微保旗下产品及所获荣誉

旗下产品	所获荣誉
微医保	2017年获微保荣膺“优秀互联保险平台”大奖
微医保重疾险	2019年“Insur Star 2019—中国保险科技50强”榜单第一
微出行	2019年度最佳互联网保险平台
全民保	2019年度保险科技奖
孝亲保孝顺金定期寿险	2019年度保险产品品牌
护身福意外保	2019年金融科技创新企业30强
药神保·患者保障计划	2019年度最佳互联网保险平台
一生保·养老计划	第二届中国保险业创新发展高峰论坛“优秀保险创新模式奖”
微信支付中小商户保障	入选2020年度全球保险科技100强公司，蝉联中国保险科技公司第一名

资料来源：腾讯微保网站。

三　互联网金融发展的潜在风险与挑战

互联网金融如雨后春笋般蓬勃发展，其潜在风险和问题逐渐显现。由于互联网金融是传统金融业务与互联网技术相结合的产物，互联网金融的潜在风险既包括法律风险、传统的金融风险，还包括互联网本身具有的风险，主要为技术风险和网络安全风险。

（一）互联网金融法律法规缺位

造成互联网金融法律法规缺位的原因主要有两个。第一，法律法规的滞后性制约了互联网金融的规范发展，互联网金融发展迅速，但法律法规的制定需要一系列流程，从制定到颁发需要较长时间，导致法律法规滞后于互联网金融市场发展速度。第二，由于我国互联网金融发展历程较短、发展速度较快，一些新兴的金融活动缺乏详细规定，存在不少法律“真空地带”，容易引发非法集资等金融犯罪。由于健全的法律法规的缺位，互联网金融法律风险事件频发，如昆明泛亚、e租宝、大大集团等理财平台的风险暴露，P2P跑路，校园贷等恶性事件频发。客户权益保障的立法、洗钱犯罪法律等互联网金融相关法律法规的不完善不仅会影响互联网金融行业的健康持续发展，影响金融秩序的稳定，而且会威胁到投资者的资金安全甚至生命安全，因此建立健全互联网金融法律法规、规范互联网金融行业发展迫在眉睫。

（二）互联网金融监管力度不足

由于互联网金融风险大，具有开放性、共享性、隐蔽性等特点，一旦发生风险事件，将严重影响金融秩序的稳定和互联网金融的发展，因此，做好互联网金融监管尤为重要。但是目前我国对互联网金融的监管力度明显不足，主要体现在以下几个方面。

其一，相关法律法规缺位，监管队伍不够健全。有效的监管工作依赖于成熟的法律法规，互联网金融是新兴的金融模式，相关法律法规的缺位和滞后给监管部门造成“无法可依”的困境，不法分子借助互联网金融法律“真空地带”，与法律打“擦边球”，大大增加了监管的难度。其二，监管部门分工协调有待改进。互联网金融存在诸多业态形式，涉及多个行业领域，需要监管部门通力协作。然而我国金融监管领域长期采用以人民银行、银监会、证监会、保监会为主的“一行三会”分业监管机制，虽然在2018年国务院机构改革后，金融监管体制就形成了国务院金融稳定发展委员会、中国人民银行、中国证监会、中国银保监会这一新的“一委一行两会”结构，但各个机构之间的监管协调仍有待改进。其三，互联网金融的创新性、网络化增加了监管的难度。互联网具有极强的创新能力，其产品、业务在不断更新换代，业务日益网络化、虚拟化，法律法规难以囊括所有互联网金融活动，传统监管手段难以对互联网金融实现有效监管；互联网金融的无国界化发展也加深了金融监管与国家主权之间的矛盾，互联网金融模糊的边界性增加了各国政府对金融市场的单一监管的有效性。

（三）互联网金融安全风险突出

互联网金融依托互联网技术发展金融业务，极大地提高了服务效率和扩大了服务范围，也正是因为依托互联网平台和第三方支付平台等进行交易，使互联网金融存在突出的网络安全风险信息安全风险。具体而言，互联网技术安全、第三方支付平台数据安全以及互联网金融企业的安全防护意识和投入都会影响互联网金融行业的健康发展、影响用户的信息安全和财产安全。

第一，互联网金融的发展依托互联网平台，互联网技术的安全直接影响互联网金融交易的安全，一旦遭遇黑客攻击或病毒入侵，都可能导致互联网金融进入瘫痪状态。第二，互联网金融交易需要第三方支付平台等作为媒介进行支付和结算，用户购买互联网金融产品，需要绑定第三方支付平台，而第三方支付平台的注册需要用户填写重要的个人隐私信息，信息传输过程中一旦出现泄露，将会对用户的个人信息安全和财产安全造成严重威胁。如2013年发生的支付宝信息泄露事故，泄露总量达1500万~2500万之多，泄露的信息被用于网络营销。尽管支付宝官方表示泄露信息只有账号，不会对用户安全构成威胁，该事件还在一定程度上影响了用户的信息安全，导致人心惶惶。第三，部分互联网金融企业的安全防护意识和投入不足，对安全漏洞带来的风险认识不到位，也对用户信息安全和资金安全造成了威胁。2018年国家互联网金融安全技术专家委员会发布的《“全国互联网金融阳光计划”第二十七周——互联网金融网站漏洞分析报告》表明，目前互联网金融行业的网络安全情况不甚乐观。报告对北京、深圳、浙江等省市共1529家互联网金融平台网站进行监测分析，共发现漏洞7210个，其中重高危漏洞3846个，占比53.34%。这些漏洞可能导致用户信息泄露和账号密码被盗，极易诱发财产流失。①

（四）征信系统缺失，信用风险显著

现阶段我国互联网金融行业征信系统不够完善，给行业带来了较大的信用风险。央行征信中心的征信体系难以全面满足互联网金融新业态的需要，具体表现在以下两个方面。第一，有效征信覆盖面较窄，对互联网金融服务需求大的小微企业、大学生群体、创新创业者等群体多不在征信覆盖范围内，加剧了互联网金融的信息不对称，埋下了欺诈、恶意骗贷等风险隐患。第二，信用信息数据来源单一，缺乏信用信息共享机制。目前银行类金融机构和非银行类金融机构，如小额贷款公司、保险公司等已接入中国人民银行征信系统，但互联网金融机构尚未实现与中国人民银行征信系统的对接，投资者、融资者、第三方的信息无法共享。互联网金融公司难以获得全面的客户信用信息，各公司之间也缺乏信用信息共享机制，对客户的信用审核和风险识别主要依靠公司自身的审核技术和策略。一方面，导致多数互联网金融公司为获得高质量的征信数据而付出较高的成本；另一方面，部分互联网金融企业为吸引更多用户，在一定程度上放松征信调查工作，为风险事件的发生埋下隐患。健全的征信数据获取和征信分享机制有利于提高互联网金融违约成本，从而降低违约概率，减少恶意骗贷、借新还旧、卷款跑路等风险问题的发生。因此，建立健全的互联网金融征信体系，完善征信数据获取和分享机制，对互联网金融行业的持续健康发展意义重大。

① 《“全国互联网金融阳光计划”第二十七周——互联网金融网站漏洞分析报告》，国家互联网金融安全技术专家委员会网站，2018年1月3日，https：//www.ifcert.org.cn/industry/194/IndustryDetail。

（五）互联网金融专业人才匮乏

人才是推动行业发展的最核心要素。互联网金融是传统金融和互联网技术结合的产物，这就要求互联网金融从业人员既要掌握金融业务方面的知识，又要掌握互联网技术相关知识；既具有创新思维，又具备管理能力。在互联网金融时代，平台安全对企业发展具有重大意义，由于大多数金融产品和服务都在线上开展，因此互联网金融企业需要相关技术人才帮助企业自行开发、维护、运营平台，以保障平台的正常运行和金融业务的正常开展；也需要既懂互联网科技又懂金融的创新型复合人才，帮助企业开发新业务、新模式，开发多样化金融创新产品。

由于我国互联网金融发展历程较短、发展速度快，与之相匹配的新型人才的稀缺成为互联网金融发展面临的巨大问题。大多数金融从业人员此前从事线下金融服务工作，互联网线上运营经验有限，难以适应新的发展环境。同时，互联网金融专业进入高校本科专业的时间较晚、高校课程设置不够合理、校企合作不够深入等原因导致传统金融人才供大于求，创新型互联网金融人才供应相对不足，这在一定程度上制约了互联网经济的发展。

四　互联网金融发展政策环境分析

从 2014 年到 2018 年的 5 年间，“互联网金融”每年都出现在政府工作报告中，但在 2019 年，互联网金融却“缺席”当年的政府工作报告。梳理历年政府工作报告中对互联网金融的表述，措辞分别从“健康发展”、“异军突起”、“规范发展”到“高度警惕风险”，再到进一步“完善金融监管”，显示出互联网金融行业经历了从快速发展到规范整治的过程。目前，政府在互联网金融行业确立了建立健全长效监管体制、服务实体经济、助推普惠金融、强化金融科技战略部署和前瞻布局的原则和方向。

（一）建立健全互联网金融长效监管机制

2013 年被称作“互联网金融元年”，这一年互联网公司纷纷布局金融行业，互联网金融蓬勃发展；2014 年的政府工作报告上首次出现“互联网金融”，监管部门对其表现出“鼓励创新，支持健康发展”的态度。互联网金融吃了政策的定心丸，在 2014 年快速发展，2015 年 3 月的政府工作报告中在回顾 2014 年的工作时，表述是“异军突起”。然而到 2015 年，以泛亚理财限制提现事件为起点，发生多起 P2P 平台暴雷事件，互联网金融是金融创新还是非法集资的争辩甚嚣尘上，引发了社会和监管部门的高度关注，标志着互联网金融正式进入监管年。2015 年 7 月央行等十大部委联合发布了《关于促进互联网金融健康发展的指导意见》，该意见虽然指出要对互联网金融确立了分类指导，明确监管责任的要求，但是整体态度仍然是鼓励创新和促进健康发展。然而后续的 e 租宝等多家平台相继出现问题，互联网金融迎来了“严监管”。2016 年的政府工作报告上对互联网金融的态度变为“规范发展”，而国务院办公厅发布的《互联网金融风险专项整治工作实施方案》标志着互联网金融分类专项整治拉开序幕。到 2017 年，政策态度仍然严肃，提出要“高度警惕风险”，同时出台了一系列专项整治计划，互联网监管体系逐渐建立。到 2018 年的政府工作报告，表述变为“完善金融监管”，标志着监管体系基本建立。从实际施行上看，到 2019 年，互联网金融风险专项整治成效明显，风险形势得到根本好转。各类互联网金融高风险平台得到了有序处置，P2P 平台逐步退出并于 2020 年实现全部清零，防范化解金融风险攻坚战取得重要阶段性成果，互联网金融首次“缺席”政府工作报告。

进入 2020 年，互联网金融整治进入新阶段，确立了“金融业务一定要持牌经营”的总体要求，监管定位于建立长效监管机制。根据党的十九届五中全会、中央经济工作会议和中央财经委员会第九次会议的部署，要强化反垄断和防止资本无序扩张。国家为互联网金融、平台经济设定了行动指南。2020 年底，蚂蚁集团在上市前两次被金融监管部门约谈，随后终止上

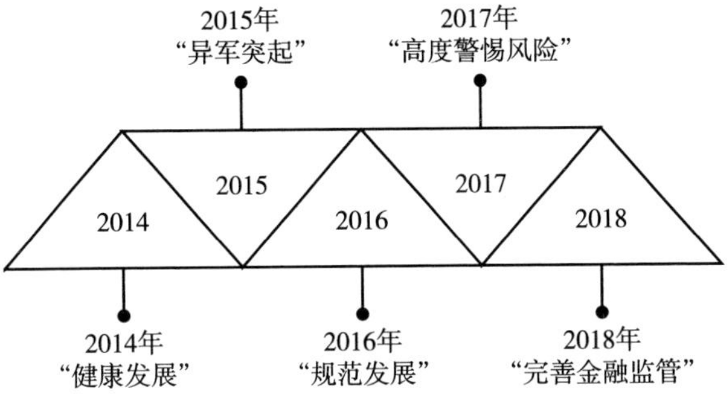

图5 "互联网金融"在政府工作报告中的表述变化

资料来源：笔者根据历年政府工作报告整理制作。

市。2021年京东数科也终止在科创版上市，监管逐渐明确了对互联网金融平台开展监管一致性、全面性的要求。与此同时，对互联网金融中的互联网贷款、互联网存款以及金融产品互联网销售终端的一系列法律法规相继出台、完善，我国互联网金融逐步健全长效监管机制。互联网金融行业相关政策文件见表2。

表2 互联网金融行业相关政策文件

出台时间	主要政策
2015.07.18	《关于促进互联网金融健康发展的指导意见》
2016.01.09	《中国保监会关于加强互联网平台保证保险业务管理的通知》
2016.04.12	《互联网金融风险专项整治工作实施方案》
2016.04.13	《非银行支付机构风险专项整治工作实施方案》
2016.04.13	《P2P网络借贷风险专项整治工作实施方案》
2016.04.14	《互联网保险风险专项整治工作实施方案》
2016.04.14	《通过互联网开展资产管理及跨界从事金融业务风险专项整治工作实施方案》
2016.04.14	《股权众筹风险专项整治工作实施方案》
2016.10.12	《促进民间投资健康发展若干政策措施》
2016.08.17	《网络借贷信息中介机构业务活动管理暂行办法》
2016.10.28	《网络借贷信息中介机构备案登记管理指引》
2017.02.22	《网络借贷资金存管业务指引》
2017.05.27	《关于进一步加强校园贷规范管理工作的通知》
2017.06.29	《关于进一步做好互联网金融风险专项整治清理整顿工作的通知》

续表

出台时间	主要政策
2017.08.23	《网络借贷信息中介机构业务活动信息披露指引》
2017.09.04	《关于落实对代币发行融资开展清理整顿工作加强支付结算管理的通知》
2017.11.13	《关于进一步加强无证经营支付业务整治工作的通知》
2017.11.21	《关于立即暂停批设网络小额贷款公司的通知》
2017.12.01	《关于整顿"现金贷"业务的通知》
2017.12.08	《关于印发小额贷款公司网络小额贷款业务风险专项整治实施方案的通知》
2017.12.13	《关于规范支付创新业务的通知》
2017.12.25	《中国人民银行关于印发〈条码支付业务规范(试行)〉的通知》
2017.12.29	《关于调整支付机构客户备付金集中交存比例的通知》
2018.01.17	《关于开展为非法虚拟货币交易提供支付服务自查整改工作的通知》
2018.04.23	《互联网金融　个体网络借贷　电子合同安全规范》
2018.08.17	《关于开展 P2P 网络借贷机构合规检查工作的通知》
2018.08.29	《P2P 网络借贷会员机构自查自纠问题清单》
2019.07.23	《关于办理非法放贷刑事案件若干问题的意见》
2019.08.08	《关于促进平台经济规范健康发展的指导意见》
2019.09.12	《关于深入开展"信易贷"支持中小微企业融资的通知》
2020.01.14	《中国银保监会非银行金融机构行政许可事项实施办法(征求意见稿)》
2020.05.26	《融资租赁公司监督管理暂行办法》
2020.07.17	《商业银行互联网贷款管理暂行办法》
2020.09.13	《关于实施金融控股公司准入管理的决定》
2020.09.28	《互联网保险业务监管办法(征求意见稿)》
2020.11.02	《网络小额贷款业务管理暂行办法(征求意见稿)》
2020.12.07	《互联网保险业务监管办法》
2021.01.26	《防范和处置非法集资条例》

资料来源：笔者根据中国人民银行官网等资料整理。

（二）服务实体经济，推进普惠金融

虽然监管部门对互联网经济加强了监管，但是引导互联网经济服务实体经济，以推进普惠金融的态度却一直十分清晰。从互联网金融诞生之初，政府的期望就是借助其提高金融效率，优化融资环境，服务实体经济、小微企业、农村经济，推进普惠金融。2016 年 1 月，国务院发布《推进普惠金融

发展规划（2016—2020年）》中提出，要发挥互联网促进普惠金融发展的有益作用，对互联网金融的网络支付、网络借贷平台、股权众筹融资平台、网络金融产品销售平台在普惠金融中的作用提出了期待，希望依靠互联网金融提供便民支付服务，提升支付效率，缓解小微企业、农户及各类低收入人群的融资难问题，支持“大众创业、万众创新”，满足各消费群体多层次的投资理财需求。

然而，互联网金融的发展并没有达到政府的预期，互联网金融屡屡成为披着创新外衣的金融游戏，频繁的暴雷事件更是让社会财富产生损失，信息泄露、垄断经营让互联网金融逐渐脱离其金融服务的本质，引发政府和人民的担忧。互联网金融具有便利、高效等特质，国家虽然针对其不合法、不合规等乱像开展整治，但仍然落足于引导互联网金融回归服务实体经济和人民群众的本源，在央行公布的《中国普惠金融指标分析报告（2019年）》中，肯定了移动电子支付、互联网金融理财产品等指标对普惠金融的可获得性和质量的贡献。监管是为了更好的发展，今后政府仍将引导互联网金融发挥降低交易成本、提高资金效率、扩大金融服务覆盖、完善信用制度建设等方面的作用，更好地服务于实体经济和推进普惠金融发展。

（三）强化金融科技战略部署和前瞻布局

金融科技是在互联网金融发展过程中的产物。金融科技是技术驱动的金融创新，旨在运用现代科技成果改造或创新金融产品、经营模式、业务流程等，推动金融发展提质增效。[①] 虽然“互联网金融”缺席2019年的政府工作报告，但报告中“深化大数据、人工智能等研发、加强普惠金融服务、壮大数字经济”等新表述，给互联网金融指引了新方向：充分利用人工智能、大数据、区块链、云计算等技术，实施便利的互联网类的金融服务。

从政府监管的一系列政策路径也可以看出引导互联网金融向金融科技转变的意图。2019年8月，中国人民银行发布《金融科技（FinTech）发展规

---

① 中国人民银行：《金融科技（FinTech）发展规划（2019—2021年）》，2019年8月。

划(2019—2021年)》(以下简称《规划》)提出，到2021年，建立健全我国金融科技发展的“四梁八柱”，推动金融与科技深度融合协调发展。《规划》指出要应用金融科技丰富服务渠道、完善产品供给、降低服务成本、优化融资服务，提升金融服务的质量与效率。虽然互联网公司正面临严监管，但其海量的用户数据、领先的科技技术使其在向金融科技发展的过程中无疑占据了极大优势，互联网公司需要把握住国家金融科技的战略部署，明确守正创新、普惠民生、开放共赢的原则，将掌握的技术应用到服务金融创新中，服务到实体经济转型中。

五 互联网金融企业未来发展建议

（一）自觉遵守法律法规，积极配合监管工作

近年来，随着互联网经济的蓬勃发展以及互联网金融风险事件的频繁发生，国家高度重视完善金融监管制度，相继出台了一系列规范性法律法规，如《网络借贷信息中介机构业务活动管理暂行办法》《关于开展P2P网络借贷机构合规检查工作的通知》《互联网保险业务监管办法》《关于促进互联网金融健康发展的指导意见》等。在行业法律法规和监管机制不断完善的市场环境下，互联网金融企业应自觉遵守互联网金融行业相关法律法规，积极配合监管部门的监管工作，以获得持续健康发展。

首先，自觉遵守法律法规并积极配合监管工作能帮助互联网金融企业树立守法、诚信、自律的正面形象，取得市场信任和认可。当前我国社会主义市场经济是信用经济、法治经济，只有诚实守信的企业才能在激烈的市场竞争中获得市场的信任和社会的认可。互联网金融企业如果能自觉按照法律规定妥善保管客户个人信息和交易信息，不非法买卖、泄露客户个人信息；不投机取巧涉足互联网金融法律法规灰色地带；不利用互联网进行非法集资，将有助于企业减少法律风险，同时帮助企业树立诚信守法的形象，从而获得客户的支持和信赖。其次，自觉遵守法律法规并积极配合监管工作能促进行

业健康发展，为互联网金融企业发展提供守法诚信规范的良好市场环境。互联网金融行业的健康发展不仅有赖于健全的法律法规和完善的监管机制，还需要互联网金融企业的自觉遵守和积极配合。如果每个互联网金融企业都自觉遵守相关法律法规，积极配合监管部门的监管工作，将有助于营造诚信、守法、规范的互联网金融行业发展环境，良好的行业发展环境又将深刻影响互联网金融企业的健康成长。

（二）降低双方信用风险，着重服务实体经济

“信用风险”指各种因素导致合约无法履行而造成损失的风险。由于绝大多数互联网金融业务是在线上进行的，金融机构和客户难以面对面交流，加上用户信息审核渠道不完善等原因，互联网金融行业存在较大的信息不对称问题，具有很大的信用风险。为减少信息不对称问题，减少恶意骗贷、卷款跑路等信用风险问题，应做到以下两点。第一，互联网金融企业要对客户的相关信息进行有效审核，与银行、相关监管部门等进行沟通，有效识别客户的身份和信用情况，确保借款人具备良好的信用记录，从而降低违约的概率。第二，互联网金融企业需要对用户充分披露信息，向用户公布企业财务情况、经营状况等相关信息。同时企业还应选择符合条件的银行业金融机构进行资金管理和监督，规避个人随意挪用资金等道德风险，降低企业运营风险。

国家经济发展离不开实体经济的繁荣，互联网金融本质上是方便商品交易的手段，追根究底是为了服务实体经济。国家的立足点是服务实体经济特别是小微企业，支持大众创业、万众创新，防范系统性金融风险。而互联网金融因为其虚拟化和网络化的特点，不断扩展边界，风险不断增大，与国家政策不合，与人民的利益相冲突。未来互联网金融企业要转向服务于实体经济，具体而言，凭借金融科技的东风，应用海量的用户数据、人工智能和云计算等技术手段，提高金融服务效率，降低服务成本，推进普惠金融。

（三）加大技术研发力度，保障网络安全问题

网络安全是互联网金融健康运行的基础。2015 年 7 月中国人民银行、

财政部等十部委联合发布《关于促进互联网金融健康发展的指导意见》，针对网络安全问题对从业机构提出了“应当切实提升技术安全水平，妥善保管客户资料和安全信息”的要求。由此可见网络安全问题对促进互联网金融健康发展的重要性，因此互联网金融企业在不断提高创新能力的同时应切实提高企业的技术安全水平，保障网络安全，保护消费者合法权利。

互联网金融企业主要面临系统性安全风险、漏洞利用风险等风险。系统性安全风险是指黑客攻击、病毒入侵等造成的信息泄露风险。由于互联网金融企业的工作人员利用电脑传递、存储交易信息，计算机系统一旦遭到攻击，交易就无法正常进行，交易信息也会随之泄露。针对系统性安全风险，互联网金融企业应加大互联网安全防护技术研发力度，提高企业的风险控制能力。如完善企业内部研发激励机制，加大安全防护技术研发投入，激发研发人员的工作热情，提高互联网安全防护技术研发效率，争取研发出较高端的加密技术和密钥管理方式，以更好地应对各种互联网技术风险，保障用户数据信息安全。

“漏洞利用”是指目标系统中的漏洞系统安全缺陷从而获取网站用户资料，甚至入侵网站的风险。一旦用户登录具有漏洞的互联网金融平台，就可能遭到钓鱼欺骗、偷取密码、窃取隐私等恶意行为的攻击，威胁用户信息安全和财产安全。为应对此类风险，互联网金融企业应充分认识平台安全漏洞带来的风险，提高安全防护意识，加大防护投入力度，建立健全信息安全管理体系，完善安全保障措施，定期开展网络安全风险评估，预防和防范内外部风险。如定期更新软硬件，避免受到安全漏洞的影响；加强对网络系统的检测，采取有效措施核实用户身份，防止不法分子入侵；等等。

（四）做好人才发展规划，加强人才队伍建设

人才是影响互联网金融企业发展的重要因素。互联网金融是一种新型金融业务模式，具有金融和互联网双重属性，因此要求从业人员具备较高的综合素质，既要精通金融业务知识，又要掌握互联网技术相关知识；既要具备创新思维和实践能力，又要具有风险意识和法治思维。但由于我国互联网金

融专业开设较晚、高校课程设置不够合理、校企合作不够深入，创新型互联网金融人才供小于求。在互联网专业人才缺乏的市场背景下，加强人才队伍建设对互联网金融企业发展具有重要意义。

第一，互联网金融企业应加强企业内部人才培训，提高员工综合素质。加强人员的在职培训，为新成员提供完善的入职前培训，培养其创新思维和互联网思维，提高其职业素养和业务操作能力，使其综合素养能够更好地满足互联网金融企业发展的需要。第二，互联网金融企业应为人才提供良好的成长环境。一是根据员工的岗位系统、职业规划，为其提供个性化的培养方案，为人才留用和发展制订完善的战略计划；二是完善企业激励机制，充分发挥工作人员的创造性和积极主动性，从而促进企业的产品创新和服务升级，提高客户的体验感和满意度，提高企业的竞争优势和市场占有率。第三，互联网金融企业应承担起社会责任，为行业长久健康发展而计。互联网金融从业人员不仅需要具备扎实的理论基础，还需要具备金融业务实操能力。因此，互联网金融企业应深化校企合作，积极与高校进行产学研合作，为高校学生提供高质量的实习、见习平台，协助科研院校培养具备创新思维、实践能力、风险意识和法治思维的复合型金融人才。

参考文献

李博、董亮：《互联网金融的模式与发展》，《中国金融》2013 年第 10 期。

牛思凡、孙斐、牛紫萌、刘舒盈：《互联网金融发展面临的问题及对策》，《中国集体经济》2021 年第 9 期。

B.8
双创引领深圳发展的现状及对策分析

李　桐*

摘　要： 2020年世界经济遭遇了新冠肺炎疫情的严峻考验，中国则成为2020年世界主要经济体中唯一实现经济正增长的国家，这其中“大众创业、万众创新”在“六稳六保”中的重要作用得到体现。在政府减税降费免租等政策大力支持下，2020年双创发展危中寻机，在科技创新引领下不断取得进步。“双区驱动”下的深圳在疫情防控和经济增长两方面都取得佳绩，以粤港澳大湾区为重点的区域经济发展也加快步伐。本报告以粤港澳大湾区中的深圳双创发展为重点，兼顾全国双创发展重点地区，探讨双创总体发展现状及挑战，并在破除行政区域壁垒、加速要素市场流动、提高科研成果转化效率、强化底线思维、提升湾区内城市间治理能力等方面提出建议。

关键词： 双创驱动　深圳　粤港澳大湾区

2020年是中国将大众创业、万众创新上升为国家战略的第6年，也是新中国历史上极不平凡的一年，在“十三五”收官之年遭遇了新冠肺炎疫情的严峻考验，中国成为2020年度世界主要经济体中唯一实现经济正增长的国家，脱贫攻坚任务如期完成，科技创新取得新突破，圆满完成“十三

---

* 李桐，经济学博士，深圳大学中国经济特区研究中心教师，研究方向为经济特区发展与比较。

五”规划各项工作，顺利进入“十四五”发展阶段。随着改革开放不断深入，创新在中国社会各领域的重要性越来越突显，自2015年以来，大众创业、万众创新和“双创”均出现在当年的政府工作报告中，2015年表述为“谋划建设综合型创业孵化基地，落实大众创业、万众创新支持政策，鼓励发展众创、众包、众扶、众筹等新模式”①，2020年在谈到“依靠改革激发市场主体活力，增强发展新动能”时指出，“深入推进大众创业万众创新。发展创业投资，增加创业担保贷款。深化新一轮全面创新改革试验，新建一批双创示范基地，坚持包容审慎监管，发展平台经济、共享经济，更大激发社会创造力”②。随着对双创发展规律的不断理解和深化，双创本身也经历了认识上不断深入和机制上不断创新的5年，5年来在增加市场主体数量和新增城镇就业方面发挥了重要作用；同时，在政府引导和体制机制不断完善下，双创企业越来越多地向高科技领域迈进，一些依靠自主知识产权而设立的初创公司因适应市场需求、起点高、发展迅速，几年内成为行业中的明星企业，甚至成为引领行业未来趋势的头部企业，带动了产业链整体向高精尖领域迈进，顺应了时代发展的现实需求。

本报告以2020年以来深圳双创发展实践为切入点，兼顾中国其他有代表性地区双创发展情况，重点分析一年来双创取得的成就；并通过总结深圳市和粤港澳大湾区一年来的总体发展，探讨双创在中国的发展趋势和面临的挑战，提出探索性建议。

一 2020年中国双创总体发展情况

2020年，世界各国受到了突如其来的新冠肺炎疫情的冲击，经济领域受到的冲击最严重，市场主体经营出现严重困难，企业停工甚至倒闭带来的就业和民生问题成为受影响最大的领域。2020年5月22日在政府工作报告

① 《2015年政府工作报告》。

② 《2015年政府工作报告》。

中，李克强总理强调了“强化阶段性政策，与制度性安排相结合，放水养鱼，助力市场主体纾困发展”。推动降低企业生产成本，强化对稳企的金融支持，发展创业投资，增加创业担保贷款等一系列针对性措施，确保市场主体稳定，进而解决因疫情出现的就业和民生问题。2021 年政府工作报告中，在谈到“优先稳就业保民生”时强调“多渠道做好重点群体就业工作，支持大众创业、万众创新带动就业。新增市场主体恢复快速增长，创造了大量就业岗位”。在 2021 年重点工作谈到“运用市场化机制激励企业创新”时指出，要“强化企业创新主体地位”，“完善创业投资监管体制和发展政策，纵深推进大众创业、万众创新”。可以看出，政府在鼓励双创增加市场主体和带动就业问题的同时，也看到了继续深化双创所面临的问题，即创业投资领域的政策制定和监管问题。在宽容失败、鼓励创新的同时，也要通过制度设计尽可能地提高创业投资效率。

2020 年 12 月，国务院办公厅印发《关于建设第三批大众创业万众创新示范基地的通知》（以下简称《通知》），部署开展第三批大众创业万众创新示范基地建设工作。《通知》明确，要深入实施创新驱动发展战略，支持创新创业主体积极应对疫情影响，强化功能定位，更好发挥示范带动作用，助力经济高质量发展，在部分地区、企业、高校和科研院所建设第三批共 92 个双创示范基地，其中创业就业方向 25 个、融通创新方向 27 个、精益创业方向 32 个、全球化创业方向 8 个。这是在前两批 120 个国家级双创示范基地建设的基础上，采取的新举措，第三批双创示范基地的数量明显超过前两批，类型也进行了细分，在做好“六稳”工作、落实“六保”任务方面都将发挥重要作用。

（一）2020年中国双创发展总体特征

2020 年，面对疫情冲击与“百年未有之大变局”双重叠加的严重影响，世界范围内人民生产生活都受到极大冲击，集中隔离与城市封闭管理等抗疫举措都极大地限制了各行业的正常运行。2020 年 7 月 30 日，国务院办公厅印发《关于提升大众创业万众创新示范基地带动作用　进一步促改革稳就业强动能的实施意见》（以下简称《意见》），从六个方面支持各地通过增强创新示范基地的带动作用，进一步促改革、稳就业、强动能。

《意见》首先强调积极应对疫情影响，通过阶段性减免企业社会保障费、小规模纳税人增值税、承租国有房屋房租，以及缓缴住房公积金、实施房租补贴等形式降低初创企业经营负担。优先对受疫情影响较大但发展潜力好的创新型企业加大金融支持力度，简化贷款审批流程，提高信用贷款、中长期贷款比重。与此同时，强化双创复工达产服务，进一步提升双创示范基地服务信息化、便利化水平，充分发挥双创支撑平台、工业互联网平台、电子商务平台等作用，通过五年多来积累的简化手段和“一网通办”等经验，多渠道为企业解决供应链和全产业链上的各种难题，特别是面对疫情影响而采取的双创新模式、新形式、新业态，更多将实体业务向线上转移，通过非接触方式开展线上创业。在有效防控疫情的前提下，力争早日恢复正常工作，顺应消费需求升级和服务便利化要求，打造社会服务创业带动就业标杆项目，及时复制推广经验成果，吸引更多社会资本向社会服务新业态、新模式聚焦，拓展更大创业就业空间，增强创业带动就业的能力和活力，出台支持灵活就业的具体举措，加强创业培训和创业担保贷款等支持政策的协同联动，加快发展面向重点群体的专业化创业服务载体。

《意见》首次提出了加强返乡入乡创业的政策保障，优先支持区域示范基地实施返乡创业示范项目，将返乡、入乡创业人员与大学生创客群体与“互联网＋乡村旅游”、直播带货、农村电商平台建设等统筹协调，形成合力，给予一次性创业补贴和创业担保贷款贴息和培训补贴等，带动脱贫攻坚和乡村振兴顺利开展。同时要发挥大企业的带动作用，支持地方政府与大企业、高校共建创业孵化园区，开展产教融合试点工作，加强不同类型双创示范基地协同联动，推广跨区域孵化“飞地模式”，在资源共享、产业协同、知识产权保护和运营等方面开展跨区域融通合作。

《意见》的及时出台，一方面给双创示范基地提供了政策引导，另一方面也向疫情发生后艰难前行的广大双创企业给予了坚定支持。从实践中可以看出，中国作为在疫情发生后最快恢复经济增长的世界主要经济体，创新引领社会全方位发展的动能在不断释放，并形成广泛社会共识。

2020 年 12 月 23 日，由国务院参事室和国务院“放管服”改革专家组指导、深圳市委宣传部支持的专项调研报告《“大众创业、万众创新”研究——粤港澳大湾区创新网络报告（2020）》发布，报告以 2019 年中国在双创领域发展较快的九个城市统计数据为基础，借鉴联合国创业政策和经合组织创新政策评价指标体系，参考了世界其他国家创新指数评价方法，构建了包含环境支持、资源能力、绩效价值三个维度 9 项二级指标和 30 项三级指标的中国双创城市发展评估指标体系。[①] 结果显示，九大代表性城市中，深圳、上海、北京位列前三，深圳连续三年保持第一。

2020 年中国双创发展较为显著的特征，是围绕疫情防控常态化，双创企业和示范基地千方百计维护好企业经营状态，在稳就业保民生领域做出实实在在的贡献。在 2020 年双创活动周期间，拓宽就业空间，全面服务“稳就业”大局成为全国各地双创活动周的热门话题，结合《意见》中的具体支持举措，国家发改委举办了“推动返乡入乡创业高质量发展”主题论坛，科技部举办科技创业带动高质量就业专场，中国科学院组织举办“创客之夜”等系列活动，着力通过双创稳就业。各地也陆续组织开展了人才招聘、创业培训、项目路演等活动，山西面向高校毕业生、返乡农民工、退役军人等重点就业创业群体，举办专题培训、群众性竞赛等多场活动，发挥带动功能，提供全方位公共就业服务。科学技术部火炬高技术产生开发中心发布的《中国创业孵化发展报告 2020》显示，截至 2019 年底，全国创业孵化机构 13206 家，在孵企业和创业团队共吸纳就业 450. 3 万人，创业带动就业效果明显。

（二）2020年深圳双创发展情况

与其他地区一样，受疫情影响，2020 年第一季度深圳经济社会各方面

① 王京生等：《“大众创业、万众创新”研究——粤港澳大湾区创新网络报告（2020）》，2020 年 12 月 23 日。

均出现放缓迹象，得益于深圳疫情防控工作的有效开展，深圳经济从第二季度开始逐渐复苏，作为民营中小企业数量占全市比重超过 99% 的一线城市，深圳经济第二季度以来快速增长，创业密度继续高居全国第一。民营中小企业为深圳带来了源源不断的创新活力和创业动力，授权专利超过七成来自中小企业，创新创业群体已经成为深圳自主创新的重要力量。

2020 年 6 月，首届深圳创新创业投资大会成功启动，旨在吸引优质科创项目和人才来深创业，为深圳科技创新创业生态注入新能量。创投会以“智创鹏城　点亮梦想”为主题，共设置 6 个行业领域，分别为新一代信息技术、生物医药、高端装备制造、新材料、绿色低碳、数字经济。大会引入四项重大服务内容：科技经理人服务、投融资服务、项目落地服务、挖掘提升服务。由知名投资机构牵头，投入总规模 10 亿元的配套资金，精选优质科创项目，促进成果转化。

2020 年，深圳有 22 家众创空间入选国家备案众创空间名单，累计已有 112 家国家备案众创空间，在培育经济发展新动能、服务实体经济转型升级方面发挥了重要作用，与此同时，省市区各级部门均制定了支持政策，以项目申报形式对众创空间给予配套扶持、运营支持和服务保障工作。2020 年深圳市共认定了 15 家产业园区为市级双创示范基地，提供市财政专项资金相关奖励或补贴，在园区拓展、服务基地建设、服务资源对接等方面获得相关部门重点支持。

作为首个国家创新型城市和国家自主创新示范区，深圳坚持把创新作为城市发展主导战略，多年来坚持以创新为引领，深化体制机制创新，坚持科技引领创新发展，创新环境持续优化，创新投入力度不断加大，创新产出能力不断增强，进而带动全社会各领域创新意识不断提高，形成协同创新、共同发展的良性竞争局面。在《“大众创业、万众创新”研究——粤港澳大湾区创新网络报告（2020）》中，课题组在量化影响双创的各项指标中，尤其关注资源投入、产业绩效、创新绩效、市场活力、创业密度、政府绩效等关键性指标，特别对双创价值与社会成本的平衡性进行了考量。深圳在上述指标中均排名首位，充分体现了近些年深圳坚持创新型城市发展所取得的丰厚回报。

二　双创发展面临的挑战

从“大众创业、万众创新”在中国的发展历程来看，自2015年国务院出台正式文件算起，仅仅经历了5年多时间。双创项目和资金的巨额投入在初期产生了巨大的轰动效应，营造了浓厚的创业氛围，各地纷纷出台政策、成立机构，财政划拨专项资金予以支持鼓励，甚至不计成本地招揽资源，不可避免地出现了“烂尾”现象，政府预期的前期投入带动社会资本跟进，新兴企业得以快速发展的局面在很多城市并未出现，全靠财政资金来维持基本运转，甚至出现所谓初创企业负责人和团队携款跑路事件，各地人才争夺战投入的资金给三、四线地方政府带来巨大的财政负担。

1. 鼓励创新与宽容失败之间难以找到战略平衡

“创新”需要激情和耐心的同时，更需要有敢于承担失败的勇气。随着双创在中国各地持续深入开展，越来越多地方政府意识到包容审慎原则在双创过程中的重要性。2020年5月1日起施行的《上海市推进科技创新中心建设条例》立足于营造鼓励创新、宽容失败的“宽”环境，充分尊重科技创新规律和科研人员的合法利益，激发各类创新主体的活力和动力，旨在激励全社会形成创新风气，引领上海成为令人向往的创新之城。7月发布的《中国（上海）自由贸易试验区临港新片区加快提升科技创新策源能力若干政策》也明确提出，对未实现预期目标的项目以及创业失败的科技型中小企业更宽容，营造鼓励创新、宽容失败的创新创业氛围。除上海外，全国很多城市也都制定了相应政策，比如政府部门制定了容错纠错机制，鼓励工作人员大胆创新，探索符合新时代发展要求的制度设计。经过五年多发展，鼓励创新宽容失败已经不是需要探讨的问题，而是如何实现的问题，在宽容失败同时，如何避免落入“道德风险陷阱”，这其中，事前备案、事中监督、事后审查的模式或许能在一定程度上协调两者的平衡性问题，但具体操作和执行力方面，仍有许多现实问题仍需要制度方面的不断完善。

2. 政府搭台、市场化运作模式仍需探索创新，大潮退去后并未实现良好预期

主要是指政府前期主导与企业市场化运作的衔接问题，当政府制定政策转入平台监管与服务职能后，企业担当主体的市场化运作未能有效跟进，特别是在市场化体系本身就不完善的地区，矛盾更为突出，这就需要在双创支撑体系建设方面探索不同模式，市场化发达和市场要素完备的地区与那些市场化体系欠缺的地区不能完全适用同一种模式，需要各地政府和企业因地制宜探索适合本地特色的行业和产业发展新业态、新形式。

3. 双创的持续深入开展，应避免出现“唯技术论”现象

“大众创业、万众创新”的提出，是以营造广大普通人民群众都来创业、鼓励人人创新的氛围为目标，只要有想法、有信心、有毅力，政府就应鼓励老百姓去实现这一想法，形成全员创业、人人创新的新趋势。事实上，技术创新是创新体系中的重要一环，并不能代表全部，比如商业模式创新、服务创新、运营模式和流程再造等，都是创新体系的重要环节，甚至包括组织架构和人员测评及业绩考核体系等，都是关键因素之一。在双创发展进程中应避免出现“唯技术论”这一现象，有调查发现，始于技术优势的中国初创企业占比较高，来自市场需求方面的初创企业占比仅 1/4 左右，也就是说，企业创立时应更多考虑企业自身拥有的技术优势，而不是考虑由技术转化而来的产品是否有市场需求，这就导致技术创新与产品需求之间形成鸿沟，使技术并不完全为市场服务，影响了初创企业的生存与可持续发展。因此，在大力推动双创工作时，一定要综合考虑创新体系的各个环节，不能“唯技术论”，只有各环节持续创新，才能使全产业链协同创新、共同发展。

4. 初创企业应对突发事件和状况能力不足，抗压能力不强

首先必须意识到，创业创新的过程既是解放和发展生产力，又是解放人自身创造力、深挖自身潜力、不断突破自我的过程。诺贝尔经济学奖获得者菲尔普斯在谈到中国“大众创业、万众创新”时说：“如果大多数中国人，因为从事挑战性工作和创新事业获得成就感，而不是通过消费得到满足的

话，结果一定会非常美好。”创业过程是创业者对自己的重新认识和对自身能力重新认可的过程，这一过程绝不会一帆风顺，归根结底是人的综合能力的不断提升和面对创业压力、外部环境变化带来的突发风险，需要通过不断解决创业过程中的各种问题才能生存下去。从外部看，需要破除一切禁锢人才发展的藩篱，让创业者获得自由发挥的空间，获得自主发展的权利和自我价值实现的良好环境；从内部看，则需要调动一切可利用的资源提高创业者和创业团队综合能力。调查显示，大多数失败的初创企业，大多存续 3 ~ 5 年，在遇到困难时往往一次跌倒就一蹶不振，直接退出了竞争。

5. 粤港澳大湾区双创发展面临的核心问题是城市群内部区域发展程度不均衡，创新网络覆盖广度相对较低

《“大众创业、万众创新”研究——粤港澳大湾区创新网络报告（2020）》指出，城市群是区域创新网络发展的载体，创新网络发展的不完善，将是粤港澳大湾区创新驱动、赶超其他世界级城市群的重要制约。湾区内各城市间经济发展阶段不同产生的差距所导致的区域内协同创新能力不强、治理能力相对滞后等局面，都是湾区经济体需解决的重要问题。

三 对策建议

在 2019 年中共中央、国务院印发的《粤港澳大湾区发展规划纲要》，对湾区的战略定位及发展目标等做出全面规划，特别是在深入实施创新驱动发展战略、着力提升科技成果转化能力方面提出引领要求，对粤港澳大湾区城市间协调发展，进而带动更广泛地区经济社会全面进步寄予厚望。从粤港澳大湾区视角考察深圳双创的发展，应着眼于促进“双循环”，在破除行政壁垒、加速要素市场流动、提高科研转化效率、提升城市群治理能力等重要环节加快改革步伐，流程再造和行政体制改革本身也是创新的重要内容。

粤港澳大湾区发展已经上升为国家重大战略，最为紧迫的工作就是要尽快破除湾区内土地规划上的行政壁垒。以广深港澳为核心城市，带动周边城市协同发展，必须尽快整合稀缺的土地资源、提升使用效率，跨行政区域的

资源整合必将实现共赢局面，同时在核心城市引领下，周边城市的政府行政效率和治理能力也将得以提升，进而充分发挥各城市间资源禀赋和既有优势，助推湾区经济实现高质量发展。目前，广东省已经出台并着手实施广州经济圈和深圳经济圈建设工作，特别是加快推进两大经济圈的交通一体化建设，这可以看作破除行政壁垒、转变基础设施建设思路的创新举措不再局限于一地的先行，而是经济圈内基础设施的整体推进。

加速创新要素市场在湾区内合理流动，做好相关政策保障工作。湾区内各城市间双创所处不同阶段，也是不同创新要素寻找更适合自己成长空间的合适土壤，这就要求各地政府做好制度衔接，对创新要素的合理流动提供制度保障。《粤港澳大湾区发展规划纲要》提出，要加强港澳与内地在制度与规则层面的衔接，由于不同政治制度而产生的制度差异不可避免，但归根结底不存在无法解决的问题，比如在知识产权保护、创业者个人权利主张等方面都有广泛共识，大湾区内各地政府要瞄准国际通行规则和惯例，做好跨地区、跨政治制度的、有针对性的大湾区内创新要素市场合理流动的保障机制，让不同创新要素在大湾区内找到更适合自己生存的创新土壤和成长空间。

提高科研转化效率，推动多主体、多层次协作创新激励机制。深圳在创新方面一直走在全国前列，特别是企业创新和科研转化效率方面的成绩尤为突出，但在 40 多年的改革开放进程中，这种创新一直停留在应用创新方面，原始创新和基础性创新方面亟待加强。在大湾区建设中特别强调科技创新的引领和资源优势，比如广深港澳科技创新走廊的建设，以构建国家重点实验室、国家级科学城、工程中心、深港科技创新特别合作区等大科学资源网络，发挥四大中心城市的资本、信息、科技、人才等创新要素跨境流动和区域融通等政策优势，集中力量建设大湾区国际创新平台和科技转化中心，带动大湾区各领域融合发展。

提升大湾区内城市间治理能力，进一步提高“放管服”治理水平，强化底线思维，在市场化运营基础上做好监管工作。在“一国两制”背景下搞跨境、跨政治体制的大湾区建设是未有先例的创举，考验的是港澳地区与广东省三地政府的综合能力和应对水平，在国务院“放管服”不断深化和推进下，更有效率地提升三地间政府服务实体经济能力，是确保大湾区经济共同发展的制度保障。这一方面需要中央在“放管服”方面继续给予大湾区更多政策自主性，另一方面更要提高湾区内城市群政府间的协调组织能力和快速反应机制。同时要在高度市场化前提下，尽快完善大湾区市场互联互通机制，强化底线思维，在重大风险和涉及国计民生的大事面前，充分做好监管工作，确保发展在正确道路上前行。

无论是创业还是创新，都是风险与机遇并存的，无论是在创新型国家建设过程中，还是在个人创业、企业创新的微观主体上，创业与创新都需要打破陈规，要有突破自我的耐心与勇气。美国经济学家熊彼特将创新称为“毁灭性创造”，可以看出创新过程的艰难与复杂，既是对以往规则和秩序的破除，也注定了创新过程并不会一帆风顺。在面对突发事件时，应坚持初心，依靠现有知识和技术面对挑战，在人才培养和科技进步方面，不仅应鼓励创新，更应做好面对困境甚至失败的准备。比如面对突如其来的新冠肺炎疫情，许多初创企业都未做好准备，在应对突发事件时，一些企业选择退出，但也有企业化危为机，找到商机并发展壮大。归根结底，良好心态和应对方式都需要创业者不断提升自我修养和增强应对危机的能力，只有这样，才能在双创事业中不忘初心，实现可持续发展。

参考文献

上海市政府：《上海市推进科技创新中心建设条例》，2020 年 1 月 20 日。

科学技术部火炬高技术产业开发中心编《中国创业孵化发展报告 2020》，科学技术文献出版社，2020。

中共中央、国务院：《粤港澳大湾区发展规划纲要》，2019 年 2 月 18 日。

B.9

我国双创模式的新探索与展望

侯　佳*

摘　要： 本报告总结了我国创新创业活动的新探索，尤其关注当宏观经济受到较大外部冲击、经济环境存在较大不确定性时，我国创新创业活动所展现的新特征。2020年，为应对新冠肺炎疫情，我国创新创业活动都呈现数字化渗透增加的显著特征。除此以外，我国创新活动呈现基地示范效应增强、基础研究的国际合作与不确定性同时增加等特征。我国创业活动也展现了若干新特征，包括小微企业作为创业主体的重要性在部分地区面临挑战；创业活动的地区、行业和龙头企业集聚性增强；在医疗与大健康、人工智能等领域，女性创业者增加，丰富了创业群体的多元性等。结合创新创业活动的新特征，本报告对我国创新创业活动的趋势进行了相关展望：数字化渗透率持续升高、融资环境随金融开放的推进发生改变、生态环保内涵增加等对我国双创活动的影响，值得关注与期待。

关键词： 数字化渗透　基地示范效应　创业集聚　女性创业

---

* 侯佳，经济学博士，深圳大学中国经济特区研究中心助理教授，研究方向为国际贸易、计量经济学应用。

一　创新模式的新探索与展望

2020年，全球经济在应对与防范新冠肺炎疫情的过程中，经历了众多新的挑战。在保持社交距离的防控要求下，几乎所有行业的生产、管理与销售等各环节均受到巨大冲击。与此同时，基于互联网技术发展的在线教育、线上办公产品等行业却大放异彩。在线办公、互联网经济的发展也为其他行业业态的改变提供了思路。2020年7月，国家发展改革委、中央网信办等十三个部门发布了《关于支持新业态新模式健康发展激活消费市场带动扩大就业的意见》，提出“以抗击新冠肺炎疫情期间涌现的线上服务新模式发展为契机”，围绕数字经济发展，探索我国经济发展的新业态新模式。在此背景下，我国创新活动的发展也面临新的挑战和机遇，创新模式呈现新特征，主要包括数字经济渗透率增加、地区溢出效应明显增强、基础研究国际合作与不确定性增加等。

（一）创新发展动态

从中国创新发展的总况来看，2019～2020年，中国国内专利申请活动与授权量保持稳定增长。相较于2018年，2019年国内专利申请受理量增加了1.8%，但专利申请授权量增加了6.7%。分地区来看，2019年我国专利申请授权量排名前六的省市分别为广东省、江苏省、浙江省、山东省、北京市和上海市（见表1）。

表1　2019年国内分类别专利申请授权量及占比

单位：项，%

地区	国内专利申请授权量	分专利类型授权量占比			专利授权量占申请量比重			
		发明	实用新型	外观设计	所有	发明	实用新型	外观设计
广东省	527390	11	54	35	65	29	77	79
江苏省	314395	13	74	13	53	23	62	86
浙江省	285342	12	59	29	65	30	77	80

续表

地区	国内专利申请授权量	分专利类型授权量占比			专利授权量占申请量比重			
		发明	实用新型	外观设计	所有	发明	实用新型	外观设计
山东省	146481	14	73	13	56	30	64	72
北京市	131716	40	44	15	58	41	80	87
上海市	100587	23	61	16	58	32	76	75
全国平均	79278.74	14	64	22	57	26	68	74

注：北京市分专利类型授权量占比合计为99%，由四舍五入引起，发明、实用新型、外观设计占比精确到小数点后两位分别为40.33%、44.33%、15.33%。

资料来源：国家统计局。

从创新的内容构成来看，实用新型专利授权量仍然是专利授权量中的主要构成部分，全国平均占比在60%以上。但根据国家知识产权局发布的数据，2020年，我国发明专利申请授权量有显著增长，达53万项，是2019年的1.17倍。[①] 在专利申请授权量排名前六的省市中，北京市和上海市发明专利授权量的占比明显高于全国平均水平，分别达到40%和23%。这反映了这两大地区在全国基础性创新中的重要地位。从专利授权量占申请量比重来看，这六大省市与全国平均水平相差不大，均为57%左右。从全国平均值来看，发明专利授权量占申请量比重只有26%，而实用新型专利和外观设计专利的授权量占申请量比重分别达到了68%和74%。可见，进一步推进基础性研究和创新发明，还是优化我国创新内容面临的挑战之一。

从我国研究与试验发展（R&D）情况来看，2019年，地方属科学研究与开发机构（简称“科研机构”）数仍然远远高于中央属科研机构数。但地方属科研机构数在2019年维持了减少的态势，比2018年共减少了98个，反映了科研机构的进一步集约化发展。2019年，我国研究与试验发展经费投入中，绝大部分仍由企业资金经费主导，但政府资金经费支出占比达21.18%，比2018年有一定的上升。由于政府资金经费往往更注重不确定性大的基础研究，这一上升趋势也与我国基础研究人员构成的提升（9.21%）相吻合（见表2）。

① 《2020年我国发明专利授权量增长17.1%》，中华人民共和国中央人民政府网站，2021年1月23日，http：//www.gov.cn/xinwen/2021-01/23/content_5582022.htm。

表 2　2015～2019 年我国研究与试验发展（R&D）情况

年份	科学研究与开发机构数(个)		研究与试验发展经费			科研与开发机构研究与试验发展人员全时当量(万人年)		
	中央属	地方属	政府资金经费支出（亿元）	企业资金经费支出（亿元）	政府资金经费支出占比(%)	基础研究	应用研究	试验发展研究
2015	715	2935	3013.20	10588.58	22.15	7.12	13.14	18.11
2016	734	2877	3140.81	11923.54	20.85	8.38	12.71	17.92
2017	728	2819	3487.45	13464.94	20.57	8.44	14.29	17.84
2018	717	2589	3978.64	15079.30	20.88	8.50	14.75	18.05
2019	726	2491	4537.30	16887.15	21.18	9.21	14.83	18.42

资料来源：国家统计局。

表 3 显示了 2019 年规模以上工业企业新产品开发经费投入排名前十二的行业，这些行业的新产品开发经费投入占当年规模以上工业企业新产品开发经费总投入的 70.6%，几乎与 2018 年的 70.8% 完全一致。可以看到，计算机、通信和其他电子设备制造业在各行业中拔得头筹，其经费投入占比达到 17.5%，高于电气机械和器材制造业的 10.1%，且远高于其他行业。根据世界知识产权组织的统计数据，2019 年通过世界知识产权组织提交国际专利申请数量排名前十的中国企业仍然以民营企业为主。华为技术有限公司仍是国际专利申请的佼佼者。相较于 2018 年，平安科技有限公司表现十分亮眼，为新进入榜单的企业（见表 4）。

表 3　2019 年规模以上工业企业新产品开发经费投入

单位：万元，%

行业	经费投入	行业经费投入占比
计算机、通信和其他电子设备制造业	24480937	17.5
电气机械和器材制造业	14061749	10.1
化学原料和化学制品制造业	9234036.2	6.6
黑色金属冶炼和压延加工业	8863003.4	6.3
通用设备制造业	8228765.6	5.9
专用设备制造业	7767235.4	5.6

续表

行业	经费投入	行业经费投入占比
医药制造业	6095604.9	4.4
非金属矿物制品业	5200940.9	3.7
有色金属冶炼和压延加工业	4798097.5	3.4
金属制品业	4663828	3.3
纺织业	2658672.6	1.9
农副食品加工业	2619763.3	1.9

资料来源：笔者根据国家统计局发布的数据整理。

表4　2018～2020年通过世界知识产权组织提交国际专利申请数量排名前十的中国企业

单位：项

申请人	2018年	2019年	2020年
华为技术有限公司	5405	4411	5464
京东方科技集团股份有限公司	1813	1864	1892
广东欧珀移动通信有限公司	1042	1927	1801
中兴通讯股份有限公司	2080	1085	1316
平安科技有限公司	336	1691	1304
深圳大疆创新科技有限公司	656	874	1073
维沃移动通信有限公司	179	603	955
深圳华星光电技术有限公司	567	654	872
武汉华星光电技术有限公司	10	506	872
阿里巴巴集团	335	846	770

资料来源：世界知识产权组织2021年3月更新数据，https://www.wipo.int/ipstats/zh/statistics/country_profile/profile.jsp?code=CN。

（二）创新模式新探索

1. 创新的数字化渗透率快速增长

创新的数字化渗透率体现在数字产业创新的发展以及产业在数字化过程之中衍生的创新活动。自2015年《中国制造2025》提出后，围绕互联网技术开展的5G、人工智能、云计算等新技术，以及这些技术在传统行业的新应用等创新活动，成为国内创新活动的主要热点。表3和表4从经费投入和专利成果的角度展示了这些行业的创新成果相对丰硕。根据《中国数字经济发展白皮书（2020年）》中的测算结果，2019年我国数字经济产业化增加值和产业数字化增加值分别约为7.1万亿元和28.8万亿元，两者占国内生产总值的比重达到36.2%。其中，产业数字化在服务业、工业、农业的渗透率分别为37.8%、19.5%和8.2%。

传统产业的数字化，必然伴随着企业商业模式、管理模式等方面的转变，也构筑了企业在生产、商业模式等方面的创新基础。根据埃森哲2018年关于我国企业数字转型指数的数据，[①] 该年我国分行业数字化创新指数排名前三的行业分别为汽车及零部件、消费电子和物流，其百分制得分分别为39、38和35。虽然行业平均的数字化创新指数反映了各行业数字化转型仍处于初级阶段，但数字化转型领军企业的数字化创新指数平均为其他各企业的2.2倍，体现了不同行业数字化创新的潜力巨大，数字化的基础十分坚实。

到2020年，由于疫情防控、远程办公、在线学习等的需要，数字经济在各类创新活动中的应用和渗透率获得实质性的增长。在医疗领域，国家医保局和国家卫健委于2020年2月联合发布《关于推进新冠肺炎疫情防控期间开展“互联网+”医保服务的指导意见》等政策，鼓励数字科技在医疗领域的应用和创新。该领域有许多利用数字科技实现的创新产品或管理模式，如武汉大学中南医院5G+AI助力抗疫案例，通过5G技术传导数据，使用AI进行辅助诊断，建立新冠肺炎初筛和风险评级系统，缓解医生压力，降低医院交叉感染风险。[②] 根据《2020数字化医疗洞察报告》[③]，提供互联

---

① 《创新驱动，高质发展——埃森哲中国企业数字转型指数》，https：//www.accenture.com/t00010101T000000Z_ _ w_ _ /cn - zh/_ acnmedia/PDF - 85/Accenture - China - Enterprise - Digital - Transformation - Index.pdf。

② 《武汉大学中南医院》，腾讯医疗健康网站，https：//healthcare.tencent.com/coopdetail？type = cases&sub&id = 322bc7f0 - a17f - 11ea - b48e - 339de945a7c9。

③ 《2020数字化医疗洞察报告》，BCG与腾讯联合报告，https：//file.tencentads.com/web/pdf/index/528a4005a3ecb0e8。

网诊疗和互联网医院服务的公立医院数量，从疫情前的170多家增长至1000家以上。

疫情发生后保持社交距离的防控要求，催生了对远程办公、线上交流的巨大市场需求，而诸如腾讯在线课堂、Zoom会议等产品的快速面市，也使可远程进行的工作会议、教育、软件开发、医疗等得以实现。数字化转型为不同行业的市场参与者提供了除面对面交流以外的其他途径，将传统依赖物理空间的经济活动扩展至线上，不仅改变了很多行业的工作业态，也为相应行业的技术、产品、商业模式等的创新提供了新的可能。2020年世界互联网大会上，英特尔中国区总裁指出，“过去企业数字化是锦上添花，在疫情中是雪中送炭，未来则是必然趋势”①。

2. 创新的基地带动效应得到提升

继2016年和2017年相继公布两批大众创业万众创新示范基地（简称“双创示范基地”）后，国务院于2020年12月公布了第三批双创示范基地。为了凸显双创示范基地的功能性、专业性等，此次推出的双创示范基地分类别更为细致。92个新示范基地按创业就业方向（25个）、融通创新方向（27个）、精益创业方向（32个）与全球化创业方向（8个）分成四类，以强调创新在产业链和大中小企业间的融通性、创新链和产业链的协同布局、由中小企业主导的创新精益性以及创新的国际合作潜力等。

2016年以来建设的两批120个双创示范基地，成为各地区创新创业的主要策源地，并培育了超过一万家高新技术企业，② 成为我国创新创业的重要力量。在国家发展改革委自2019年12月陆续公布的双创示范基地百佳案例中，有若干案例体现了双创示范基地的融通与示范效应。

第一批获批的湖北省武汉市东湖新技术开发区是具有创新带动效应的代

① 《经济观察：世界大变局　中国互联网发展开新局》，中国新闻网，2020年11月24日，http：//www. chinanews. com/it/2020/11－24/9346242. shtml。

② 《国家发展改革委就第三批大众创业万众创新示范基地建设答问》，中华人民共和国国务院新闻办公室网站，2020年12月25日，http：//www. scio. gov. cn/xwfbh/gbwxwfbh/xwfbh/fzggw/Document/1695630/1695630. htm。

表性双创示范基地之一。该基地围绕优势产业，联合武汉的高校，搭建了8家新型产业技术研究院，各有侧重地探索技术研究、科技成果转化、产业培育等工作，注重创新创业活动全产业链生态的培育。更具特色的是，该基地还与美国硅谷共同发布了《双谷宣言》，搭建硅谷离岸创新中心、百创汇海外孵化器，开展各类国际人才交流、国际双创活动建设机制与经验交流活动等，促进以基地为依托的高新技术创新创业活动全球化。①

在带动产业链创新方面，第二批获批的国家电网公司是代表性双创示范基地之一。② 其通过建设开放式光伏产业双创资源共享池，推出“分布式光伏云网平台”，构建电力物联网服务体系，优化中小企业办电接电流程，降低成本，最终促进光伏产业链上所有上下游公司依托该平台进行创新创业活动。基地带动效应还体现在其他方面，如长三角25家双创示范基地联盟的地区溢出效应，依托清华大学基地开展的校友创新创业大赛的校友圈溢出效应，厦门火炬高新区依据企业类型推出的集群双创共享平台的综合溢出效应等。

2020年第三批双创示范基地融合了前两批双创示范基地建设的经验、应对新冠肺炎疫情稳就业的需求，以及国家为持续推进经济高质量发展进行改革、激发市场活力和增强社会创造力的需要。在前两批基地示范效应成果的基础上，第三批双创示范基地的功能定位更为清晰，且推出了动态监测评估机制，提高双创示范基地对创新活动的带动效应。在四个功能方向中，融通创新方向的27个基地促进创新链的建设，鼓励双创企业参与大企业的创新活动，联合开发产业链的核心技术，提高创新活动的产业链融通程度。这27个双创示范基地共涵盖20个省区市，基地地区分布如图1所示。共有14个该类双创示范基地分布于未标明的其他省区市，包括辽宁、吉林、天津、

---

① 《立足科研院所优势　链接全球双创资源　湖北省武汉市东湖新技术开发区支撑科技企业“瞪羚式”发展》，中华人民共和国国家发展和改革委员会网站，2019年12月30日，https://www.ndrc.gov.cn/xwdt/ztzl/scsfjdal/201912/t20191230_1216871.html。

② 《国家电网公司以“互联网+”带动新能源产业大中小企业融通发展》，中华人民共和国国家发展和改革委员会网站，2020年3月9日，https://www.ndrc.gov.cn/xwdt/ztzl/scsfjdal/202003/t20200309_1222721.html。

山东、河南、陕西、宁夏、新疆、四川、湖北、湖南、江苏、广西等。除了6个依托不同行业大型企业建立的双创示范基地以外，其他均以经济技术开发区或地区基地为基础。可以预见，这些基地的建设，将为相应地区的产业链融通创新带来积极的带动溢出效应。

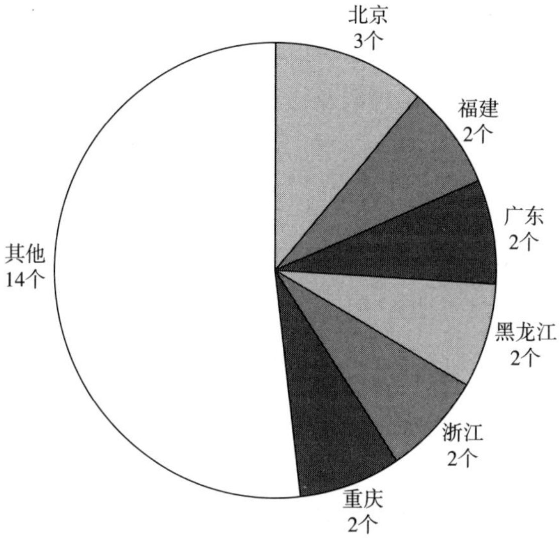

图1　2020年融通创新方向双创示范基地地区分布

资料来源：笔者根据国办发〔2020〕51号文件整理，http：//www.gov.cn/zhengce/content/2020-12/24/content_5572999.htm。

3. 基础研究的国际合作与不确定性加强

基础研究的国际合作加强，在2020年全球应对新冠肺炎疫情中得到充分体现。当全球性重大公共卫生事件发生时，以世界卫生组织为主的国际组织积极推进疫情信息透明化，推动信息共享，各国科学家也在人类卫生健康共同体的理念下积极开展跨国合作研究。疫情发生后，中国向多个国家分享流行病调查、技术文件、临床诊断等资料，为其他国家应对疫情提供技术支撑，以期实现国际社会共同应对人类的共同敌人。在新冠肺炎疫情发生早期，有大量与新冠病毒相关的研究由中、美科学家合作完成。在疫情发生几周后，许多英国科学家也加入了关于新冠病毒的研究。①

2021 年 1 月，国务院新闻办公室发布《新时代的中国国际发展合作》②，倡导我国应秉承人类命运共同体的理念开展新时代的国际发展合作。在此理念的引领下，基于全球人类卫生健康、生活水平、环境保护等领域开展的创新活动，将拥有更大的国际合作潜力。实际上，2020 年，中国医药企业与跨国医药集团共形成了 271 项跨境合作协议，比 2015 年增长了 300% 以上，比 2019 年增长了 50% 以上，内容涉及临床试验和开发、商业化等。③

然而，值得注意的是，在疫情冲击之下，不同国家的经济和社会存在一定的不稳定因素。科学家受到审查或政治调查的案例增多，创新活动的国际合作也受到一定的阻碍。但整体而言，在人类命运共同体理念下，保持国际合作是疫情防控常态化时期科学研究、创新活动的必然要求。各国以全人类福利为宗旨的合作科学研究，也将找到在不确定性条件下保持持续性的模式。

（三）创新模式展望

创新活动数字化渗透率在过去一年的跳跃式增长，显示了我国 5G、互联网等新型基础设施的建设已经完善到了一定的程度，可以支撑相关创新活动的开展。而随着这些创新成果的应用、溢出效应的显现，其对新基建、数字经济等的反馈效应也将逐步显现，由此形成一个“创新—数字经济发展、新基建完善—创新”的有机闭环，最终实现我国创新型国家的建设与长足发展。可以预见，在此过程中，我国创新模式可能继续呈现基础研究创新活动持续增加、远程协作、多中心式布局、跨国合作等特征。

---

① X. J. Cai，C. V. Fry，C. S. Wagner，“International Collaboration during the COVID－19 Crisis：Autumn 2020 Developments，” *Scientometrics* 126（2021）：3683－3692；C. V. Fry，X. J. Cai，Y. Zhang，C. S. Wagner，“Consolidation in a Crisis：Patterns of International Collaboration in Early COVID-19 Research，” *PLOS ONE* 15（2020）.

② 《〈新时代的中国国际发展合作〉白皮书》，中华人民共和国中央人民政府网站，2021 年 1 月 10 日，http：//www. gov. cn/zhengce/2021－01/10/content_ 5578617. htm。

③ 《2020 年中外药企许可合作风起云涌》，医药网，2021 年 3 月 15 日，http：//news. pharmnet. com. cn/news/2021/03/15/552103. html。

二　创业模式的新探索与展望

2020 年，我国创业活动主要围绕控疫情、稳就业展开。在严峻的疫情形势下，互联网经济相关行业大放异彩，这些行业的创业活动也十分活跃。本报告主要围绕 2020 年我国创业活动出现的新特征展开分析，讨论我国创业模式的新探索与展望。

（一）我国创业环境政策动态与创业活动总况

作为“大众创业、万众创新”经济发展政策的内容之一，每年一届的双创活动周成为支持双创活动的重要平台之一。2020 年 10 月第六届双创活动周上，政府持续推出一系列支持创业活动的政策。① 在疫情冲击毕业生就业、不同行业用工需求的背景下，该年推出的创业支持政策以培育高校毕业生就业、支持农民工返乡创业、鼓励登记失业人员自主创业或合伙创业等为主。更具特色的是，由于在线经济活动不受物理空间距离的约束，疫情发生后优势明显，因此围绕线上开展的微商电商、网络直播、在线知识分享等创业活动也获得国家政策的鼓励和支持，相关创业活动成为稳就业、创就业的主动力之一。

整体而言，2020 年国家支持创业活动的政策十分丰富。② 国务院层面，国务院办公厅 3 月发布了《关于应对新冠肺炎疫情影响强化稳就业举措的实施意见》，提出深化“证照分离”改革，简化创业手续，并加大贷款担保发放力度，扩大政府投资开发孵化基地的服务对象，以优化创业环境。7 月，国务院办公厅发布《关于促进国家高新技术产业开发区高质量发展的若干意见》，以促进高新技术行业的创新创业活动；发布《关于提升大众创业万众创新示范基地带动作用进一步促改革稳就业强动能的实施意见》，大力推进以多元主体创业活动带动就业；发布《关于支持多渠道灵活就业的

① 《最新创业政策集锦（2020 年版）》，中华人民共和国中央人民政府网站，2020 年 10 月 16 日，http：//www. gov. cn/fuwu/2020 - 10/16/content_ 5551698. htm。

② 参见中国政府网，http：//www. gov. cn/zhengce/shuangchuangzck/index. htm。

意见》，通过优化准入、取消部分收费等进一步优化自主创业环境，更为明确地支持发展网络零售、线上教育、互联网医疗等数字经济、平台经济的新就业形态发展。12 月，国务院办公厅发布《关于建设第三批大众创业万众创新示范基地的通知》，鼓励以双创示范基地促进创业活动的发展。

在部委层面，包含人力资源和社会保障部、财政部、工业和信息化部等在内的各部门，推出了层次更丰富的各项创业就业政策，涵盖中小微型企业、农村地区、高校毕业生、退役军人等不同维度的促进对象。以 6 月农业农村部联合国家发展改革委等部门发布的《关于深入实施农村创新创业带头人培育行动的意见》为例，该意见以支持返乡创业、鼓励入乡创业、发掘在乡创业为培育重点，提出了包含财政与金融政策支持、用地和人才支持、创业培训支持等一揽子促进乡村创业活动发展的政策。以国家层面各项政策为指导，各省区市提出了更为多样、因地制宜的创业支持政策。2020 年，我国创业环境在疫情冲击下获得独特优势。

此外，随着我国高水平开放、高质量经济发展的进一步推进，我国资本市场建设、金融市场开放获得进一步发展。2020 年 4 月，我国金融服务行业对外开放，外国券商、保险等金融机构以及金融评级机构，可以在国内全资开展营业。标普、惠誉、渣打银行、花旗银行等获得相关金融业务经营牌照。此后，我国大力推进金融开放，取消合格境外机构投资者额度限制、取消银行等金融行业外资持股比例限制等政策相继落地。[①] 金融的开放发展，不仅会显著改变金融行业的竞争格局，也会为其他行业企业的经营和创业活动提供更为多样的融资环境与更多机遇。8 月，我国创业板注册制首批企业上市，有利于进一步帮助中小企业扩大直接融资、缓解融资压力，可以在优化企业经营融资环境的同时，提升未来创业活动的业态环境。

根据国家统计局的统计数据，2011 ~ 2019 年，我国私营企业户数每年保持 10% 以上的增长，在 2019 年达到 3516. 3 万户（见图 2）。私营企业代

① 《扩大金融开放，中国市场更具吸引力》，人民网，2021 年 1 月 9 日，http：//world. people. com. cn/n1/2021/0109/c1002 - 31994331. html。

表的创业活力不断增长。私营企业户数和增长率地区排名如表 5、表 6 所示。可以看到，私营企业创业活动主要集中在广东、江苏等沿海地区，但青海、西藏等内陆地区则展现了良好的增长态势。私营企业户数排名前十的地区中，河南、安徽、山东、河北分别保持了 21.21%、19.33%、18.43%与 15.07%的增长。

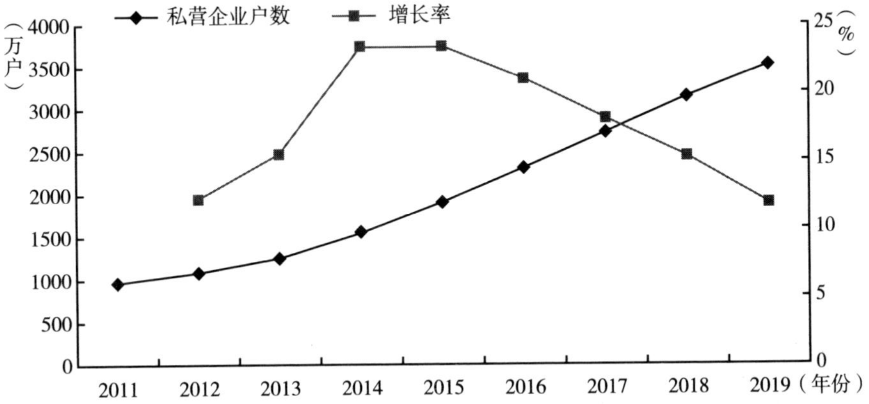

图 2　2011～2019 年我国私营企业户数

资料来源：国家统计局年度数据。

表 5　私营企业户数地区排名

单位：万户，%

排名	地区	私营企业户数	增长率
1	广东省	494.2	10.53
2	江苏省	312	8.79
3	山东省	290.4	18.43
4	浙江省	234.9	13.59
5	上海市	201.8	6.72
6	河南省	166.9	21.21
7	河北省	155.8	15.07
8	北京市	146.5	-0.68
9	四川省	137.3	9.05
10	安徽省	134.6	19.33

资料来源：国家统计局地区数据。

表 6　私营企业增长率地区排名

单位：%，万户

排名	地区	增长率	私营企业户数
1	河南省	21.21	166.9
2	海南省	20.56	25.8
3	安徽省	19.33	134.6
4	山东省	18.43	290.4
5	江西省	16.98	75.8
6	陕西省	15.67	87.1
7	湖南省	15.50	87.2
8	河北省	15.07	155.8
9	青海省	15.00	9.2
10	西藏自治区	14.29	6.4

资料来源：国家统计局地区数据。

创业活动整体增长的良好态势在2020年并未受到疫情的显著冲击。根据国家市场监管总局的统计数据，截至2020年9月末，全国共有登记在册的企业户数达4200万户，比2019年底增长8.9%。个体工商户为9021.6万户，增长9.2%。全国新设市场主体数量为1845万户，同比增长3.3%。[①] 从创业投资情况来看，科技部火炬中心2020年底公布的数据显示，我国创投企业和创业风险投资管理企业数量自2011年起逐年上升。创投管理资本总额自2013年起稳定增长，2019年达9989.1亿元（见图3）。

其中，包含较高创新成分的创业活动也继续保持增长态势。根据科技部火炬中心的数据，2019年我国高新技术企业的营业收入和工业总产值保持增长，分别从2018年的38.92万亿元和28.87万亿元增加到45.10万亿元和32.41万亿元。从行业分布来看，电子及通信设备制造业企业数量及营业收入远高于其他行业（见图4）。

根据科技部公布的可供查阅的数据，许多省区市的高新技术企业申报数

① 《韧性足！市场主体数量创新高》，新华网，2020年12月22日，http://www.xinhuanet.com/fortune/2020-12/22/c_1126889434.htm。

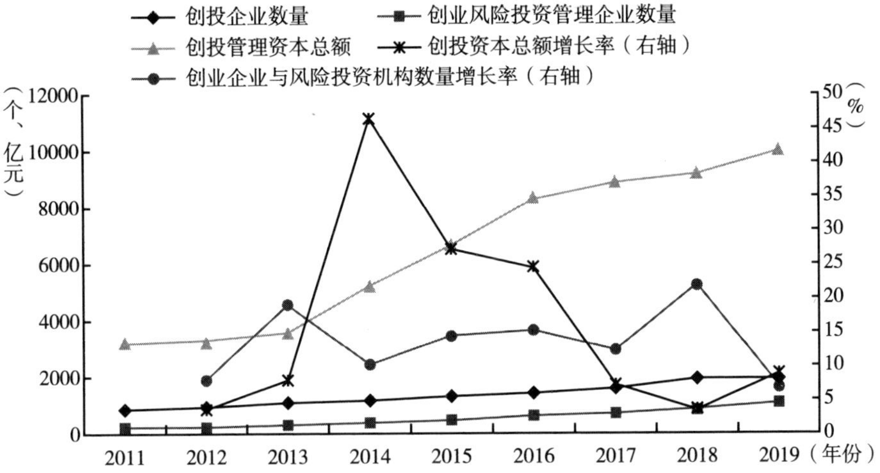

图 3 2011～2019 年我国创业投资情况

资料来源：《2019 年创业投资情况》，科学技术部火炬高技术产业开发中心网站，2020 年 12 月 24 日，http：//www.chinatorch.gov.cn/kjfw/tjsj/202012/d23159df5f904807bf74fa5ec03c7b76.shtml；创投资本总额增长率据创投管理资本总额计算。

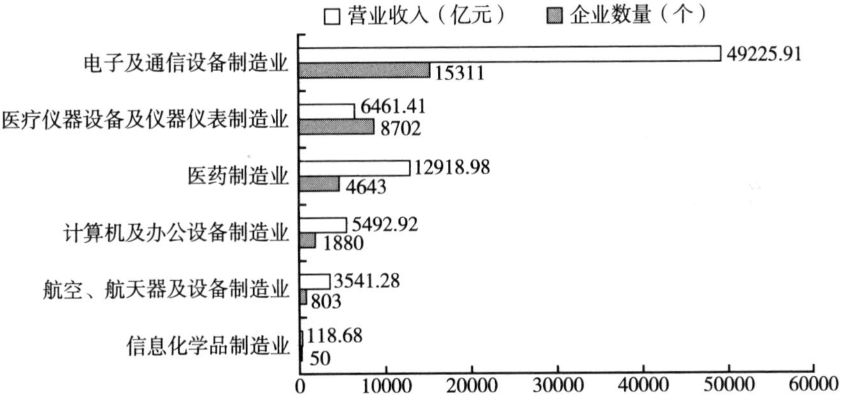

图 4 2019 年我国高新技术制造业企业数量及营收情况

资料来源：《2020 年中国高新技术企业发展现状分析“十三五”期间企业数量高速增长》，前瞻经济学人网站，2021 年 1 月 27 日，https：//www.qianzhan.com/analyst/detail/220/210127－f3bff19f.html。

和认定数在 2019～2020 年保持良好发展势头。已经公布快报数据的宁夏回族自治区，2020 年纳入统计的高新技术企业达到 288 家，比上年增长 43%，营业收入达到839.06亿元，同比增长50%，[①] 体现了当地对高新企业活动的多方位支持。在中小微企业若干支持政策和“科技助力经济2020”重点专项的影响下，陕西省高新技术企业在2020年超过6100家，同比增长41.8%。[②] 截至2020年8月底，河南省科技型中小企业评价系统入库数量达到10218家，同比增长57.66%，呈现重新兴领域科技、研发投入高、科技创新人才集聚等特点。[③]

（二）创业模式动态

2020年，我国创业活动最具特色的动态是围绕互联网开展的创业、商业活动获得长足发展。根据2021年3月底天眼查数据，在2020年3月~2021年3月成立，企业名称或经营范围包含“电子商务”的存续企业中，有限责任公司和个体公商务类型企业的数量均达到10万家以上。按其他企业类型分，个人独资、外资投资、港澳台投资、国有、股份有限公司电子商务类新成立存续企业的数量分别为2.9万家、1795家、1664家、722家和598家。其中，获得天使/种子轮、PreA至C轮和以上融资的电子商务类新成立企业共有43家，分布于广东（22家）、上海（12家）、安徽（2家）、北京（2家）、江苏（2家）、浙江（1家）、海南（1家）、山东（1家）。此期间内新成立的电子商务类所有存续企业在浙江和广东两地均超过10万家，在其他地区的数量分布如图5所示。

我国创业活动模式呈现的第二个特征是创业主体结构分布在部分地区发生变化。以深圳市企业登记数量和企业分类占比为例，2019年在该市注册登记成立的企业总数为195.3万多家，比2018年净减少了2.2万多家。但根据注册资本类型，这部分下降主要由小微企业数量减少引起。相较于2018

① 《宁夏高新技术企业在大考之年交出优异答卷》，中国科学技术部网站，2021年3月1日，http：//www.most.gov.cn/dfkj/nx/zxdt/202103/t20210301_173182.html。

② 《我省创新型企业数量保持高速增长》，陕西省科学技术厅网站，2021年2月9，https：//kjt.shaanxi.gov.cn/kjzx/ztzl/kjtj/179881.html。

③ 《河南省科技型中小企业数量突破万家 居全国第四位中西部首位》，新华网，2020年9月15日，http：//m.xinhuanet.com/ha/2020-09/15/c_1126493456.htm。

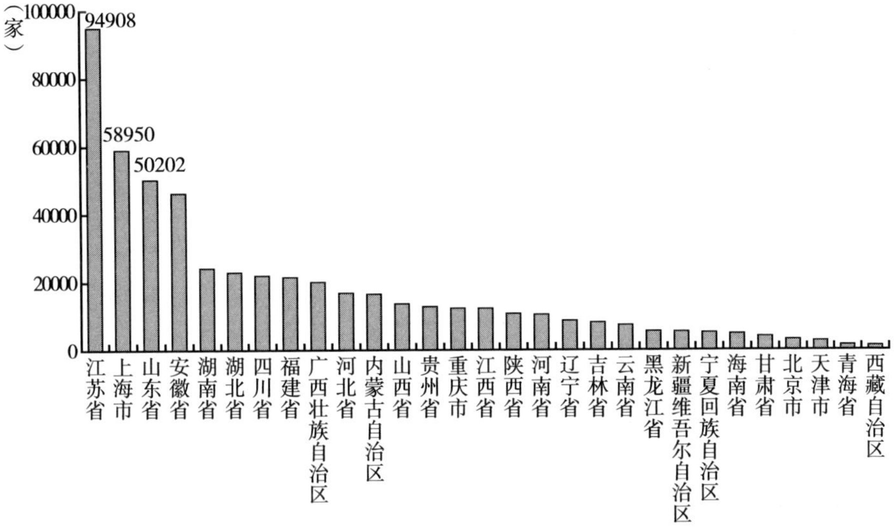

图5　2020年3月～2021年3月新成立电子商务类存续企业数量

资料来源：笔者根据天眼查数据库的数据整理。

年，深圳市小微企业在2019年共减少了18.9万家，而注册资本为100万～499万元的企业数量净增加了12万家（见图6）。该结构性变化很可能显示了疫情冲击的异质性影响。根据中国中小企业协会发布的中小企业发展指数，2020年第一季度以来，中小企业发展指数显著下降，2021年第一季度仍未恢复疫情前的水平，反映了这些企业所面临的经营困难。①

我国创业活动在2020年呈现的第三个新特征是创业成果分化明显。创业成果分化的表现之一是在疫情发生之初中国经济面临较大负面冲击、创投融资案数量同比明显下降的情况下，只有部分企业和行业保持了较大的韧性，在经济负面冲击下吸引了更多目光。② 根据亿欧统计的数据，2020年第一季度，我国创投融资案数量只有614起，同比下降40%，各个行业的融

① 《2021年一季度中小企业发展指数继续上升，达到去年一季度以来最高位，充分显示出今年疫情防控稳经济取得的成效》，中国中小企业协会网站，2021年4月9日，http：//www. ca－sme. org/content/Content/index/id/31666。

② 《2020Q1中国创投报告丨融资数量跌近40%，大额融资“救市”》，亿欧网站，2020年5月8日，https：//www. iyiou. com/news/202005081001898。

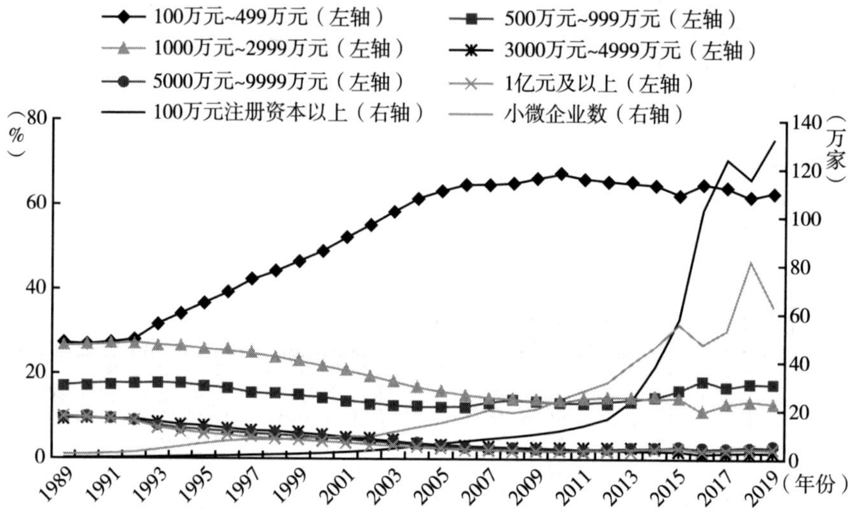

图 6　1989～2019 年深圳市企业登记数量及各类企业占比

资料来源：《深圳市统计年鉴（2020）》。

资案数量都出现了下降。然而，分规模来看，融资总额在 1 亿元以上的创投融资案数量并没有明显下降。规模低于 1 亿元的创投融资案却减少了 356 起。可见，资金需求量更大的初创企业可能通过其规模、发展潜力获得了投资者的青睐。从融资总额的行业分布来看，硬核科技、教育、汽车与房产在疫情冲击下，反倒吸引了更多的融资。其中，硬核科技行业吸引的融资总额增长幅度最大，同比增长约 170%（见图 7）。一方面，我国 2020 年第一季度各行业平均创投融资案数量和融资总额同比均有明显下降。另一方面，疫情冲击之下，各行业融资总额的样本方差为 2019 年第一季度的两倍，反映了融资分布的行业分化大幅增大。

创业成果分化明显的另一个表现是创投融资金额分布整体呈现行业、地区、龙头企业集聚性。2020 年，国内创投市场共发生 3600 多起创投融资案，总融资金额超过 9300 多亿元。① 这些资金大部分流入新兴产业，其中，大健康和企业服务两大行业的融资总额就占到 31.4%。包括智能硬件、大

① 《2020 年创投市场融资数据报告：不平凡的 2020，不一般的 9 千多亿》，雪球网站，2021 年 1 月 15 日，https：//xueqiu. com/5678611499/168882221。

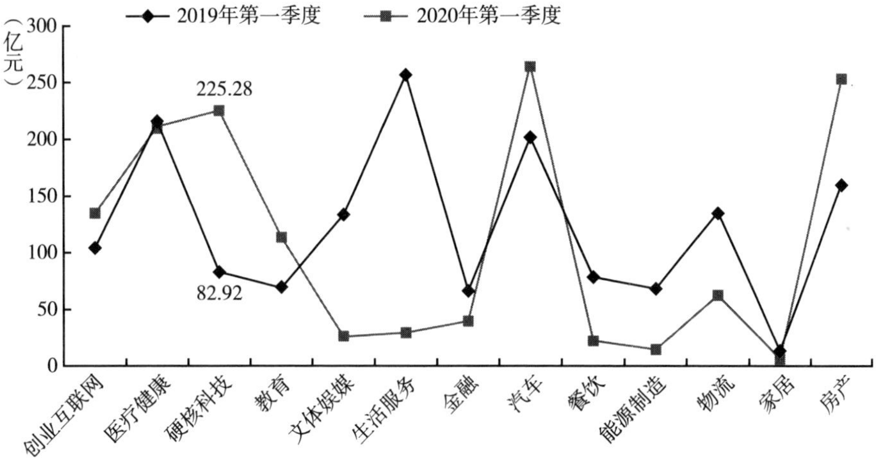

图 7　2019 年第一季度和 2020 年第一季度我国分行业融资总额

资料来源：《2020Q1 中国创投报告丨融资数量跌近 40%，大额融资“救市”》，亿欧网，2020 年 5 月 8 日，https：//www.iyiou.com/news/202005081001898。

文娱和电子商务行业在内，融资总额排名前五的行业共获得全年所有融资总额的 56.3%。在地区分布上，绝大部分的资金流入北京、上海、广东、浙江和江苏五地的企业，共占到融资总额的 77.2%，各地融资金额占比分别为 26.2%、16.3%、16.1%、12.0% 和 6.5%。在龙头企业集聚性上，热门行业主要企业的融资金额大部分在 20 亿元以上，智能硬件行业单个企业的融资金额甚至达到了 146.25 亿元（见表 7），远远高于由所有行业总融资金额和总融资案数量测算的单个企业融资额 2 亿元。

表 7　2020 年热门行业创业投资融资案例

单位：亿元

企业简称	融资金额	融资轮次	企业简称	融资金额	融资轮次
大健康行业			智能硬件行业		
华大制造	65	B 轮	中芯南方	146.25	战略投资
京东健康	53.95	B 轮	Nexperia	63.34	战略投资
科兴中维	32.5	战略投资	紫光展锐	50	战略投资
丁香园	32.5	E 轮	华星光电	42.2	战略投资
凯莱英医药	23	战略投资	艾派克微电子	32	战略投资

续表

企业简称	融资金额	融资轮次	企业简称	融资金额	融资轮次
企业服务行业			电子商务行业		
多点 Dmall	28	C 轮	芒果超媒(快乐购)	62	战略投资
明略数据	19.5	E 轮	云网万店	60	A 轮
南京紫光云	19.09	战略投资	兴盛优选	45.5	战略投资
uWorker	19.09	战略投资	每日优鲜	32.175	F 轮－上市前
PingCAP	17.55	D 轮	兴盛优选	27.962	F 轮－上市前

资料来源：《2020 年创投市场融资数据报告：不平凡的 2020，不一般的 9 千多亿》，雪球网站，2021 年 1 月 15 日，https：//xueqiu.com/5678611499/168882221。

中国独角兽企业的分布也呈现地区、行业集聚性，估值呈现龙头企业集聚性。以 2020 年胡润研究院发布的全球独角兽榜①为例，中国共有 227 家企业上榜，比 2019 年增加 21 家。根据榜单，我国大部分独角兽企业集中于北京、上海、杭州和深圳四地，数量分别为 93 家、47 家、20 家、20 家，共 180 家。剩下的 47 家上榜独角兽企业中有 11 家在南京，有 8 家在广州，余下的零散分布于青岛、重庆等地。在行业集聚上，这些独角兽企业主要分布于电子商务、人工智能和金融科技领域。在企业估值规模分布上，排名前十的企业规模均在 1000 亿元以上，排名第一的蚂蚁集团更是估值达到 1000 万亿元。图 8 显示了按企业估值排名时，我国独角兽企业数量和占估值总额比重的累积分布。虽然大部分上榜企业的估值都分布在 200 亿元及以下，但估值在 200 亿元以上的独角兽企业总估值占到所有上榜企业总估值的 67.2%。显然，独角兽企业的龙头集聚效应也十分明显。

企业的退出活动也与前述趋势相匹配，投融资活动越活跃的地区和行业，退出企业的数量也越高。根据天眼查数据，2020 年，共有 223 家在 2016～2020 年成立，且已获得不同轮融资的企业退出经营。退出企业较多的地区包括北京（87 家）、广东（38 家）、上海（30 家）、浙江（29 家）

① 胡润百富网站，https：//hurun.net/。此榜单的全球独角兽企业为成立于 2000 年之后、价值 10 亿美元以上的非上市公司。截至 2020 年 8 月榜单发布，全球共有 586 家满足条件的独角兽企业。

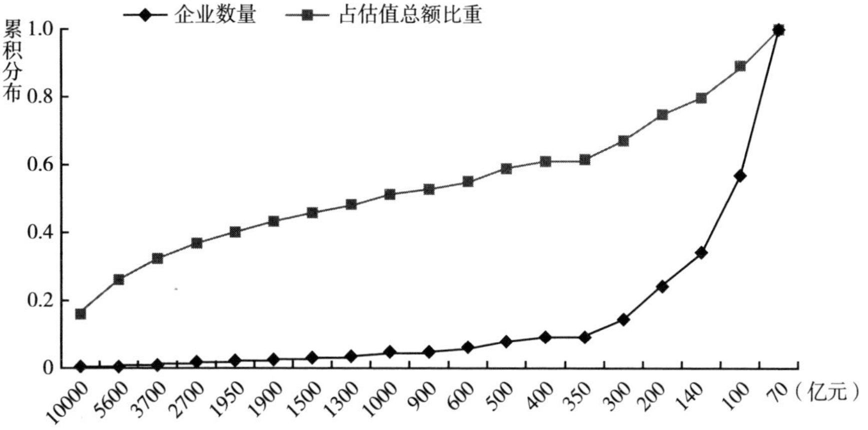

图 8　2020 年中国 227 家独角兽企业数量和占估值总额比重累积分布

资料来源：笔者根据 2020 年胡润研究院发布的全球独角兽榜数据整理。

和江苏（11 家），退出企业数较多的行业为科技推广和应用服务业、软件和信息技术服务业、商务服务业以及研究和试验发展，分别为 87 家、47 家、18 家和 14 家。

我国创业活动中的另一新特征是女性创业者增加，所涉行业也更为多样，增加了创业群体的多元性。我国某主要电子商务平台在 2020 年发布的一份报告显示，在该平台上新品牌的创业者中，女性达到 40%，这与世界 500 强企业创业者中女性占比不到 10% 形成鲜明对比。① 根据某创业服务公司基于 300 名女性创业者调查发布的《中国女性创业者调研报告（2020 年）》，这些创业者最集中的行业自 2019 年的教育培训、文化娱乐和企业服务，转变为企业服务（19.1%）、医疗健康（16.3%）、人工智能（12.4%）和大消费（12.4%）。

（三）创业模式展望

虽然我国创业活动的数字化、行业和地区集聚等特征逐渐显现，但随着

① 《天猫报告：头部新品牌 8 成聚焦女性消费，美妆成增长第二曲线》，腾讯网，2021 年 3 月 5 日，https：//new. qq. com/omn/20210305/20210305A01WIM00. html。

我国数字化经济建设持续推进，行业竞争格局持续演变，各地经济政策仍然不断调整，我国创业活动会持续围绕前述特征继续发展。

此外，我国创业模式和创业活动的发展还有如下社会经济环境变化值得关注：我国资本市场开放的持续推进，不仅会改变金融相关行业的竞争格局，也会对中国创业或企业经营活动的融资环境带来巨大影响；我国“碳达峰”“碳中和”目标的提出与执行，将促进所有经济活动中的环境保护、生态发展因素，也必然会为相关创业活动带来新的挑战和机遇；我国社会发展的老龄化、出生率降低、城镇化率不断提高等特征越来越明显。由于经济活动的发展，以改善人们的生活、提高社会福利为最终目标，未来创业活动如何适应这些社会环境的变化，值得期待。

国际篇

International Articles

B.10 2020年度全球双创指数分析

王 晴 夏兴雨 李梦阳*

摘 要： 本报告研究三个主要国际创新创业指数在近年来的变化以及国际指数的特点，从国际视角探究当前中国创新创业的发展阶段、机遇和挑战。本报告研究的为全球创新指数、全球创业观察指数和全球创业生态指数的结构及内涵，并通过与国内指数的对比展现国际指数的特点。研究发现虽然受到新冠肺炎疫情的影响，但在我国各方对双创资源不断地进行积极投入下，我国双创生态环境、创新产出各方面仍保持良好而稳定的发展趋势。

关键词： 全球创新指数 创业观察 创业生态指数

* 王晴，经济学博士，中山大学国际金融学院副教授，研究方向为劳动经济学、发展经济学等；夏兴雨，深圳大学金融专业本科生；李梦阳，中山大学国际金融学院本科生。

当前，创业、创新早已不是新命题。随着双创浪潮在中国兴起，“大众创业、万众创新”的号召在全球范围内得到广泛的响应，国内外对双创能力的研究已经屡见不鲜。创业的本质是创新，创新是创业的灵魂，二者之间存在密切的内在联系。本报告选取三个权威的国际指数——全球创新指数、全球创业观察指数和全球创业生态指数，依据国际机构官方数据和民间调查数据，定量分析探讨全球经济体创业创新的内在联系和结构内涵。

一　全球创新指数

（一）指数介绍

GII（Global Innovation Index）全球创新指数由世界知识产权组织、康奈尔大学、欧洲工商管理学院共同研制并于2007年首次发布全球排名。第一年（2007年）的版本经过不断包含、纳入新的可得数据，得到一个发展进步的指数体系。这种指数体系的不断进化和更新完善了人类对于“创新”这个概念的衡量方法和认知。2020年，GII指数体系包括了全球五大洲在内的131个国家或经济体，这些国家或经济体的人口占世界人口的90.8%，其GDP占世界GDP（按2020美元计）的96.3%，并综合评估了他们的创新能力。

（二）指数结构分析

GII指数体系将国家或经济体的创新水平分为创新投入指数和创新产出指数，以二者的简单平均数综合衡量创新能力。其下有7个一级子指标和21个二级子指标，将全部的二级指标计算平均分即可得到一级指标分数，并通过一级子指标的算数平均计算出创新总指数得分。该指数体系的框架结构如表1所示。

表 1　GII 指数体系框架

全球创新总指数	创新投入指数	制度	政治环境	衡量人们感知的政府稳定程度，以及公共服务、政策制定与实施的质量
			监管环境	衡量政府执行促进私营经济发展的配套政策的程度、一国法律的适用程度以及裁员成本
			商业环境	私人企业家创业的难易程度以及私人企业家解决破产的难易程度
		人力资本和研究	初等教育	包括期望的教育年限、平均受教育年限、政府投资、教育支出等指标
			高等教育	包括高等教育入学率、接受科学工程相关教育学生占总毕业人数的百分比
			研发	指高校、企业、科研院等机构的经费投入
		基础设施	信息通信技术	衡量信息通信的发展指数、使用范围等
			普通基础设施	从电力产出、物流表现和固定资本形成总额等方面来衡量
			生态可持续性	包括能耗、环境现状和 ISO 环境证书
		市场成熟度	信贷	考察一国（地区）创业者获得信贷的难易程度
			投资	考察对少数投资者的保护力度及交易水平，衡量资本市场的成熟度
			贸易、竞争和市场规模	考察平均关税税率、本地市场竞争激烈程度、本地市场规模
		商业成熟度	知识型工人	高端知识密集型劳动力在企业中的比例
			创新关联	衡量合资企业交易量、国外科技进步贡献率等
			知识吸收	包括高技术进口产品占比、外商直接投资等国际吸收能力
	创新产出指数	知识和技术产出	知识创造	体现在专利申请数量、实用新型专利数量、期刊中发表科学及工程技术方面的文章数量以及被广泛引用的文章数量
			知识影响	从劳动生产率提高、中高端制造业占比等方面来衡量
			知识传播	通过贸易总额与创新、高科技有关的出口额来反映
		创意产出	无形资产	包括商标的申请数量、外观设计专利的申请数量以及信息通信技术使用率
			创意产品和服务	衡量文化类产业出口占比
			网络创意	衡量一国（地区）在网络上的知识创造产出

资料来源：《2020 年全球创新指数报告》，World Intellectual Property Organization，“2020 Global Innovation Index，” https：//www. wipo. int/global_ innovation_ index/en/news/，2 Feb. 2020。

从该指数中同样能够得到一个国家或经济体的创新效率，它以创新产出指数的得分（即 2 个一级子指标的平均分）与创新投入指数的得分（即 5 个一级子指标的平均分）之比来衡量，即同样单位的创新投入下能产出多少单位的创新产出。如果说创新总指数得分是在创新能力及创新环境的维度上比较各国家（地区），那么创新效率比是在创新活动效率的维度上衡量各国家（地区）。

根据表 1 所示的创新投入指数的构成指标，一个国家（地区）良好的制度框架可以为创新提供正确的保护和激励措施，一个法制健全、政府治理高效的环境更容易吸引企业入驻并促进企业成长。制度因素包含政策环境、监管环境和商业环境，是能够整体感知创新的制度环境。教育水平和研究活动是创新能力的关键因素之一，可以衡量国家的人力资本，覆盖初等教育、高等教育和研发。良好的基础设施能够提高效率并减少交易成本，促进思想、服务、商品的生产和交换。成熟完善的资本市场和国际化程度高的商品市场对于企业的繁荣和创新都是至关重要的。市场成熟度中的“市场”包括信贷市场、资本市场及商品市场。商业成熟度作为最后一个创新投入指数下的子指标，其作用在于反映商业成熟水平。其在人力资本和研究的基础上更进一步地反映公司通过雇用高素质人才、与学校等组织进行合作研发以及接受国际技术扩散来推动生产力的发展、竞争力的增强和创新潜力的激发。

而创新产出指数是由 2 个一级子指标构成：知识和技术产出、创意产出。知识和技术产出子指标由知识创造、知识影响和知识传播 3 个二级子指标组成。创意产出包含无形资产、创意产品和服务、网络创意 3 个方面，其中网络创意指标主要衡量一国（地区）在网络上的知识创造产出，主要包括国家/地区顶级域名的数量、维基百科的年平均编辑量以及移动应用程序的创建数量（自 2018 年起，《全球创新指数报告》将衡量网络创意指标中的“在优兔上传的视频量”替换为“移动应用程序创建数量”）。

（三）指数排名

2018～2020年全球创新指数得分排名前20名的国家/经济体多数来自欧洲和北美洲地区，且高收入经济体表现优异，排名前30的国家除中国外均属于发达国家。2020年中国的总得分排名与2019年相同，仍然稳居全球第14位。中国香港地区则从2017年的第14位逐年上升，2020年位居第11，是近5年来的最高排名。瑞士连续10年居全球第1，且与第2名得分差距较大。法国2020年排名第12，较2019年上升了4位，成为位次提升最多的国家。奥地利在2018、2019年连续2年排名第21位后重新跻身全球前20位之列，2020年排名第19。较先前相比，国家排名明显下降的是以色列和爱尔兰，分别从2018年的第11位和第10位下降到2020年的第13位和第15位。其他处于前20名的国家在2018～2020年的得分比较稳定，排名仅有较小波动。

表2　2018～2020年全球创新指数得分前20名

单位：分

国家/经济体	2020年得分	2018年排名	2019年排名	2020年排名	2020年创新效率比
瑞士	66.08	1	1	1	0.904
瑞典	62.47	3	2	2	0.806
美国	60.56	6	3	3	0.759
英国	59.78	4	5	4	0.812
荷兰	58.76	2	4	5	0.824
丹麦	57.53	8	7	6	0.723
芬兰	57.02	7	6	7	0.739
新加坡	56.61	5	8	8	0.613
德国	56.55	9	9	9	0.804
韩国	56.11	12	11	10	0.731
中国香港	54.24	14	13	11	0.649
法国	53.66	16	16	12	0.747
以色列	53.55	11	10	13	0.745
中国	53.28	17	14	14	0.919
爱尔兰	53.05	10	12	15	0.777
日本	52.70	13	15	16	0.657
加拿大	52.26	18	17	17	0.612

续表

国家/经济体	2020 年得分	2018 年排名	2019 年排名	2020 年排名	2020 年创新效率比
卢森堡	50. 84	15	18	18	0. 777
奥地利	50. 14	21	21	19	0. 639
挪威	49. 29	19	19	20	0. 573

资料来源：《2018 全球创新指数报告》，World Intellectual Property Organization，“2018 Global Innovation Index,” https：//www. wipo. int/global_ innovation_ index/en/news/，10 Jul. 2018；《2019 全球创新指数报告》，World Intellectual Property Organization，“2019 Global Innovation Index,” https：//www. wipo. int/global_ innovation_ index/en/news/，10 Jul. 2019；《2020 全球创新指数报告》，World Intellectual Property Organization，“2020 Global Innovation Index,” https：//www. wipo. int/global_ innovation_ index/en/news/，2 Feb. 2020。

2020 年，中国在国内市场规模、知识型工人、实用新型专利、无形资产、工业设计、创意商品出口等多个细分指标方面居世界首位，竞争优势明显。此外，在生产率增长（第 2 位）、知识创造（第 4 位）等领域表现也比较突出。中国在高等教育（第 83 位）、监管环境（第 102 位）和网络创意（第 113 位）方面虽有一定的进步，但仍需要改进和提升。

中国在创新产出方面表现突出，居世界第 6 位，且知识和技术产出（第 7 位）与创意产出（第 12 位）等一级指标在世界居于领先地位。而在创新投入方面，中国多年来均处于中等水平，2020 年排名第 26 位。创新投入的 5 个一级子指标大多表现平平：制度排名第 62 位，人力资本和研究排名第 21 位，基础设施排名第 36 位，市场成熟度排名第 19 位，商业成熟度排名第 15 位。制度在世界排名较低，基础设施相较 2019 年的第 26 位降低了 10 个位次，此外商业成熟度排名也有一定程度的下滑。因此，中国仍需从政策、监管与商业环境入手，不断加大对创新领域的投入与保护力度。

创新效率比反映一国在单位创新投入下所输出的创新产出的多寡，相对欧美等资本主义国家和地区，中国在创新效率方面优势明显。2020 年中国的创新效率比为 0. 919，继续居全球首位，比世界平均值 0. 741 高出了 24. 02%。其次是瑞士和荷兰，其创新效率比分别为 0. 904 和 0. 824。总体来看，排名前 20 的国家的创新效率比较 2019 年皆有一定程度的下降。

此外，2020年的报告还在国家和经济体之外，以单独的科技集群为对象衡量了世界排名前100的活动集群。其中粤港澳大湾区的深圳—香港—广州集群从2013年以来稳居世界第2位，展现了创新水平的强稳定性和领先性。从细分指标来看，集群的科技产出净变化有较大的正向提高；由于高等院校在化学科学领域表现突出，且以华为为代表的企业在数字通信领域创新较多，因此出版和专利表现同样居世界前列。然而深圳—香港—广州集群在100个科技集群中科技活跃度排名第57位，有待提高。这可能是由于集群内部人口远超其他集群，而科技活跃度已经被证实同人口之间存在负向关系，因此，集群规模增大，其科技密度和专门化程度相应也会降低。

（四）主要结论

第一，2020年新冠肺炎疫情在创新蓬勃发展之际对全球的创新领域造成了一定冲击。虽然疫情对科学与创新系统的影响通常经过较长的时间才体现，但可以直观地看到多数国家的2020年创新指数得分同2019年相比已有一定幅度的下降，主要表现在研发投资减少，部分重大研究项目进展滞后等。已有研究证实，疫情会遏制社会对创新的需求，从而减弱经济活动参与者的创新意愿与能力①。但是，技术和创新仍然蕴含巨大潜力，如制药和生物技术领域的研发被格外重视、全球科学家之间的团结合作促进了各国互利共赢以及相关研发创新活动的增加等。此外，教育、零售等传统行业在疫情下进行创新升级，产生一些新的生产消费组织形式，助力国家乃至世界都更加重视经济韧性和转型升级，借助技术创新增强应对不确定性的能力②。经历新冠肺炎疫情之后，我们更加意识到释放技术和创新的潜力需要多方面的通力合作，政府的支持、制度模式的合理运用与私营部门的持续投资均起到

① G. Alfani, M. Percoco, "Plague and Long-term Development: the Lasting Effects of the 1629 – 30 Epidemic on the Italian Cities," *The Economic History Review* 72 (2019): 1175 – 1201.

② 王永贵、高佳：《新冠疫情冲击、经济韧性与中国高质量发展》，《经济管理》2020年第5期。

重要作用。①

第二，创新融资活动的活跃度受疫情影响有所下降，创新投资偏好发生转移。2020年全球用于资助创新型企业的资金陷入枯竭，北美洲、亚洲、欧洲的风险投资交易活动与融资均显著减少，私人市场融资与过去相比也大幅缩水。同时，在经济环境萧条的情况下，大部分的风险投资者更偏好为大型公司而非独角兽等初创企业提供资金。因此，一些处于早期发展阶段的风投公司、研发密集型的初创企业可能会面临资金困难、研发创新活动减少的窘境。而不确定的融资来源与融资金额也制约企业乃至地区的创新活动能力，故而对部分地区与国家的科创水平也可能会产生不均衡的影响②。值得一提的是，风险投资与创新的方向有向卫生、在线教育、大数据等领域转移的趋势。

第三，发展中经济体的GII排名虽稍有落后，但在多个创新领域表现非凡。虽然绝大部分GII排名靠前的经济体依旧属于高收入组别，如瑞士、瑞典、美国、英国、荷兰等发达国家仍然领跑全球创新，稳居排名前5位，但在某些特定指标上发展中经济体也有亮眼的表现，譬如马来西亚在高科技净出口方面居世界第1，博茨瓦纳在教育支出方面居世界第1，泰国在商业研发方面居世界第1。同时，印度、肯尼亚、摩尔多瓦、越南等经济体创新发展连续10年超过预期水平，表现优异。

第四，地区差距依然存在，但全球创新格局正在悄然改变。当前全球创新发展呈现明显的地区差异特征，表现为北美和欧洲领先，东南亚、东亚和大洋洲次之，然后为北非和西亚、拉丁美洲等。但从具体经济体而言，韩国2019年成为继新加坡之后第2个跻身前10的亚洲经济体；中国、越南、印度和菲律宾近几年创新指数排名进步明显，皆已进入前50位排名。这些经济体脱颖而出，蕴含巨大的创新潜力，发展势头正猛，不容小觑。

---

① 《2020年全球创新指数报告：新冠疫情对全球创新增长造成压力》，中国人民政府网，2020年9月3日，http://www.gov.cn/xinwen/2020－09/03/content_5539667.htm。

② 鞠晓生、卢荻、虞义华：《融资约束、营运资本管理与企业创新可持续性》，《经济研究》2013年第1期。

二 全球创业观察

（一）指数介绍

全球创业观察（Global Entrepreneurship Monitor，GEM）是由伦敦商学院和美国百森学院共同发起成立的国际创业研究项目，旨在研究国家层面的创业活动。该项目在发布《全球创业观察报告》的同时，通过与各国本土研究所的合作，发布各国的地区创业观察报告，并根据经济的发展与时代的变化发布专题报告。

此项目从1997年开始筹备设计，1999年发布首期报告，随后每年发布1期。2020年，该报告发布了第21期报告。在这21年里，GEM调查了全球112个经济体中超过290万的成年人，其调查样本覆盖了全世界超过70%的人口，涉及的经济体的产出占全世界总产出的90%以上。它将参与调查的经济体划分为不同层次，并将关键创业观察指标进行排名，通过各项创业指标的得分和在全世界的排名状况来反映经济体的创业现状。该指标主要关注全球项目参与国或地区的创业活动态势，进而以较为客观全面的指标衡量创业活跃度，发掘创业与当地经济增长和国家发展的作用机制。GEM从属性、愿景、态度、认知和意图5个方面衡量研究主体的创业行为，分析研究主体的创业情况。该报告便于各经济体在与其他地区的比较下，发现不足、学习经验，因此受到了各国政府和研究机构的广泛关注，产生了显著的国际影响。

全球创业观察组织发布的《2019—2020年全球创业观察报告》标志着这项覆盖112个经济体、涉及全球500多名研究人员的21年数据收集活动圆满完成。在过去的21年里，全球事件和世界经济的变化影响并显著改变了创业行为。从2000年新世纪的伊始到2001年的恐怖袭击，从持续5年的全球经济放缓到2007年难民危机引发的金融危机，全球局势不断紧张，不确定性持续增加。与此同时，数字技术的进步带来了新的创业和社会化形式，而有关隐私问题等潜在威胁和加剧两极分化的假新闻也愈演愈烈。GEM 不仅是一个组织，更是一个具有重要意义的全球平台，它能够为企业提供信息，促进创业精神的发展，并呼吁人们以一种冒险的精神迎接新的挑战。《全球创业观察报告》提供了经过论证的信息，借此提高对企业家精神的理解，并指导有关创业的决策。全球创业观察组织充分认识到，在今后十年中，监测企业活动可能需要将现有的可靠数据收集方法与利用数字时代新机会的全新方法结合起来，以此把握数字时代的新机遇。

（二）指数结构分析

GEM 指数体系从国家的框架下对社会、文化、政治及经济环境进行分析来反映创业活动的总体环境，具体见表 3。

表 3　GEM 指数体系框架

国家创业框架条件	具体内涵
企业融资	非正规投资、银行贷款、政府补助金和风险投资
政府政策	支持和相关性
	税收和腐败
政府创业项目	各级政府的支持方案
创业教育	学校教育
	后学校教育
R&D 转移	科技成果转化率
专业的商业性基础设施	律师和会计师等服务
内部市场动态和准入管制	市场活力
	市场压力和法规
物理基础设施	道路、互联网接入和速度等
文化和社会规范	对企业家精神的影响

资料来源：《2018—2019 全球创业观察报告》，Global Entrepreneurship Research Association, London Business School, "Global Entrepreneurship Monitor 2018/2019 Global Report," https://www.gemconsortium.org/report, 21 Jan. 2019；《2019—2020 全球创业观察报告》，Global Entrepreneurship Research Association, London Business School, "Global Entrepreneurship Monitor 2019/2020 Global Report," https://www.gemconsortium.org/report, 25 Feb. 2020。

创业活动同时包括当地的社会认同和个人的创业动机。创业进取精神的社会价值观推动更多人进行创业活动，无论创业者是否有高社会地位，社会认为企业家是很好的职业选择；无论创业门槛是否很高，媒体对企业家持褒扬态度。而个人创业动机主要考察的方面为人口特征（例如年龄、性别）、对于商业机会的感知能力、对于自身是否具备企业家能力的认知、对于创业失败的恐惧。其中一个显而易见的事实是，由于年轻人缺乏对于创业失败的恐惧，年轻人聚集的地区创业活动往往更加活跃。

GEM 在考察创业活动时主要包括以下三大类（见表 4）。此外，本指标通过综合加权国家（地区）的子指标得分来计算总得分，最后再对总得分在世界范围内进行排名。

表 4　GEM 指数中的创业活动类别

早期创业活动(TEA)	经济体中积极从事创业或经营新业务的成年人比例
社会创业活动(SEA)	拥有和管理现有业务的成年人比例
员工创业活动(EEA)	成年人作为他们在现有组织中角色的一部分参与创业员工活动的比例

资料来源：《2018—2019 全球创业观察报告》，Global Entrepreneurship Research Association，London Business School，“Global Entrepreneurship Monitor 2018/2019 Global Report，” https：//www.gemconsortium.org/report，21 Jan. 2019；《2019—2020 全球创业观察报告》，Global Entrepreneurship Research Association，London Business School，“Global Entrepreneurship Monitor 2019/2020 Global Report，” https：//www.gemconsortium.org/report，25 Feb. 2020。

（三）指数排名

作为全球创业指数体系中一项重要的考察指标，早期创业活动（TEA）是指经济体中积极从事创业或经营新业务的成年人比例。中国在这方面的排名由 2018 年的第 26 位下滑至 2020 年的第 35 位，处于世界中下游水平，中国在鼓励创业方面还有较大的改进空间。

如表 5 所示，全球创业观察早期创业活动 2020 年得分较 2019 年有一定增加，但排名波动较大。排名前 15 位中居于前列的 6 个国家均位于拉丁美洲和加勒比地区，其中智利和厄瓜多尔分别为第 1 名与第 2 名。在这 2 个国家中，超过1/3的成年人都在进行早期创业活动或经营新业务。虽然在富裕的经济体中个人更有可能获得创业活动所需的资源，但人们因为拥有更广的收入范围与更高的报酬，其创业动力会相应减弱，且创业面临的竞争也更加激烈，因此高收入经济体的早期创业活动相对较少，排名前列的也多为中低收入国家。在早期创业活动中居前列的高收入国家是智利、巴拿马、哥伦比亚、加拿大、美国。智利在政府创业项目（排名 10/54）、物质基础设施（排名 6/54）两个方面优势明显。而美国的优势则体现在创业融资（排名 2/54）、文化、社会准则（排名 1/54）、商业与法律环境（排名 10/54）三个方面。

表 5 全球创业观察早期创业活跃度指数

单位：分

国家	2020 年得分	2020 年排名	2019 年得分	2019 年排名	地区
智利	36.7	1	25.1	3	拉丁美洲
厄瓜多尔	36.2	2	—	—	拉丁美洲
危地马拉	25.1	3	27.5	2	拉丁美洲
巴西	23.3	4	17.9	11	拉丁美洲
巴拿马	22.7	5	13.8	17	拉丁美洲
哥伦比亚	22.3	6	21.2	7	拉丁美洲
亚美尼亚	21	7	—	—	亚太
马达加斯加	19.5	8	20.7	8	中东
加拿大	18.2	9	18.7	10	北美洲
美国	17.4	10	15.6	13	北美洲
阿联酋	16.4	11	10.7	26	中东
拉脱维亚	15.4	12	—	—	欧洲
印度	15	13	11.4	23	亚太
韩国	14.9	14	14.7	14	东亚
卡塔尔	14.7	15	8.5	34	中东

资料来源：《2018—2019 全球创业观察报告》，Global Entrepreneurship Research Association，London Business School，“Global Entrepreneurship Monitor 2018/2019 Global Report，” https：//www. gemconsortium. org/report，21 Jan. 2019；《2019—2020 全球创业观察报告》，Global Entrepreneurship Research Association，London Business School，“Global Entrepreneurship Monitor 2019/2020 Global Report，” https：//www. gemconsortium. org/report，25 Feb. 2020。

此外，通过比较图 1 中国近 10 年早期创业活跃度指数，本报告发现从 2011 年开始，中国在该领域的得分开始呈下降趋势，排名亦逐渐下降。本报告认为，近年来，中国的经济在以傲人的速度发展壮大，但这恰恰可能导致了 TEA 得分的下降。究其原因，其背后的理论是，虽然在较富裕的经济体中，个人更有可能获得成功开展创业活动所需的资源；但是在低收入经济体中，在没有其他收入来源的情况下，个人可能会更有动力开办企业，而且随着低收入经济体中的民众对新产品和服务需求的不断增加，低收入经济体中的竞争激烈程度可能相对较低。这些复杂关系的结果是，高收入经济体的 TEA 水平往往较低，而低收入经济体的 TEA 水平可能从极低到极高。

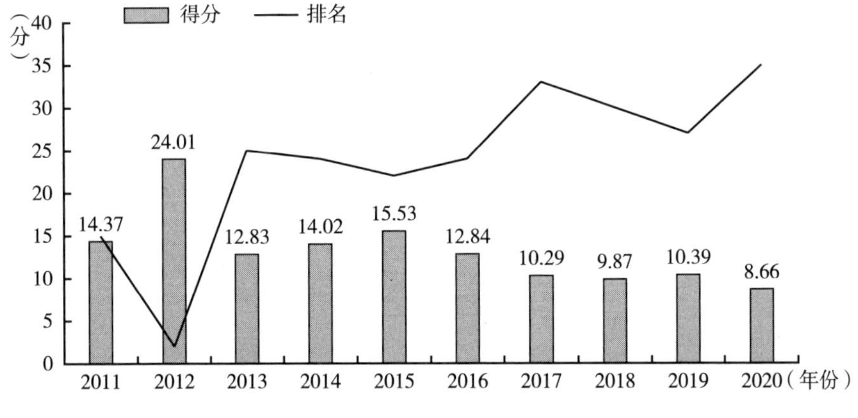

图 1　2011～2020 年中国早期创业活跃度指数

资料来源：根据 2011～2020 年的《全球创业观察报告》整理。

在 2020 年全球创业观察指数体系中，中国的企业融资（排名 3/54）、政府税收与官僚机构（排名 2/54）、研发转化（排名 2/54）、内部市场活力（排名 3/54）、文化与社会规范（排名 4/54）等均居世界前列。而商业和法律环境较为薄弱，处于世界中游水平（排名 18/54）。如表 6 所示，中国同美国的差距体现在企业融资、商业和法律环境、文化与社会规范三个方面，在其他领域表现均超过美国。在这 12 个创业企业条件上，中国得分均高于世界平均水平。

表 6　中国创业企业条件各项基本指标

指标	中国	美国	世界平均
企业融资	5.80	6.04	4.48
政府扶持政策	5.89	4.37	4.29
政府税收与官僚机构	6.16	4.90	4.02
政府创业项目	5.46	4.21	4.44
学校阶段创业教育	4.13	3.92	3.21
毕业阶段创业教育	5.74	5.42	4.72
研发转化	5.57	4.48	3.99
商业和法律环境	5.37	5.79	5.02
内部市场活力	6.88	4.99	5.20
市场准入管制	5.23	4.38	4.38
物质基础设施	7.70	7.50	6.70
文化与社会规范	6.78	7.68	5.08

注：分数通过加权平均得到，1 表示极度缺乏，9 表示高度充足。

资料来源：《2019—2020 全球创业观察报告》，Global Entrepreneurship Research Association, London Business School，“Global Entrepreneurship Monitor 2019/2020 Global Report，” https：//www.gemconsortium.org/report，25 Feb. 2020。

（四）主要结论

第一，早期创业活动活跃度高的经济体更多集中在发展中国家。意大利、日本和波兰仅有不超过5%的成年人参与早期创业活动，参与早期创业活动的成年人占比最高的国家是厄瓜多尔、智利、危地马拉、巴西和巴拿马，其中厄瓜多尔和智利的 18 ~64 岁成年人参与早期创业活动比例均远高于35%。但是，从创业环境的得分看，这些活跃地区的营商条件更为恶劣，该现象与这些地区缺乏其他收入机会、经济快速增长、竞争环境相对宽松等因素息息相关。

第二，在当前商业环境中，员工的创业技能愈加受到重视，世界各个经济体的员工创业活跃度差距较大。18 ~64 岁成年人参与员工创业活动比例较高的国家为澳大利亚、英国、阿联酋、加拿大、爱尔兰，中国、印度、墨西哥与埃及最低。50 个经济体中有 16 个国家的 18 ~ 64 岁成年人参与员工创业比例不到 1%，可能是受到员工创业的企业组织转型与社会文化之间的冲突影响。尽管如此，共享创业成果、激发企业活力、带来新的经济增长点等的种种优势使得员工创业的形式逐渐受到青睐。

第三，个人财富不是创业者的唯一抱负，新一代企业家们的创业动机呈现多元化特征。创造财富的欲望显然并不会消失，在 50 个经济体中，有 35 个国家超过 50% 的人的创业动机是谋生，因为工作机会稀少，创业是摆脱贫困的重要途径。在伊朗、卡塔尔、巴基斯坦、印度和意大利的创业者中，超过 80% 的人将积累巨额财富作为创业动机。但在挪威和波兰，这一比例不到 20%。统计中有 19 个经济体超 50% 的早期创业者的创业目的是使世界有所不同，这表明创业者正越来越多地为社会和环境的可持续发展承担起自己的责任，更加看中自我价值实现而非追求纯粹物质的回报①。以延续家族传统为动机的早期创业者最多的国家是波兰、印度和爱尔兰，该偏好主要受到文化和社会习俗的影响。

第四，在 50 个经济体中，当前仅有 3 个经济体的女性创业者的比例超过男性，分别为沙特阿拉伯、卡塔尔和马达加斯加。其中沙特阿拉伯的表现尤为亮眼，这与沙特阿拉伯最近的政策变化相关，政策赋予了女性更多的个人自由。但与之形成鲜明对比的是，在埃及、挪威、北马其顿、日本和巴基斯坦，男性与女性早期创业者的比例超过 2∶1。创业方面的性别差异将抑制女性在经济体中强劲作用的发挥，降低经济体的增长潜力。

第五，在绝大部分被观察的经济体中，消费服务创业者占比最高，印度、中国、波多黎各和墨西哥的消费服务创业者比例超过 70%。这类创业的成本相对较低，进入壁垒低，但也因此竞争激烈、利润低、流失率高。商业服务创新型创业占比较高的国家为克罗地亚、挪威、斯洛文尼亚、卢森堡和英国，均超 30%。新兴经济体如约旦、南非、墨西哥和巴西等商业服务

① M. Benz, "Entrepreneurship as a Non-profit-seeking Activity," *IEW-Working Papers* 1 (2006): 23 - 44.

创业者的占比低于10%。该类型创业的特点为以技术创新和专业知识为原动力实现盈利和增长。在过去几十年，发达经济体经济发展的关键转变之一是商业服务的增长和消费服务的相对下降。

三 全球创业生态指数

（一）指数介绍

全球创业生态指数（Global Startup Ecosystem Report，GSER）于2012年首次发布，它由Startup Genome公司构建，最早在2011年时和硅谷创新大师Steve Black以及斯坦福大学一起对科技初创公司取得成功的影响因素展开调查。GSER的基础数据库涵盖了对超过100万家公司、270余个创业生态系统以及10000名创业企业高管的调查问卷。截至2020年，该公司已经发布6期报告。前2期由于语言障碍，并未将中国、韩国纳入考察范围，2017年将中国纳入考察范围。而2018年以后的报告同时涵盖了创业生态系统的生命周期模型，进一步完善了创业生态系统的评价体系。

（二）指数结构分析

全球创业生态指数同样以城市为基本单位，从多维信息出发探究不同城市的创业生态的活跃度。GSER认为每个城市的创业生态系统对初创企业的成立与发展以及区域经济发展都具有重要作用，并提出了可量化分析创业生态系统的生命周期模型，在此基础上，对生态系统业绩、融资、市场覆盖率、连通性、人才、创业经验、知识专利7个维度进行量化分析，以此对全球城市的创业生态系统作出评价（见表7）。

在创业生命周期模型中，创业被划分为启动期、全球化期、扩张期和整合期，由此生态系统的绩效通过该生态系统中创业企业早期退出率、成功率以及独角兽企业的产出率来评估。

表 7　全球创业生态指数框架

全球创业生态总指数	业绩	30%	衡量创业生态系统中,创业企业的估值、产出、成功存活率和退出率
	融资	20%	衡量早期创业企业的融资规模、融资质量
	市场覆盖率	12.50%	衡量创业公司可以覆盖的市场规模、创业公司步入全球市场的难易度
	连通性	12.50%	衡量创业生态系统与全球知识网络的连通性、创业生态系统内部知识的连通性
	人才	10%	衡量创业生态系统中科技类人才的密度
	创业经验	10%	衡量创业生态系统中创业者的创业经验、团队工作经验
	知识专利	5%	衡量创业生态系统中专利的数量和质量以及研究能力

资料来源:《2020 年全球创业生态系统报告》, Startup Genome, "The Global Startup Ecosystem Report GSER 2020," https://startupgenome.com/reports, 25 Jun. 2020。

(三)指数排名与主要结论

2020 年全球创业生态指数前 7 排名与 2019 年相同,只是位次稍有变化:硅谷继续居第 1,纽约和伦敦并列第 2,其次是北京、波士顿、特拉维夫和洛杉矶。硅谷连续 9 年保持在全球创业生态首位,在 2020 年的最新得分中,其业绩、融资、市场覆盖率、人才、创业经验和知识专利 6 个分项子指标也同样居榜首(见表 8)。

表 8　2020 年全球创业生态指数得分与排名

单位:分

城市	综合排名	变化(以2017 年为准)	业绩	融资	市场覆盖率	连通性	人才	创业经验	知识专利
硅谷	1	0	10	10	10	8	10	10	10
纽约	2~3	0	10	10	9	10	10	5	10
伦敦		+1	9	10	10	10	10	7	9
北京	4	0	10	9	10	1	10	10	10
波士顿	5	0	9	9	9	9	9	5	9
特拉维夫	6~7	-1	9	9	10	8	9	4	9
洛杉矶		+3	9	10	9	4	9	7	9
上海	8	0	10	8	8	1	9	10	10

续表

城市	综合排名	变化(以2017为准)	业绩	融资	市场覆盖率	连通性	人才	创业经验	知识专利
西雅图	9	+1	8	6	8	9	8	7	8
斯德哥尔摩	10	+4	8	5	8	5	7	3	8
华盛顿	11	新增	5	7	7	7	8	1	5
阿姆斯特丹	12	+7	6	7	7	10	7	1	6
巴黎	13	-2	4	9	1	9	8	1	4
芝加哥	14	+4	5	6	6	6	8	1	5
东京	15	新增	7	8	3	1	7	9	7
柏林	16	-9	7	7	2	10	7	1	7
新加坡	17	-5	4	8	8	7	4	1	4
多伦多-滑铁卢	18	-2	5	8	6	8	6	2	5
奥斯汀	19	-6	5	6	5	7	6	7	5
首尔	20	新增	7	3	9	1	5	10	7

资料来源：《2020年全球创业生态系统报告》，Startup Genome，“The Global Startup Ecosystem Report GSER 2020，” https：//startupgenome.com/reports，25 Jun. 2020。

从不同大洲的表现来看，北美仍然处于领先位置，虽然北美的初创企业生态系统数量较去年稍有减少，但前三十大生态系统中仍有9家位于北美，其中以硅谷为首的8家在美国，1家位于加拿大。亚洲今年在创业生态上有更好的发展，在全球创业生态系统中的地位持续上升。全球的顶级创业生态系统中有30%的国家（地区）来自亚洲，相较2012年的20%增长明显。东京（排名第15位）与首尔（排名第20位）2020年由于研发实力增强，取代了班加罗尔和圣地亚哥进入全球创业生态系统前20的行列。中国大陆进入前30名的城市也从2017年的2个增长为2020年的4个，深圳和杭州以其先进的制造业与大型的互联网机构跻身全球前30强。今年亚太地区对全球创业生态系统价值的贡献率上升到33%，但仍低于对全球GDP的贡献率（38%），这代表亚太地区仍然具有一定的开发潜力。

2020年全球创业生态调查首次将全球的新兴创业生态系统纳入统计，这些生态系统虽然排在100名以后，但是由于地区政策的完善与经济的发展，它们将在未来获得更多的发展动力。新兴生态系统包括49个国家和

3480亿美元的生态系统，其中排名前5的分别为孟买、雅加达、苏黎世、大赫尔辛基、广州。在100个新兴创业生态系统中，有38个来自欧洲，居于世界前列。紧随其后的是北美和亚太地区，分别包括32个和22个新兴创业生态系统。

聚焦粤港澳大湾区，深圳、广州和香港3个城市表现突出。深圳2020年首次进入全球前30位创业生态系统榜单，居第22位，在创业生态系统生命周期中已经处于全球化期。深圳作为亚洲的制造中心和科技创新中心之一，其增长源于机器人产业、先进的制造业和专利研发优势，其在知识、业绩、融资等领域都表现优秀，其中生态系统估值、研发投入、专利数量等多个分指标指数均排在世界前列。同时增长指数也在30个生态系统中排名第1，体现很大的创业发展潜力。但是深圳地区的一个短板在于没有全球领先的创业公司作引导，更多的是集中于本地的发展。同时深圳在本地连通性方面表现也一般，不利于科技企业长期融合发展。广州在2020年全球前100位新兴创业生态系统中排名第5位，同样在业绩、融资、专利方面得分突出。广州的创业生态系统估值在近年来飞速增长，据估计，2020年可达192亿美元，在新兴生态系统中居第2。香港地区2020年创业生态系统排第29位，较2019年的第25位相比略有下滑。香港在市场覆盖率方面得分较高，独角兽公司和全球领先的企业数量排名靠前，而在连通性、知识和专利领域仍有较大的发展空间，尤其是在扩张经验、科学研究和技术发展方面明显落后。因此粤港澳大湾区各个城市协同发展有助于深圳、广州和香港3个城市优势互补，营造更良好的创业环境与氛围。

（四）新冠肺炎疫情的影响

新冠肺炎疫情席卷全球，对初创企业造成了较大影响，这一影响表现在全球将近2/3的初创企业进行了裁员，典型的初创企业全职员工裁员率高达33%。这一现象主要是疫情导致初创企业融资来源减少和市场需求下降造成的。一方面，疫情导致社会正常生产消费运行停滞或延缓，资本流动趋缓。数据显示，全球约40%的初创公司的资金周转期小于或等于3个月。但在

2020年第一季度，全球风险投资总额下降了20%，其中，中国下降了50%。[1] 一方面，在流动性紧张的情况下，资本更倾向于选择风险小的投资项目，而初创企业大多因为信息不透明、抵押品缺乏和市场风险较大等因素而难以获得足够资金支持[2]。这意味着除非初创企业"节衣缩食"，否则可能面临大规模崩溃的结果。另一方面，经济的停滞和人们的悲观预期给部分行业和地区带来了负面影响。总体而言，在疫情防控时期，约72%的初创企业收入下滑，平均下降幅度为32%，7%的企业下降幅度大于或等于100%，仅有12%的初创企业收入出现了显著增长。

以上冲击造成的结果是初创企业大幅度裁员减薪以缩减开支费用，渡过难关，但是这将影响企业的长期创新能力，大约31%的企业对研发部门进行裁员，32%的企业对产品部门（比如软件工程师）进行裁员。这些科技创新型人才下岗后或被大型企业吸收，或彻底离开创业生态系统。由此来看，疫情影响了初创企业的创新能力甚至生存能力。

四　全球创新创业指数特点

（一）国内创新创业指数

1. 朗润—龙信中国区域创新创业指数

朗润—龙信中国区域创新创业指数由北京大学国家发展研究院和龙信数据研究院统计，通过科学抽样和实地追踪调查获得中国企业创新创业状况的微观层面数据，及时观测跟踪各地创新创业的绩效与潜力并推动更高质量的政策研究。该指数统计开始于2016年，从2019年起对社会公布省、市排名，涵盖1990～2019年全量企业数据。

在地区层面，该指数涵盖全国省、市、县级区域，同时包括长三角、珠

① Startup Genome, Global Startup Ecosystem Report 2020, https://startupgenome.com/reports, 6 Jun. 2020.

② 林毅夫、孙希芳：《信息、非正规金融与中小企业融资》，《经济研究》2005年第7期。

三角、京津冀等经济带；在行业层面，该指数涵盖包括生产性服务业等特定行业之内的全行业数据。总体来看，它以企业发展为核心，综合反映当下国家和地区创新创业的活力程度、特征和成果，并对1990年以来中国创新创业版图的变迁进行研究。

朗润—龙信中国区域创新创业指数主要围绕企业家、投资、技术3个维度构建1个创新创业指数群。企业家角度，以地方产生企业家的数目和吸引外来企业家来本地建立企业的数目作为一个地方企业家精神的标志。投资资金角度，以衡量吸引风险投资和吸引外来资金投资的情况作为市场检验的重要标志。技术角度，则通过专利和商标的注册数量来考察中国企业在技术方面的创新表现。由于不同指标的含金量和在创新创业绩效方面重要性不同，因此每个维度的客观指标分别被赋予不同的权重（见表9）。以7个指标分别衡量各省、市、县的创新创业得分情况，随后将7个客观指标绝对值按照Z-score方法标准化并加权汇总，得到创新创业指数标准值。最后将标准值转化为服从正态分布假设下的分位数，由此计算得到各区域的创新创业指数得分。

表9　朗润—龙信中国区域创新创业指数框架

单位：%

维度名称(权重)	分项指标	在指数中所占权重
新建企业(20/100)	新增企业注册数量	20
吸引外来投资(15/100)	新增外来法人投资笔数	15
吸引风险投资(25/100)	新增风险投资企业数量	25
专利授权数量(25/100)	新增发明专利授权数量	12.5
	新增实用新型专利公开数量	7.5
	新增外观设计专利公开数量	5
商标注册数量(15/100)	新增商标注册数量	15

资料来源：《朗润龙信中国区域创新创业指数2019》。

该指标主要采用总量创新创业指数，同时也设计了区域创新创业的人均指数和单位面积指数，并对此结果进行辅助分析。人均指数排除了人口规模对排名的影响，体现了一个地区创新创业的强度，而单位面积指数则体现了一个地区创新创业的地理密度。

2. 中国区域创新创业发展指数

中国区域创新创业发展指数由中创凯立达规划设计研究院有限公司发布，旨在从一个特定视角来体现我国新时代区域创新创业的全景图。该指数从不同维度进行深层数据挖掘、动态量化分析和多维观察透视，通过选取各区域创新创业领域关键指标，借助地方政府的对外公开数据对我国 31 个省、自治区、直辖市的创新创业总体水平和发展状况进行测算和评估。指数结果包括创新创业 4 个维度的总体评价和 4 个分项目的单独评价，并根据结果将全国省市划分为领先区域、追赶区域、成长区域和潜力区域，有助于弥补各区域在创新产出与创新创业环境方面的短板。

该指标体系包含创新投入、创新产出、创新成效、创新创业环境 4 个一级指标（见表 10）和 28 个二级评价指标，评价维度全面，涵盖创新创业的大部分，同时在具体的指标选取上具有很强的针对性。其中，创新投入衡量社会对于创新的总体投入情况，包括人力财力投入、基础研究投入、企业等创新主体研发投入以及财政经费投入多个方面，综合反映各区域创新投入状况；创新产出以论文、专利、技术成果成交额等反映各区域创新中间产出结果；创新成效反映创新对区域经济社会发展的整体影响，包括产品结构、高新技术产业发展水平、能耗水平等多个方面；创新创业环境则以驱动创新创业发展必备的人才、资本、基础设施、产学研合作情况等反映各区域对创新创业的引导和扶持力度。

表 10　中国区域创新创业发展指数构成

中国区域创新创业发展指数			
创新投入	创新产出	创新成效	创新创业环境
25%	25%	25%	25%

资料来源：《中国区域创新创业发展指数报告》；《“中国区域创新创业发展指数报告”发布！区域创新创业的量化“全景图”》，凤凰网财经网站，2020 年 12 月 30 日，https：//finance. ifeng. com/c/82dCeMcMJBu。

3. 中国区域创新能力监测指标

中国区域创新能力监测指标由中国科学技术部发布，客观反映国家、区域和企业等的创新活动特征。该指标最早于2012年发布，同时发布《中国区域创新能力监测报告》。监测数据涉及经济、社会、科技、环境等各个方面，从规模总量、增长速度等多个角度反映地区和企业的创新情况。但由于部分监测数据难以及时更新，因此2019年指标中的数据为发布时能获取到的最新数据，多为2017年数据。

该指标体系基于既定的区域创新能力特征、指标数据的可获得性和质量，涵盖创新环境、创新资源、企业创新、创新产出和创新绩效5个一级指标和53个二级指标，从理想的创新环境、充分的创新资源、积极的企业创新活动、不断涌现的创新产出和宏观经济效率的提高等方面对区域创新能力进行监测（见表11）。

表11　中国区域创新能力监测指标构成

中国区域创新				
创新环境	创新资源	企业创新	创新产出	创新绩效
20%	20%	20%	20%	20%

资料来源：中华人民共和国科学技术部编《中国区域创新能力监测报告2019》，科学技术文献出版社，2019。

其中，创新环境有7个二级指标，创新以较高的经济发展水平、丰富的创新人力资源、较高的社会信息化水平为基础条件，因此二级指标包括大专以上学历人数、驰名商标数量、地区生产总值、国际互联网用户数等多个方面，集中体现创新的理想环境。创新资源的12个二级指标综合反映创新的人才与资金支撑，由于创新水平的高低体现为政府的重视与支持程度、高校或研究机构与企业的合作程度，因此二级指标包括R&D经费支出、财政性教育经费支出、企业减免税额、国内外论文数量等。企业创新指标聚焦企业和科研机构内部的创新研发投入与结果，因为企业创新能力体现具有较高的积极性、重视外部技术的吸收引进、重视知识产权的创造和保有，因此该指标下包括企业R&D经费支出、研发机构企业占比、发明专利拥有量等10个二级指标。创新产出指标客观评价创新投入的产出结果，包括发明专利申请与授权数量、技术合同成交额、高技术产业增加值占生产总值比重等10个二级指标。创新绩效则反映创新对宏观经济总量增长的贡献，涵盖劳动、资本与能源投入效率的提高，因此包括第三产业增加值占比、劳动资本生产率、二氧化硫排放达标率等14个二级指标。

（二）国内外创新创业指标的特征

表12　国际双创指数比较

全球创新指数	创新投入指数	制度	政治环境
			监管环境
			商业环境
		人力资本和研究	初等教育
			高等教育
			研发
		基础设施	信息通信技术
			普通基础设施
			生态可持续性
		市场成熟度	信贷
			投资
			贸易、竞争和市场规模
		商业成熟度	知识型工人
			创新关联
			知识吸收
	创新产出指数	知识和技术产出	知识创造
			知识影响
			知识传播
		创意产出	无形资产
			创意产品和服务
			网络创意

续表

全球创业生态指数	业绩	创业生态系统培育创业企业的能力	
	融资	早期创业企业的融资规模以及融资质量	
	市场覆盖率	创业公司可以覆盖的市场规模以及创业公司步入全球市场的难易度	
	连通性	与全球知识网络的连通性以及系统内部的知识连通性	
	人才	科技类人才的密度	
	创业经验	创业者的创业经验以及团队工作经验	
	知识专利	专利的数量和质量、研究能力	
全球创业指数	态度	机会感知	感知商业机会的能力
			商业自由度
		创业技能	技能认知
			教育(高等教育×教育质量)
		风险接受程度	风险感知能力
			国家风险
		网络化	城市化程度
			交通基础设施
		文化支持	职业现状
			腐败现象
	能力	创业机会	机会动因
			监管(税收×良政)
		技术吸收	技术水平
			技术吸收
		人力资本	教育水平
			劳动力市场(员工培训、劳工自由)
		竞争力	当前竞争者的市场力量
			反垄断政策
			监管主体的有效性
	愿景	产品创新	新产品
			技术转让
		工艺创新	新技术
			科学技术(研发支出总量、科研机构水平、科学家和工程师的可利用度)
		高增速	高增长企业的占比(10人以上且每年保持50%增速的企业)
			风险资本融资的可能性及商业策略的成熟度
		国际化	出口
			经济的成熟度
		风险资本	风险权益资本的可得性
			资本市场的深度

资料来源：根据《2020年全球创新指数报告》《2019－2020全球创业观察报告》《2020年全球创业生态系统报告》整理。

国内外主流创新创业评价体系中，评价框架大体一致，基本包括创新投入、创新产出、创新环境与产业化三大主体部分，部分子指标存在重复或类似情况。

相对而言，国外指标更侧重对创新投入的衡量，包括政治商业制度、人力资本教育、基础设施建设、创新主体研发投入、市场成熟度、财政经费投入等多个方面，为创新创业活动发展提供支撑。自 2008 年金融危机后，全球对创新创业的投入总量和强度均稳步提升，2018 年全球研发支出增长了 5.2%，高于全球国内生产总值的增速。《2020 年全球创新指数报告》还重点讨论创新融资问题，强调各政府与私营部门应加大对创新领域的投入，通过“反周期”方式增加创新支出来消除企业支出缩水给创新带来的不利影响。由此可见，国外的指标体系在衡量区域的创新创业水平时更关注创新投入的布局与强度。而国内指标更偏向于从多角度衡量创新的结果，不仅涵盖论文、专利申请授权数量等中间产出结果，还包括人均生产总值、能耗水平、高技术产业绩效等宏观经济社会发展指标。双创的实质是在有限的资源供给能力下提高对资源的利用效率，充分利用城市或企业内部的创造和创新能力，提高产业绩效和创新绩效。国内双创更加注重集约式的可持续发展，因此在指标体系方面会向创新创业的产出结果倾斜。

除侧重点有所不同之外，国内外创新创业指标还存在研究对象、时间长度等的区别。

第一，国外的评价体系对创新创业绩效的衡量超越了国家这一分析单位，除以国家、经济体或城市作为评价对象以外，多数也包括国家内部的科技或经济集群。譬如全球创新指数（GII）在其报告中同时从专利申请发明人、科学出版物作者等角度出发，评出全球前 100 位科技集群。由于科技创新领先的生态系统往往需要很长时间才能形成，因此这一名单更好地反映了当地创新生态系统的稳定性。以中心城市为核心的大都市圈将形成多个区域创新增长极，通过创新要素的集聚带动区域经济和科技创新能力迅速发展。因此相比单独衡量国家的创新创业能力，对集群的分析具备更为宏大的空间视角，也便于更精准地了解自身创新的优势差距，进而通过学习借鉴优秀集群来提高自己的创新能力。

第二，国内指标的评价对象除省、市行政区外，还包括企业和部分行业，而国际指标多数以宏观统计数据来间接反映创业与创新能力。评价对象多样化有助于从多个维度认识和把握被评级对象的创新发展、成就和问题，进而找准改进发力点。譬如朗润—龙信中国区域创新创业指标采用企业大数据库的全量数据，包括中国国内全部行业、全部规模的企业，并特别覆盖创新活跃度高的中小微企业和创业期企业，从微观企业的角度观测国内所有企业各个维度的表现。将企业和行业纳入创新创业评价体系，能够把原本分散的技术、人、投资等几个领域数据有机联系起来，统一从“企业”的角度进行划分，涵盖能够体现创新创业不同侧面的多维度综合评价指标，从而实现跨界和多维度评价。

第三，国内部分指标涵盖的时间维度更长，譬如朗润—龙信中国区域创新创业指标覆盖 1990 ~2019 年的数据，并针对县级区域划分和行业的变动进行调整，使得该指数不仅能够进行区域间的横向比较，也能够纵向观测出不同地区创新创业强度的波动变化和动态趋势。而国外指标多数仅包括当年的创新创业数据，在时间维度上进行比较较为困难。

参考文献

《2020 年全球创新指数报告：新冠疫情对全球创新增长造成压力》，中华人民共和国中央人民政府网站，2020 年 9 月 3 日，http：//www. gov. cn/xinwen/2020 – 09/03/content_ 5539667. htm。

B.11
2020年度国家创新体系比较研究

兰 赛　吴映君　王 晴*

摘　要： 本报告将主要研究国家创新体系建设中所积累的经验、实践中的不足和面临的机遇。首先从国际视角出发，借鉴其他先进经济体创新体系发展的特色，为我国国家创新体系的建设提供宝贵经验，其次梳理回顾我国国家创新体系发展现状并对一些相关问题进行思考，最后映射到区域创新体系的探究，对粤港澳大湾区创新体系的建设提出建议。我国从国家创新体系建设出发，以创新促发展，从而实现科技强国，助力中华民族的伟大复兴。因此，研究国家创新体系的建设对我国的创新和经济的发展具有现实和长远意义。

关键词： 国家创新体系　区域集群　粤港澳大湾区

在当前激烈的国际竞争中，创新能力的提升成为增强我国经济整体竞争力的关键，“十四五”规划与2035年远景目标纲要指出了创新在我国社会主义现代化建设中处于核心地位。我国迫切需要推动国家创新体系（National Innovation System，NIS）的转型升级与建设。国家创新体系是由企业、大学、政策等相互作用而形成的一种关系网络，体系的建立是推动科技进步的基础和关键。

---

* 兰赛，管理学博士，法国里昂商学院副教授兼商业智能中心运营副主任，研究方向为创新与创业、国际商业管理、企业战略；吴映君，中山大学国际金融学院硕士研究生，研究方向为创业创新、区域经济；王晴，经济学博士，中山大学国际金融学院副教授，研究方向为劳动经济学、发展经济学等。

一　发达经济体的国家创新体系特征

美国、日本和德国等是世界上科技实力位居前列的经济体，其背后有国家创新体系的支撑。回顾近年来这些发达经济体在国家创新体系方面的发展特点，能为推动我国国家创新体系的良好建设提供借鉴经验。

（一）美国

美国在创新领域常年处于世界领先的地位，近3年全球创新指数排名分别为6、3、3①，2010～2019年美国PCT专利申请量全球占比始终保持在20%以上（见图1）。虽然中国和欧盟等其他经济体近年来创新实力的增强给美国带来了诸多的压力和挑战，但是美国的创新实力仍不可小觑，其在NIS建设方面仍有许多可圈可点之处。

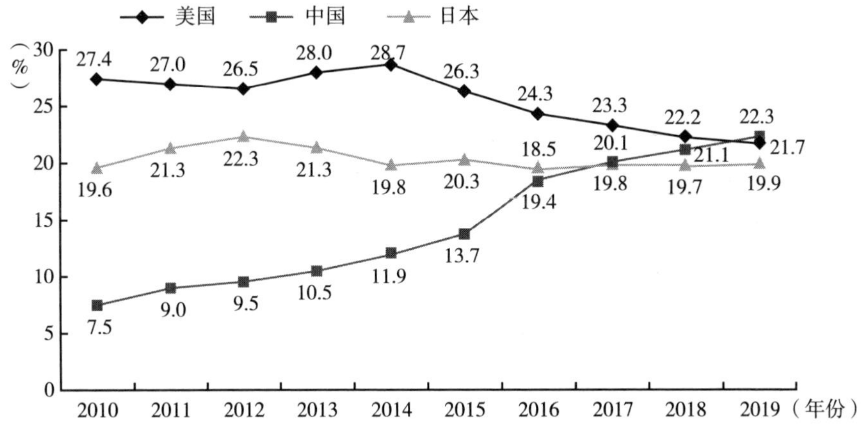

图1　2010～2019年美国、中国、日本PCT专利申请量全球占比

资料来源：Wind数据库。

① 参见2018～2020年全球创新指数报告，https://www.wipo.int/global_innovation_index/en/2020。

就商业环境要素而言，美国企业管理水平高超、金融市场体系成熟、企业融资渠道来源广泛、消费者需求旺盛等因素均对国家的创新和发展产生积极的影响。同时，美国科技创新方面完备的相关法律和监管体制、特定的税收优惠和开放的贸易体系也对创新发展起到强大的推动作用。

美国政府对创新战略的设计也始终保持高度重视的态度。20 世纪末，美国便将宣布启动“信息高速公路计划”作为国家重要的创新方向，准确抓住了信息技术新时代的变革机遇。此后，“美国竞争力行动计划”“美国国家创新战略”等政策陆续出台。2018 年，针对人工智能发展的新动向，美国通过成立特别委员会、开展产学研合作等行动进一步促进创新活动。

在一系列建设国家创新体系的举措中，政府的主要着力点在于对包括教育、基础科研等在内的要素投入的大力支持。

第一，美国政府注重研究和技术的投入并进行大规模的资金支持。2018 年，美国研究与试验发展（R&D）经费支出占 GDP 的 2.84%[①]，政府每年花费在联邦实验室的研究和高校科研成果的商业化领域的金额超过 1500 亿美元[②]，还成立了国家科学基金会（NSF）为高校研究提供资金、为企业特定技术方向的研发提供资助。

第二，多元化的人才培养体系。美国大学分为社区大学、一般性州立大学和高水平研究型大学，可满足不同层次的人才培养需求。同时，学校独特的教育方法使其更擅长培养学生形成独立和创新性思维。政府还实施 STEM[③] 项目，加大对科学、技术、工程和数学领域高端人才的培养力度，当前累计投入超 2 亿美元。

第三，创新集群主导着美国创新生态系统。将各类创新要素汇聚在一个相对集中的区域，即形成创新空间集群。在 2020 年全球科学技术集群排名中，美国是拥有集群数量最多的国家（25 个）。其中，从科学技术活跃度

① 参见 Wind 数据库。

② 参见悉尼大学美国研究中心数据，https://www.ussc.edu.au/analysis/innovation-policy-in-the-united-states-and-australia。

③ STEM，即科学（Science）、技术（Technology）、工程（Engineering）、数学（Mathematics）。

看，圣何塞—旧金山集群排名全球第三[①]。高专业技术水平的人力资本、高效有力的领导团队、稳定的市场需求等均推动了美国产业集群稳定蓬勃发展。比较有代表性的集群空间是旧金山湾区，其在高校、政府和企业家的共同主导下，成为当前著名的世界高科技研发中心，拥有苹果、谷歌和脸书等大型科技创新企业，是当前全球人均 GDP 最高的湾区。从就业结构看，湾区内部计算机、数学、金融和管理等行业的从业人员比例显著高于美国其他地区。集群空间内部资源的有机协同、人力资本的持续输入以及国家政策的大力扶持，为湾区的科技创新产业提供了强大支撑。

（二）日本

2020 年，日本在全球创新指数排名中排第 16 名，在世界前 10 名科技集群排名中，日本的东京—横滨和大阪—神户—京都分别排第 1 名和第 6 名[②]。日本作为世界第三大经济体[③]，在“二战”后先后以科技立国、知识产权立国等举措不断增强自身的科技实力。尤其是在 20 世纪 90 年代初期，在经济疲态尽显的背景下，日本政府决定走“自主创新”之路，颁发了日本科技立国战略的根本大法：《科学技术基本法》。此后，日本接连出台了有关科技创新的法律和科技政策，并通过和实施了每五年一次的《科学技术基本计划》，加大了科技投入，日本 R&D 经费支出占 GDP 比重长期保持高于 3%（见图 2），还推进了 NIS 的改革，致力于打造成国际上最适宜创新的国家。日本对科技的投入获得了显著的成果，截至 2019 年，日本诺贝尔奖获奖总人数共 27 人，2000 年以来共获奖 22 人，其中自然科学奖人数达 19 人[④]。

创新能够对社会生产消费的运作方式产生影响，改变社会经济的性质。而企业、大学和政府是国家创新体系的主要构成主体，文化、经济、环境也

① 参见 2020 年全球创新指数报告，https：//www. wipo. int/global_ innovation_ index/en/2020。
② 参见 2020 年全球创新指数报告，https：//www. wipo. int/global_ innovation_ index/en/2020。
③ 参见 Wind 数据库。
④ 参见日本诺贝尔奖获得者 360 百科，https：//baike. so. com/doc/9429006 – 9769532. html，2020。

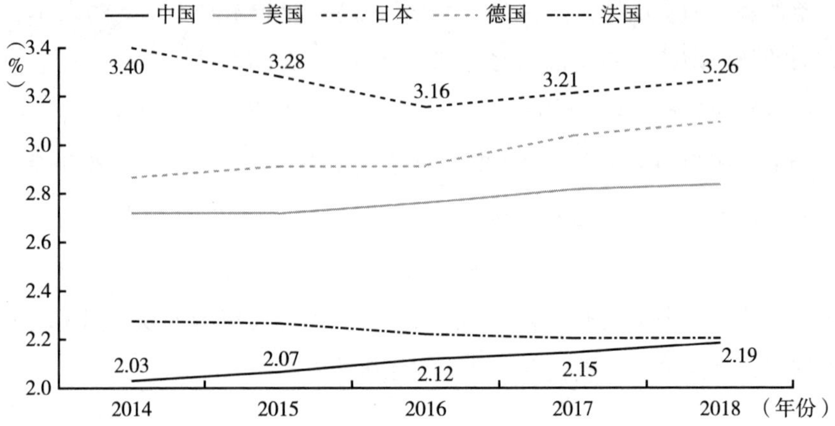

图 2　2014 ~ 2018 年部分国家 R&D 经费支出占 GDP 比重

资料来源：Wind 数据库。

影响着国家创新体系的建设方向和效果发挥。日本完善和发展国家创新体系的主要特点体现在以下两方面。

一方面，日本政府引导企业与研究性大学、研究机构等开展广泛的合作，共同进行研发，形成了“政产学研”的科技创新模式。“政产学研”的合作模式促使高校研究成果转化的举措是日本推进科技发展的典型战略。“产”主要指企业，其在技术创新体系中处于主体地位，主要开展应用型研究，实现创新技术的应用和商业化。“学”和“研”分别以研究型大学和研究机构为主。大学是科学研究和基础研究的主体，公立研究机构主要从事发展研究。“政”指的是政府和相关的职能部门，其主要发挥引导、扶持和必要的干预作用，通过制定《科学技术基本计划》等一系列政策确定科学发展重点领域，牵头促进企业和研究性大学、研究机构进行合作，激励各单位共同从事科技创新活动，驱动产业发展，加大对具备后劲的高新技术领域的投入力度，推动科技创新协调发展。虽然“政产学研”的合作仍处于小规模阶段、科研成果实现商业化的中介机制还不完善，但“政产学研”模式充分利用了各方的优势，实现了科技创新与产业的紧密结合，是日本科技创新的重要组成部分。为了跟上急剧变化的信息时代，日本安倍政府提出的

“超智能社会”建设构想也是基于“政产学研”的协同合作展开的。

另一方面，日本的国家创新由封闭式创新模式走向开放式创新模式，自2010年至今，日本致力于建设最适宜创新的国家，促进开放创新。为了使各主体能够以开放的姿态拥抱创新，日本政府积极统筹建设各类创新创业集群，提高大中小型企业、高校、研究机构之间人才、资本和知识等创新要素的流动性。受终身雇佣制度影响，日本人才流动十分有限，日本政府确立了交叉任职制度的基本轮廓以减少人才的交流与合作在地域、组织上的障碍。同时，面对日本大企业自我意识强、排挤外来创新的问题，政府通过税额减免等方式刺激企业开放创新。面对“融资难”的中小企业和扶持初创行业的风险投资企业，日本则加大政策和资金上的扶持力度，以满足该类企业在创业、商业化等不同阶段的需求。日本政府意识到，就建设NIS而言，通过上层制度鼓励来推动社会各方发挥特有优势非常重要。无论是促使人才和资金的流动，还是引导各机构的合作，良性循环机制都始终受到政府的高度重视，这为日本长久的科技创新发展奠定了良好的制度基础。

（三）欧洲

欧盟作为老牌的资本主义工业经济体，在世界经济版图中占据重要地位。欧盟主要通过推行统一的创新政策和法律架构，加强各成员国之间的交流与协作以及资源整合、国际创新竞争。例如，在人工智能领域，欧盟陆续颁布《欧盟人工智能战略》《人工智能合作宣言》等一系列文件，又于2020年2月颁布《人工智能白皮书》，这是欧盟促进人工智能技术和产业发展的又一纲领性文件。

从内部成员国进行研究，作为欧盟两大支柱之一的德国凭借其成熟的创新生态系统始终处于全球创新的前沿，它的创新路径主要表现在创新创业政策的稳定、系统和可持续。德国政府在推进创新发展的过程中，适时恰当地对产业发展进行了引导和协调。政府定期发布新的高新技术战略，确定国家未来发展领域，提前对新兴领域进行部署；同时通过提高关税来扶持新兴产业，通过颁布商业法、营业自由法等为市场经济的正常运行提供保障。自

1990年两德统一伊始，德国政府即开始推行一揽子创新计划。此后，德国出台了保障研发机构研发资金的《研究与创新协议》、确定10个未来重点研究项目的《思想·创新·增长——德国2020高技术战略》、强调数字化经济和工业4.0重点产业的《高技术战略2025》等战略文件。除此之外，企业、政府、高校和研究机构分工明确、配合发力也是德国科技创新能力出众的重要因素。值得一提的是，德国有四大非营利性研究机构，分别为马普学会、亥姆霍兹联合会、弗劳恩霍夫协会和莱布尼兹科学联合会，它们在德国科研中扮演重要角色。此外，商会、基金会等也在不同机构之间充当桥梁。

欧盟另一重要支柱——法国在科技创新方面的成就得益于其国家创新科技计划（La French Tech），包括竞争力极点计划、未来投资计划、新法国工业计划和未来工业计划等。法国具有健全的科技计划管理体系，计划从编制、实施到考核各方面的机制均较为完备。英国作为工业革命发祥地，长期以来也一直拥有着国际一流的创新能力。政府宏观引导科技创新协调发展，“产学研”等社会各界均高度重视科技创新并相互协作，学界、高校追求高质量科研，创新服务业发达，创新生态良好，形成了高效的国家创新体系。

瑞士是一个只有800多万人口的小型欧洲内陆国家。自2012年以来，瑞士已经连续9年稳居全球创新指数排名榜首，极具创新活力。其强大的创新竞争力与背后优质的NIS建设息息相关。在瑞士的创新体系中，最大的特点之一是大企业具有雄厚的研发资金投入实力。瑞士对企业实施不援助、不补贴政策，企业完全按照“丛林法则”竞争生存，国家的龙头企业基本是私营企业。在这样的竞争环境下，企业灵活性强、接受新事物和新知识的速度快，企业一旦创新能力难以跟上将立刻被市场淘汰。瑞士的大型企业平均研发投入比重为36%，大企业积极与高校、研究机构合作，推动瑞士NIS的有效发展。此外，瑞士拥有多所世界一流高校，为国家创新体系提供源源不断的人才支持。在2021年QS世界大学排名中，作为一个内陆小国，瑞士有3家高校上榜，其中苏黎世联邦理工学院在欧洲乃至世界赫赫有名，位居第六①。根据瑞士联邦统计局的数据，在同一年出生的人口中，有2.5%的瑞士人口获得了博士学位，在经合组织国家排名中位列第一。

（四）经验总结

创新是发展的源泉。中国正处于经济转型的关键时期，通过回顾近年来在创新领域处于全球领先地位的经济体的国家创新体系建设，我们能够从中借鉴它们科技创新方面的经验，并结合我国的实际国情，建设有中国特色的科技创新系统。

第一，大力提升源头创新能力，打造多元化培养创新型人才的管理和教育体系。基础研究领域是创新的活跃领域，也是颠覆性创新的源头。我国虽然在创新性论文发表数量和专利申请量方面连创新高，但不可否认的是，在基础研究领域实力仍然较弱，资金投入相对不充分。因此，一方面，我国可以通过科研管理体系改革，改善科研考核制度以鼓励科研工作者潜心进行基础研究，实现重大理论的颠覆式创新。另一方面，创新之道在于人。我国在高等教育人才培养中，要加大投入和支持力度，实现本土人才与外来人才并重，注重培养跨学科复合型人才，强调高校人才与研究机构和产业实践的融合。

第二，加强产业集群建设，厘清政府和企业定位。美国充分利用地缘优势，在短时间内将大量的创新人才和资源集聚起来，使创新得到迅速发展。我国也在积极建设长三角、粤港澳大湾区、珠三角、京津冀等城市群，在集群内纷纷成立各种开发园区。但是，这些园区都是在政策引导下建立起来的，集群内生创新动力不足。政府既要通过税收优惠、资金投入、引导合作等手段来鼓励企业创新，也要重视自由市场的机制，加快完善企业的激励制度是NIS的重点，企业自身对创新的强烈需求才是创新的主导力量。换言之，在未来实践的探索中要明确政府与市场之间的定位，在政府对创新产业

① 参见2021年QS世界大学100强排名榜单，https：//www.topuniversities.com/subject-rankings/2021。

的积极引导和适当干预下，让市场发挥其机制，促使产业集群发挥自身的创新活力。

第三，深化“政产学研”合作，发挥政府的主体作用。在日本的国家创新体系中，政府在“政产学研”模式里起到了不可替代的作用。我国政府应充分发挥在科技创新中的引领作用，继续制定鼓励企业、高校和研究机构创新的有利政策，创造良好的科研条件，形成良好的创新氛围，推动企业和高校、研究机构的协作，在经费等领域为“产学研”合作提供更多的支持和保障。此外，国家也可以适当发展专门服务于科研成果商业的中介机构，在高校、研究机构和企业之间搭起合作的桥梁，促使其科研成果进行转化，加快中国“产学研”融合发展的进程。

二　中国国家创新体系

（一）战略背景

中国的经济发展已经进入新常态，跨过“中等收入陷阱”成为新的考验。当前我国人均 GDP 仅约为经合组织国家平均水平的 1/5①，与发达经济体相比仍有较大的差距。与此同时，我国过去经济的主要增长动能——生产率提高、资本深化和劳动力投入增加的作用正在弱化。我国经济增长的放缓，主要是因为全要素生产率的提升速度放缓。虽近两年已经有所回升，但当前中国的全要素生产率仅约为经合组织国家的一半，仍有很大的增长空间。在居民消费和经济增长放缓的背景下，在投资总额中占据重要位置的私人投资也呈现下降的态势。劳动力在经济增长中的重要地位不言而喻，但国家人口总规模见顶、未来急剧萎缩的问题逐渐显现，老龄少子化或将成为需要面临的危机。

在国外，中国面临着愈加不稳定的全球环境。中国正在国际舞台上扮演

① 我国 2019 年人均 GDP 为 7.09 万元人民币。

着愈加重要的角色，通过“一带一路”建设等重要举措积极与其他国家开展金融、贸易等合作，主动拥抱全球化。但是，就中国的贸易和投资政策、知识产权、关键基础设施和技术的海外投资等方面来说，中国和其他主要贸易伙伴之间的矛盾也在加剧。其中，中美两国自2018年开始断断续续地发生贸易摩擦，美国试图打击、削弱我国高新技术领域的竞争能力，如针对中兴通讯和华为实施制裁等。这种紧张局势很可能会削弱中国在贸易活动中充分利用国际市场资源的能力，抑制中国在与其他国家贸易活动中的增长动力。而这次新冠肺炎疫情带来了较大的负面影响，不仅加剧了原有的世界格局、秩序和行业布局之间的对立与冲突，也导致了不同的抗疫模式背后的各种政治因素的竞争。

我国正处于经济转型的重要时期，面对国内外复杂的形势，政府积极寻找经济增长的新动能。我国已经意识到创新对国家经济增长和社会长期、可持续发展的重要性，党的十八届五中全会、“十四五”规划、十九大报告均高度重视创新和提高生产率对经济增长的支撑作用。政府也提出了具体的目标和实施举措——《国家创新驱动发展战略纲要》强调了重点领域和关键环节的任务部署，并在政府工作报告中提出，计划在“十四五”时期将全社会研发经费投入年增长率提高到7%以上。同时令人欣喜的是，我国数字经济发展迅速，正逐渐为经济增长创造新亮点。根据《世界互联网发展报告2019》，我国2019年的数字经济规模高达35.8万亿元，超过GDP的1/3。中国数字经济焕发出强大的生机与活力，走在世界的前沿，已经成为行业转型的新方向，也是未来世界数字化发展的新引擎。传统企业以数字技术为支撑，借助互联网形成新产品和新服务的营运模式将是产业创新的重要方向。

（二）中国国家创新体系现状

2020年，中国在全球创新指数排名中升至第14位，且在专利、商标等多个领域体现出强劲的创新实力。在经济高质量发展的当下，自主创新成为发展核心，政府积极主导、以企业作为创新创业的主体、按市场导向的

“政产学研”密切融合和协作分工的国家创新体系基本形成。政府、企业、高校、研究机构等创新主体相互配合、良性互动，充分发挥其相应的优势和作用：政府主要起到制度创新支持和资金投入保障的作用，制定科创发展宏观的目标，使得创新体系既能汲取先进国家积累的经验，又能结合中国的国情、符合“中国特色”；企业作为创新的主体，通过产品、技术等的研发从事多种创新活动，促进国家创新体系的高质量发展；高校与研究机构负责基础学科的研发，同时培育高等人才，为生产打下坚实的科研基础，形成体系中的产业结合；此外还有部分中介机构承担加速科技成果产业化的任务，法制、人文、市场、国际等环境也影响着中国国家创新体系的建构。

中国特色国家创新体系不同于美国、德国等资本主义市场经济发达国家的国家创新体系，而是根据中国国情建构的，政府充分发挥集中力量办大事的优点，有计划、循序渐进地引领科技创新的发展。2006 年，我国首次明确建立创新型国家的文件《国家中长期科学和技术发展规划纲要（2006—2020 年）》发布；2012 年，党的十八大进一步提出创新驱动发展战略，坚持走中国特色自主创新道路，力求通过建设创新驱动型国家而向高质量发展转型；2016 年，相继颁发的创新驱动发展战略和“十三五”规划中的科技创新规划，为中国国家创新体系的建设树立新目标、进行全方位顶层设计。近年来，国家也在逐渐发布新的产业政策，将科技创新视为“十四五”规划时期的核心产业政策。国家有重点地提升多个集群的科技创新和产业融合能力，促进新能源、新材料、生物医药、高端制造等产业高质量发展。同时，政府也始终以高强度的创新投入作为支撑。我国 R&D 经费支出逐年走高，2020 年 R&D 经费支出占 GDP 比例达到 2.4%，绝对规模和相对水平均创下近 20 年来的新高，体现出国家在科研投入上力度之大、决心之重①。

在中国的国家创新体系中，科创中心发挥着重要的引领和辐射作用，带动整个集群与区域创新升级。北京、上海、广东三地作为全国的增长极，创

① 《中华人民共和国 2020 年国民经济和社会发展统计公报》，国家统计局网站，2021 年 2 月 28 日，http://www.stats.gov.cn/ztjc/zthd/lhfw/2021/lh_hgjj/202103/t20210301_1814216.html。

新创业水平世界领先，使得周边京津冀、长三角、珠三角区域协同创新能力随之提升。京津冀在优化产业布局分工中汇聚高端科技要素，推进天津未来科技城、雄安新区等区域建设，形成具有首都特色的城市群和协同创新地带。同时，建立京津冀协同发展联合创新中心，依托清华大学、北京大学、南开大学等区域内多所高校，共同提升协同创新能力，培养区域性人才。长三角地区着力发展科技和产业创新，借此不断提升区域一体化水平。其R&D活动企业、人员、经费支出等在全国的占比均居于领先地位，同时通过可跨省的长三角科技创新券等人才培养和创新补贴制度，解决企业创新过程中面临的产品同质化等问题①。三大城市群的覆盖范围见表1。

表1　三大城市群的覆盖范围

城市群	覆盖省、市、特别行政区	覆盖城市
京津冀	北京	北京
	天津	天津
	河北	石家庄、唐山、保定、廊坊、秦皇岛、张家口、承德、沧州、衡水、邢台、邯郸
长三角	上海	上海
	江苏	南京、无锡、常州、苏州、南通、盐城、扬州、镇江、泰州
	浙江	杭州、宁波、嘉兴、湖州、绍兴、金华、舟山、台州
	安徽	合肥、芜湖、马鞍山、铜陵、安庆、滁州、池州、宣城
粤港澳大湾区	广东	广州、深圳、珠海、佛山、惠州、东莞、中山、江门、肇庆
	港、澳	香港、澳门

资料来源：《中国统计年鉴2020》，http://www.stats.gov.cn/tjsj/ndsj/。

在政企协作关系上，中国国家创新体系完全不同于欧美国家对市场机制的放任，也不同于日韩等国的“政府主导”，而是要厘清政企的定位并将它们有机结合以发挥最大的效用。政府在创新发展的前期需要制定一系列的政策制度来引导企业的发展走向，发挥其主导地位。而在发展和改革过程中逐

① 《上海市科学技术委员会关于开展长三角科技创新券通用通兑试点的通知》，上海市人民政府网站，2021年1月19日，http://www.shanghai.gov.cn/nw49248/20210119/a295a330a43a4c7ea454f132bba5ea25.html。

渐强化企业的地位，强调“万众创新”和“大众创业”的价值，随后政府则更多作为支持者和引导者为企业赋能。现如今，企业能够从多层次的资本市场中获得不菲的创新资金，融资不仅包括传统的银行信贷体系，还包含了天使投资、风险投资、债券、股票等多种渠道。

在科研和人才方面，我国不仅注重基础创新的建设，也着力提高人力资本的质量，培育创新型人力资本进行自主创新。截至2020年末，我国正在运行的国家重点实验室达522个，国家工程研究中心350个，国家自然科学基金共资助上万个项目①。技术创新型和科学创新型人力资本当量近10年来始终保持一定规模的正向增长，建成基础科研的坚实人才队伍；高等教育迅速扩张且在培养结构上扩大硕博更高层级教育的规模；此外也通过农村人口城市化的政策加强对普通劳动力就业技能方面的培训，积累足够经验和知识，适应企业、社会转型的要求。虽然在创新教育、高层次教育、研发人员密度等方面还暂时无法追赶上科创能力强劲的国家，但纵观中国创新发展进程，我国在基础科研和人才培养领域已经获得了长足的进步。

（三）关于中国国家创新体系的思考

1. 产业政策的优劣势与应对措施

Soskice与Hall通过对比不同国家的市场经济制度指出，国家在相关领域的作用对支持市场的健康发育至关重要②。产业升级是过去几十年中国经济增长的重要动力之一，随着创新被提升为国家战略，产业政策也愈加注重科技、技术和创新的发展。合适的产业政策能够为国家重点领域的发展提供支撑，促进产业成长，提高产业竞争力。但是，也有对产业政策是否行之有效的质疑。因为政府要提供合适恰当的产业政策，既需要清楚地认识到该产

① 《中华人民共和国2020年国民经济和社会发展统计公报》，国家统计局网站，2021年2月28日，http://www.stats.gov.cn/ztjc/zthd/lhfw/2021/lh_hgjj/202103/t20210301_1814216.html。

② D. Soskice, P. A. Hall, “Varieties of Capitalism: The Institutional Foundations of Comparative Advantage,” *The Academy of Management Review* 3 (2001): 540.

业的发展前景和面临的阻力，也要了解到是否出现导致政策失灵或者市场失灵的情况以及背后的传导机制，而这并非易事。再者，即使以其他国家和自身历史经验作为制定产业政策的参考依据，随着技术进步和全球格局的快速变化，“今昔不同往日”，政府也难以做出准确的判断。根据过去我国汽车、手机、半导体和可再生能源产业政策的经验，产业政策有效的前提是减少对市场的扭曲，保持市场的竞争。当市场竞争过少时，一方面，企业会由于受到保护来提高自身利润，抑或是导致过度投资和产能过剩，譬如中国重工业产业一直存在这样的问题；另一方面，缺乏市场竞争压力，企业也会缺少技术升级的创新动力，从而与产业政策的目标背道而驰。当市场竞争过于激烈时，可能会出现恶性竞争和持续性产能过剩的情况，企业缺乏足够的盈利空间用于生产研发的投入，也会抑制企业的创新能力。因此，执政部门在制定产业政策时应该精简有度，同时要尽量发挥市场在资源配置中的决定性作用。政策支持不应该集中在特定的少数企业，要鼓励新企业的进入，及时放弃缺乏竞争力的企业，并通过法律和制度的完善确保非竞争性的企业及时退出。政府还应该积极与行业进行对话，识别行业的关键信息，制定对应的产业政策监测和评估机制，及时做出政策调整。此外，加快国企改革和混合所有制改革，改善公司治理，为所有企业创造公平的竞争环境，也是培养中国增长新动能的关键之举。

2. 自主创新与对外开放的关系

作为一个后发展国家，学习国外的先进技术是中国发展成为工业强国的必经之路。自主创新与对外开放引进先进技术看似相互矛盾，实则相辅相成。对外开放引进先进技术主要有两种方式，其一是直接购买和使用现成的先进技术，其二是以自主开发的形式来吸纳外国的先进技术。如果企业采纳第一种方式，企业将长久无法摆脱对国外先进技术的依赖，最后甚至随着技术的变化而走上丧失组织独立性的道路。主要原因在于企业只是一味地使用现成技术，缺少先进技术学习上的长期积累，也就没有形成相应的自主开发能力，导致在面对日新月异的市场和技术变革时，丧失了响应的能力，从而进一步导致被跨国公司收购或合并的结果。由此，中国“以市场换技术”

来引进国外先进技术的方针，在最终的执行效果上将会违背初衷。但是，在当今中国面临的国际环境下，我们并不能选择封闭创新的形式。第一，我国确实能从其他经济体吸纳到先进的技术经验，减少技术积累要走的弯路；第二，国际市场存在大量的可利用资源。但值得注意的是，我国引进先进技术的目的是掌握技术，因此必须以本土企业为学习先进技术、促进经济发展的主力军。中国的对外开放是条件，自立自强、自主创新才是根本。对外开放和自主创新并不矛盾，我国既要坚持自主创新，又要走对外开放的道路，本土企业不仅要掌握所引进的先进技术，还要有解决问题、自主创新的能力，这才是中国式创新的可持续发展道路。

3. 区域集群发展的优势与存在的问题

区域创新系统是国家创新系统的组成单元，区域发展战略是中国国家发展的重要战略之一。中国提出并实施了西部大开发、东北振兴、京津冀协同发展、长江经济带发展、粤港澳大湾区建设等战略。这些战略提高了区域连通性，能够充分利用不同城市的优势资源，提高生产要素配置的效率，从而实现规模经济和范围经济。企业之间交易的运输成本和通信成本下降，产业上下游之间的生产网络更加强大、专业。同时，企业的聚集有知识溢出效应，企业之间的良性竞争和协作也能够激发创新的活力，使得地区的资源禀赋优势变成创新优势。此外，经济主体紧密互动带来的集聚经济具有正反馈效应，如生产资料的集聚有利于城市规模扩大和城市间的联系不断密切，从而使得地区经济愈加繁荣。进一步来说，城市规模大、技术人员密集、基础设施完善、经济发展活跃更能吸引创新资源的聚集，且往往呈现自我增强态势。例如，粤港澳大湾区在当前世界四大湾区（纽约湾区、旧金山湾区、东京湾区、粤港澳大湾区）中经济增速最高，发展势头正猛。新一代信息技术、生物技术和新材料等极具创新活力产业正逐渐成为湾区的支柱产业，深圳—香港—广州区域在2020年的全球创新集群排名中为第2名①。但是，区域集群在发展中也存在一些问题，如由于对地方官员的绩效考核制度不合

① 参见2020年全球创新指数报告，https：//www. wipo. int/global_ innovation_ index/en/2020。

理而导致地方保护现象，阻碍区域合作；在城市管理方面，中国对城市密度的限制容易影响集聚经济效应的发挥，也因此容易导致房价的上涨，还有城市拥堵问题、环境问题等。这些都为区域协调发展战略带来了新的挑战。

三 粤港澳大湾区

（一）粤港澳大湾区的创新体系建设

以湾区经济为代表的区域集群经济是经济发展的重要推动力，粤港澳大湾区在我国发展大局中占有重要的战略地位。在政策、制度和经济等多种优势资源作用下，大湾区已经成为我国经济活力最强的区域之一。2020 年，大湾区 GDP 超过 11 万亿元，在我国经济总量中占有相当比重①。不仅经济在中国各区域发展中领先，在世界范围内也属于巨大的城市群和经济平台，2020 年的 GDP 相当于世界上第九大经济体。这离不开政府作为创新的源头与推力，自上而下通过科技创新、知识研发等相关政策提供制度基础。

科技创新是大湾区发展中的重中之重，自粤港澳大湾区概念提出以来，国家和地方政府相继出台多项规划与政策，以促进大湾区创新体系的建设。2016 年广东省“十三五”规划纲要提出应该加强粤港澳科技创新合作，推进粤港澳跨境基础设施对接。此后，2017 年全国《政府工作报告》、中共十九大报告等均体现了国家对湾区建设的高度重视。2019 年重要文件《粤港澳大湾区发展规划纲要》同样赋予创新很高的地位，强调要以创新驱动和改革引领为最基本原则，将大湾区建成具有全球影响力的国际科技创新中心。并且将发展目标定为到 2022 年大湾区协同创新环境更加优化，创新要素加快集聚；到 2035 年大湾区能够形成以创新为主要支撑的经济体系和发展模式。2021 年，国家“十四五”规划纲要再一次提出积极稳妥推进大湾区的建设，通过各类举措便利创新要素的跨境流动。

---

① 参见 Wind 数据库。

在此基础上，广东省和各地市同样重视大湾区创新的发展。省内专门成立领导小组推进粤港澳大湾区国际科技创新中心的建设，在广州建立人工智能与数字经济试验区和广州知识城，以期成为创新发源地和集聚发展示范区，为粤港澳大湾区高质量发展提供有力支撑。各市也相继出台一系列支持创新的相关政策，在税收优惠、知识产权保护、鼓励人才流动等层面推动大湾区创新体系建设。中山市2019年制定《中山市实施粤港澳大湾区个人所得税优惠政策财政补贴暂行办法》，吸引高端人才和紧缺人才迁移到大湾区工作；广州市2020年印发实施《广州高层次金融人才支持项目实施办法（第二次修订）》，满足广州高层次金融人才的需要，为粤港澳大湾区金融创新和科技金融中心建设提供智力支持；珠海市也出台《珠海市进一步促进科技创新的若干政策》，从风险投资补偿资金、激发科技创新活力等六大方面推动珠港澳区域协同创新发展。2016～2020年大湾区发展历程及相关规划、政策文本与会议见表2。

表2　2016～2020年大湾区发展历程及相关规划、政策文本与会议

年份	规划、政策文本与会议	主要内容
2016	国家"十三五"规划纲要	支持港澳在泛珠三角区域合作中发挥重要作用，推动粤港澳大湾区和跨省重大合作平台建设
2016	《关于深化泛珠三角区域合作的指导意见》	构建以粤港澳大湾区为龙头，以珠江—西江经济带为腹地，带动中南、西南地区发展，辐射东南亚、南亚的重要经济支撑带
2016	广东省"十三五"规划纲要	建设世界级城市群，推进粤港澳跨境基础设施对接，加强粤港澳科技创新合作
2017	全国两会《政府工作报告》	研究制定粤港澳大湾区城市群发展规划
2017	《深化粤港澳合作　推进大湾区建设框架协议》	确定了合作原则、重点领域与协调实施机制
2017	中共十九大	以粤港澳大湾区建设为重点推进内地同港澳互利合作
2017	中央经济工作会议	将粤港澳大湾区建设列入2018年重点工作
2018	全国两会《政府工作报告》	将出台实施粤港澳大湾区发展规划
2018	粤港澳大湾区建设领导小组第一次全体会议	深入学习贯彻习近平总书记关于粤港澳大湾区建设的重要讲话精神，研究部署下一阶段工作
2019	《粤港澳大湾区发展规划纲要》	从多方面部署粤港澳大湾区建设

续表

年份	规划、政策文本与会议	主要内容
2019	全国两会《政府工作报告》	落实粤港澳大湾区建设规划，促进规则衔接，推动生产要素流动和人员往来便利化
2020	全国两会《政府工作报告》	加快落实区域发展战略，深入推进粤港澳大湾区建设

资料来源：民生证券研究院网站；中国政府网；人民网；广东省人民政府网站。

（二）创新体系特色

粤港澳大湾区经济活力强劲、产业体系发达、科创资源集中、创新环境开放，具备良好的科技创新基础，是中国参与全球科技竞争的重要载体。同时，作为中国特色自主创新道路上的先行者，大湾区将加快形成企业主导、“产、学、研、政、金、企”协同的自主创新体制机制，以创新的制度聚集人才、资本和企业，推动国家创新向深层次迈进。在现有创新体系上，粤港澳大湾区也呈现出别样特色（见图3）。

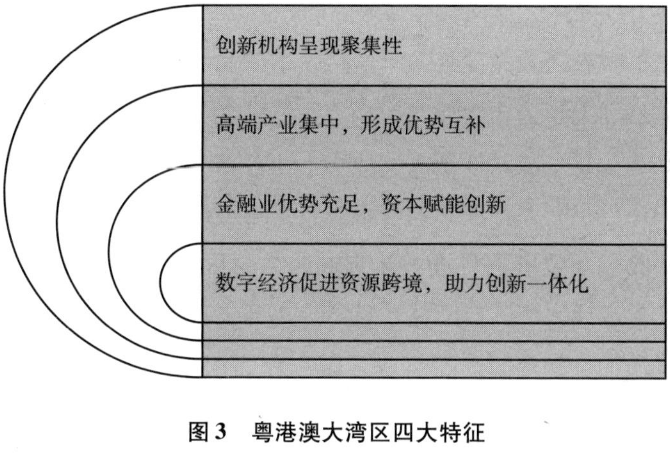

图3　粤港澳大湾区四大特征

资料来源：笔者自制。

1. 创新机构呈现聚集性

大湾区现如今拥有大量高校、研究机构、先进基础设施，以及众多的跨国公司总部、研发总部，聚集了大量的技术、人才、资本、信息等创新资源，能够实现全球创新资源的最优配置。高校方面，一流大学是创新系统的核心，也是建设创新型经济的必要条件。高校云集，能够为大湾区的企业提供高技术人才，同时通过研发投入的溢出效应，带动区域经济的发展。粤港澳大湾区中共有高等院校175所，其中世界排名前50的高校有3所，前500中占有8所①。并且近年来大湾区内部顶尖高校不断加强资源互通，通过异地校区、联合学院的建设实现了强强联合。以香港大学、香港科技大学、香港中文大学为首的一流高校保证了湾区内的基础研究能力和原始创新能力，为产业技术的突破提供了保障。研究机构方面，广东地区布局了一批重大科学装置和科研平台，拥有12家国家工程实验室，23家国家工程技术研究中心和80余家国家认定企业技术中心②。创新的成果转化能力在全国也处于前列。企业方面，粤港澳大湾区的扶持政策催生了许多高科技高成长企业，世界500强企业数量在10年内从7家增长到21家③。华为、腾讯、OPPO等企业发明专利数量领先，创新效率高于其他区域，商业化导向更明显，拥有发展创新型经济的良好基础。

2. 高端产业集中，形成优势互补

大湾区的科技产业高度集中于信息技术产业，珠三角中信息技术产业领域上市公司占新上市公司数量的51%④。且从公司营收、发明专利授权量等多个指标来看，这一战略性新兴产业所占比重和专业化水平均处于前列。科技产业偏向于信息技术产业，能够带来较强的集聚效应和规模效应，知识共享水平和科技创新效率也将进一步提高，为湾区经济科技发展提供强劲动力。此外，粤港澳大湾区产业体系完备，集群优势相对突出。香港是金融中心，具有优质的金融资源，澳门地区服务业高度发达，第三产业占比超过

---

① 参见2021年QS世界大学100强排名榜单，https：//www.topuniversities.com/subject-rankings/2021。

②《2018年度国家地方联合工程研究中心拟确定名单公示》，中华人民共和国国家发展和改革委员会网站，2018年12月26日，https：//www.ndrc.gov.cn/xwdt/tzgg/201812/t20181226_959260.html。

③ 参见2020年世界500强企业排行榜，https：//fortune.com/fortune500。

④ 参见Wind数据库。

90%。珠三角九市也初步形成以战略性新兴产业为先导、先进制造业和现代服务业为主体的产业结构，形成深圳科创中心、东莞制造基地等多个产业圈。粤港澳三地有效聚集和整合全球创新资源，能够促进大湾区内部城市之间的优势互补，提高资源配置的效率。

3. 金融业优势充足，资本赋能创新

作为联系国际和内地金融市场的纽带，粤港澳大湾区金融实力不凡，证券交易所总市值达到6.22万亿美元，仅次于纽约湾区；且有三大股权交易中心，挂牌企业数量与融资额居国家前3位。全球金融中心指数显示，世界20强金融中心城市中大湾区内占有3个，呈现很高的金融密集度。粤港澳大湾区具有2种制度、3种货币和4个核心城市，传统的金融安排难以实现资源的跨境融合和充分利用。此外，创新导向的新兴科技产业在资产抵押和资本投入上与传统金融相悖，需要新的金融模式为科创企业提供资本支持，解决融资困难的问题。而大湾区内的金融业与科技产业相融合，充分发挥资本为科创赋能的作用，为创新驱动发展提供强有力的金融支持。大湾区具有充足的资本资源和较完善的资本市场，能够通过“科创金融+跨境融合”的双轮驱动将自身建成科技创新的国际中心。现如今广州政府也设立了科技成果产业化引导基金，为科技创新提供政府方面的资金支持，向中小型科技公司和初创企业开辟更多的融资渠道。

4. 数字经济促进资源跨境，助力创新一体化

珠三角作为国家首批数字经济创新发展试验区之一，经济数字化程度居全国首位，2018年数字经济规模已经超过4万亿元。近年来，大湾区也在持续摸索发展中，不断探索如何借助数字经济完成对创新要素的有效配置，并出台行动计划力争建成“国家数字经济发展先导区”。在9个地市中，数字经济指数呈现“两核心、多梯次”分布体系，深圳、广州作为两大核心，经济社会数字化程度高，在数字政务、数字科创、数字人才等多方面取得不错进展。粤港澳大湾区内基础型、融合型数字产业均发展迅速，其中信息通信技术行业人才数字化程度超过80%。以信息技术产业为支撑的数字经济为珠三角贸易、商业等多方面发展提供动力，促进资源集聚，提高企业创新

能力。同时传统制造业企业不断进行数字化升级，领先科技企业也赋能创新产业数字化，譬如，阿里云计算有限公司联合广东省工业和信息化厅开展产业集群数字化转型升级计划，带动越来越多的制造业企业实现提质增效。

广东地区借助数字化创新手段，推动港澳和省内进行创新和合作，协调三地的社会、法律、税率等制度差异，促进湾区内部人力、资本、信息、技术等要素流动。金融领域，人民币跨境和金融产品跨境交易更加便利，依托电子商务的金融创新得到普及；商业领域，数字技术帮助跨境电商和商品进出口发展，助力扩大内需和消费升级；人才领域，借助数字技术的应用和创新政策的支持降低港澳人士来粤难度，通过人口密切往来进一步推动产业协同化发展。2019 年末珠海大横琴科技公司更是发布国内首个跨境服务创新平台，为澳门企业与个人提供便捷服务，促进广东与澳门的产业经济联动。在大湾区资源能源受约束、内部差距持续扩大、发展面临制约因素的当下，借助数字化的创新技术与手段促进资源自由流动，能够为粤港澳大湾区的创新发展提供不竭动力。

（三）湾区创新发展的问题与阻碍

新的经济发展阶段中，大湾区面临一定的经济压力：港澳地区经济虽然发达，但增长缺乏持续稳定的动力。实体产业萎缩，创新意愿不足，资源优势难以在狭小的市场中充分发挥；居民就业、住房市场存在巨大压力，生活和发展空间有限，难以为经济发展提供内生动力。湾区内广东各市则具有较大的经济差异，以广深为代表的城市逐步转向服务经济和创新经济，而相对落后的城市仍然停留在第二产业主导的工业经济阶段，其 GDP 仅为领先城市 GDP 的 1/10。而要解决这些问题，需要进一步明晰政府和市场、创新发展和传统领域的关系，通过发展创新能力、优化产业结构、保证公共服务等途径推动经济向高质量转变，从而助力粤港澳大湾区经济稳定与持续发展。

现存的多种制度赋予了大湾区许多发展优势，但同时制度多样化也会为发展带来一些障碍。首先，这些制度有助于港澳与内地城市互补：香港地区具备金融优势，深圳是全国经济中心城市和国家创新型城市，广州则是国际商贸中心和交通枢纽，借助港澳灵活的市场机制和国际化环境，能够更好地为科技企业发展提供支持，也能够有力解决广东出口贸易和高端服务业发展的瓶颈问题。其次，也能帮助大湾区同国际接轨，带动中国经济外向发展：国家近年来以构建国内国际“双循环”新发展格局为新的发展目标，香港经济高度自由、外资投入大、高端服务业处于世界一流水平，具有对外开放的特殊优势，因此可以发挥桥梁与中介作用，助力国家以更高水平的开放推进经济大循环。同样，广东省外向型经济特色较为明显，港澳也能够带动大湾区整体走向全球，成为国际循环的参与者和促进者。最后，区域制度差异可能也会阻碍区域内生产要素的流通：港澳地区的法律、行业监管、税收等制度与政策同内地不同，且与内地的经贸协议在具体落实上还存在不少细节问题，因而在人流、物流、资金流、信息流上仍有障碍，需要进一步加大体制改革和制度创新力度。此外大湾区内地行政分割过于严重，在大湾区内 11 个城市中，每个城市都有自己独特的制度，加之“一国两制”政策的复杂性，湾区在社会保障等政策协调方面还没有实现有效的互联互通。这些都是在共融过程中亟待解决的问题。

（四）粤港澳大湾区创新发展建议

第一，牢牢抓住数字经济时代机遇，着重发展数字经济基础设施和相关产业，助力扩大内需与消费。从英国的工业化革命、美国的信息化革命中可以看到，它们都是紧紧抓住了产业发展的机遇、走在了科技创新的前列。数字化正在引领新一轮的技术革命和产业变革。“十四五”规划就技术创新与产业发展也提出了从数字经济、数字社会、数字政府和数字生态 4 个方面大力打造“数字中国”。粤港澳大湾区在科技创新驱动发展方面一直处在我国的领先地位，大湾区要继续坚持包括 5G、云计算、人工智能技术等数字化产业的基础设施建设，大力扶持和发展人工智能、大数据等新兴产业，促进产业集群的数字化升级，实现数字化基建与产业发展交叉共振，加强智慧型城市的建设，满足百姓日益增长的消费升级需求。坚定地实施数字化发展，必将成为粤港澳大湾区经济腾飞的重要动力。

第二，明确各城市的发展定位，强化城市之间的联系，减少差异带来的流动障碍，促使广深港合作推动区域发展。粤港澳大湾区各城市存在内部同质化竞争、发展差距大、制度不同的问题。政府要积极发挥在创新体系建设中的引导和带头作用，进行整体的协调统筹，依据不同城市在区域资源、历史基础和优势产业各方面的情况因地制宜发展各地产业，使大湾区形成功能互补、分工合理的协同体系。此外，根据日本的经验，打造开放型创新体系，需要加强人才、知识和资本的流动。政府可以通过税制、金融市场制度等的突破来促进大湾区人才、资本、贸易一体化，打破行政区域的限制，激活更高程度的城市联通。尤其是广州、深圳、香港、澳门，是大湾区中经济和创新发展水平均相对较高的城市，应加强四者的联系，开放经济，发挥其在合作中的带头模范作用，促使大湾区各城市能够全面合作，实现人通、商通、财通、政通，共同建设国际科技创新中心。粤港澳大湾区的战略定位与空间布局见表3。

表3　粤港澳大湾区的战略定位与空间布局

城市	战略定位
香港	巩固提升国际金融、航运、贸易中心和国际航空枢纽地位，培育新兴产业，建设亚太国际法律及争议解决服务中心
深圳	具备人工智能核心企业和大量创业企业，研发创新能力强，能够提供大量应用场景，努力建成具有世界影响力的创新创意之都
广州	研发和制造基础雄厚，创新资源（政策、资金、企业）集聚能力强，全面增强国际商贸中心、综合交通枢纽功能
澳门	建设世界旅游休闲中心，搭建中葡商贸合作平台，建成多元文化交流合作基地
珠海	成为特色鲜明、功能互补、具有竞争力的重要节点城市
佛山	
中山	
东莞	
惠州	
江门	
肇庆	

资料来源：《粤港澳大湾区发展规划纲要》；民生证券研究院；德勤。

第三，加强“政产学研”的融合，提高基础研究实力，提高科研成果的转化率，提高创新产业效率。目前大湾区的创新多活跃于应用研究领域，而基础研究少有涉及，基础研究水平同国际上其他先进湾区仍有一定差距。因此政府需加强顶层设计，加快科技基础设施建设，催生更多研究机构和创新平台，吸引更多创新人才和企业集聚于此，创新人才的投入能够显著提高区域的创新绩效。同时，要加强高校、研究机构和企业的合作，促使研究成果得以转化。以政府为主导，建立开放型合作的机制体制，建设更多“企业 + 学校 + 研究机构”的联盟平台，推动大学、研究机构和先进企业的深层次合作，从而助力以企业为主体、以市场为导向、产学研深度融合的技术创新体系的形成。基础研究实力提高，科研成果到商业化应用场景的渠道通畅，创新效率必将大大提高。

第四，加快科技金融体系建设，重视资本市场的功能与作用。创新导向的企业多具有轻资产性质，企业缺乏抵押品进行融资，创新研发又需要持续而大量的资金投入，研发周期长、风险大。缺乏足够的资金支持，企业的创新无以为继。一方面，湾区政府要为科创企业保驾护航，提供更多综合、有力的信用担保支持。历史上，美国和日本都设立了专门的政策性金融机构满足科创企业的融资需求，包括美国的小企业管理局和小企业投资公司、日本的全国性质的中小企业综合事业团和风险财团等。政府还可以通过设立产业化引导基金，吸引其他机构、个体投资者的参与。另一方面，政府可通过吸引更多能够承担高风险的 VC/PE、证券公司、股权投资基金驻入，为市场提供多元化的融资手段。并通过资本的流向对科创企业进行“优胜劣汰”的选择，大大提高市场资源的配置效率，实现科技、资本和产业的紧密融合。

四　结论

“十四五”时期是我国开始全面建设社会主义现代化的新时期，是强化我国战略科技力量、建设科技强国的新征程①。在我国内部战略转型升级、国际环境动荡不安的背景下，推进国家创新体系的建设是我国当前发展经济、提升科技实力的重要任务。本报告结合先进经济体的创新崛起模式和我国创新体系的发展现状、特色及不足，根据我国 2035 年进入创新型国家前列的战略目标，从改革人才管理和培养体系以提高源头创新能力、加强产业集群建设、深化“政产学研”的分工协作 3 个方面提出对策建议。进一步地，由于区域创新体系建设是 NIS 建设的重要组成部分，以粤港澳大湾区为例，对其创新体系发展历程、特色和面临的挑战进行梳理，从而提出继续坚持发展数字经济、明确各城市的定位与促进分工合作、强化“政产学研”的融合从而提高创新效率和大力发展科技金融为科创企业“保驾护航”4 个方面的区域创新集群治理思路。

参考文献

李哲、杨晶、朱丽楠：《美国国家创新体系的演化历程、特点及启示》，《全球科技经济瞭望》2020 年第 12 期。

周艳、赵黎明：《典型国家的创新体系比较研究》，《天津大学学报》（社会科学版）2020 年第 6 期。

日本立法院：《科学技术基本法》，1995。

日本内阁府：《科学技术基本计划》，2021。

郭雨晖等：《国家创新系统下日本超智能社会对我国智慧社会建设的启示》，《科技管理研究》2020 年第 9 期。

罗雪英、蔡雪雄：《日本国家创新体系的构建与启示——基于科技—产业—经济互动关系的分析》，《现代日本经济》2021 年第 1 期。

王玲：《浅析日本国家创新体系改革新动向》，《世界科技研究与发展》2018 年第 6 期。

---

① 《开启全面建设社会主义现代化国家新征程——代表委员热议“十四五”规划和 2035 年远景目标》，中国青年网，2021 年 3 月 8 日，http：//news. youth. cn/gn/202103/t20210308_12753016. htm。

欧盟委员会:《人工智能合作宣言》,2018 年 4 月 10 日。

德勤中国:《中国创新崛起——中国创新生态发展报告 2019》,2019 年 9 月。

王雪等:《法国科技计划及其对我国的启示》,《世界科技研究与发展》2018 年第 3 期。

孔江涛、蒋苏南、谈戈:《英国高效能国家创新体系架构与特点》,《全球科技经济瞭望》2019 年第 7 期。

王罗汉:《瑞士创新体系的特点与思考》,《全球科技经济瞭望》2020 年第 9 期。

马名杰等:《新时代国家创新体系建设》,《中国科技论坛》2018 年第 9 期。

国务院发展研究中心、世界银行:《创新中国:培育中国经济增长新动能》,中国发展出版社,2019。

中共中央、国务院:《国家创新驱动发展战略纲要》,中国政府网,2016 年 5 月 19 日,http://www.gov.cn/zhengce/2016-05/19/content_5074812.htm。

中国网络空间研究院编《世界互联网发展报告 2019》,电子工业出版社,2019。

国务院:《国家中长期科学和技术发展规划纲要(2006—2020 年)》,中国政府网,2006 年,http://www.gov.cn/gongbao/content/2006/content_240244.htm。

中共中央、国务院:《粤港澳大湾区发展规划纲要》,中国政府网,2019 年 2 月 18 日,http://www.gov.cn/zhengce/2019-02/18/content_5366593.htm#1。

财政部、国家税务总局:《关于粤港澳大湾区个人所得税优惠政策的通知》,国家税务总局网站,2019 年 3 月 14 日,http://www.chinatax.gov.cn/n810341/n810755/c4148969/content.html。

广州市地方金融监督管理局:《广州高层次金融人才支持项目实施办法(第二次修订)》,广东省人民政府网站,2019 年 12 月 28 日,http://www.gd.gov.cn/zwgk/wjk/zcfgk/content/post_2938308.html。

《珠海市进一步促进科技创新的若干政策》,珠海市人民政府办公室网站,2020 年 1 月 2 日,http://www.zhuhai.gov.cn/gkmlpt/content/2/2428/post_2428201.html#1637。

《建设国际科创中心带来的五大投资机会—粤港澳大湾区专题报告》,搜狐网,2019 年 4 月 19 日,https://www.sohu.com/a/309130038_120135014。

《李奇霖:粤港澳大湾区如何打造科技产业高地》,“新浪财经”百家号,2020 年 5 月 25 日,https://baijiahao.baidu.com/s?id=1667657217617503029&wfr=spider&for=pc。

《资本赋能与粤港澳大湾区创新》,深圳市知识产权联合会网站,2019 年 7 月 2 日,http://www.szipa.org.cn/nshow-1113.html。

郑佳欣等主编《变局·新局:2020 粤港澳大湾区企业创新报告》,南方日报出版社,2020。

阿里研究院、21 世纪经济研究院:《2020 粤港澳数字大湾区融合创新发展报告》,2020 年 3 月 5 日。

清华大学经济管理学院互联网发展与治理研究中心、LINKEDIN(领英)中国:

《粤港澳大湾区数字经济与人才发展研究报告》，2019 年 2 月 23 日。

苏屹、闫玥涵：《国家创新政策与区域创新系统的跨层次研究》，《科研管理》2020 年第 12 期。

M. F. C. Resende，D. A. R. Torres，"National Innovation System and External Constraint on Growth，" *Brazilian Journal of Political Economy* 36，4（2016）.

P. P. Saviotti，*Networks*，*National Innovation Systems and Self-organisation*（Springer Berlin Heidelberg，2001）.

World Economic Forum，"Innovative Europe Competing for Global Innovation Leadership，" 2019.

European Commission，"Artificial Intelligence for Europe，" https：//ec. europa. eu/info/news/artificial – intelligence – 2018 – dec – 07_ en，2018.

European Commission，"Coordinated Plan on Artificial Intelligence，" https：//ec. europa. eu/digital – single – market/en/news/coordinated – plan – artificial – intelligence，2018.

European Commission，"White Paper on Artificial Intelligence：A European Approach to Excellence and Trust，" https：//ec. europa. eu/info/files/white – paper – artificial – intelligence – european – approach – excellence – and – trust_ en，2020.

Gemeinsame Wissenschaftskonferenz GWK，"Pakt für Forschung und Innovation，" https：//www. gwk – bonn. de/themen/foerderung – von – ausseruniversitaeren – wissenschaftseinrichtungen/pakt – fuer – forschung – und – innovation，2019.

Federal Ministry of Education and Research（BMBF），Ideas，Innovation，Prosperity：High-tech Strategy 2020 for Germany，2010，Bonn.

Federal Ministry of Education and Research（BMBF），2025 High-tech Strategy for German，2019，https：//www. bmbf. de/SharedDocs/Publikationen/de/bmbf/pdf/fortschrittsbericht – zur – hightech – strategie – 2025.

S. Chung，"Building a National Innovation System Through Regional Innovation Systems，" *Technovation* 8（2002）.

B.12
后记

《双创蓝皮书：中国双创发展报告》是由深圳大学中国经济特区研究中心、一带一路国际合作发展（深圳）研究院、北京大学、中山大学、深圳市社会科学院等高等院校与著名智库共同组建的学术队伍倾力打造的一个学术品牌，由国务院参事、国务院推进政府职能转变和“放管服”改革协调小组专家组成员、深圳大学理论经济学博士后合作导师王京生先生担任主编，原深圳大学党委副书记、纪委书记，现深圳大学中国经济特区研究中心主任、一带一路国际合作发展（深圳）研究院院长陶一桃教授担任执行主编。

《双创蓝皮书：中国双创发展报告》旨在通过聚焦深圳这座在中国双创探索实践进程中具有先行示范意义的城市，遵循国际双创指数模型与测度经验，基于客观数据的梳理与分析，尝试系统地构建中国双创指数体系，反映以深圳为典型代表的创新前沿城市的双创发展现状与趋势，揭示双创自身发展的内在规律，总结、提炼对中国双创实践具有参考、借鉴意义的经验与做法，期望为科创中国战略与创新型国家建设贡献思想、智慧与路径。

《中国双创发展报告（2020～2021）》分为四个部分：总报告、中国双创指数篇、区域篇和国际篇。其中，总报告介绍本书编撰的宏观背景与研究意义，系统阐述双创指数构建原则、方法和指标选择，报告中国双创指数测度结果与整体分析，并综合提出对双创发展现状的基本判断和对策建议。中国双创指数篇依据总报告所确定的双创指数评价体系，计算各城市的双创指数并分析其内涵意义，从而提供双创指数城市排名分析、子特征百强城市排名分析和主要指标分析等。区域篇瞄准国内最具活跃度的重点双创发展区域，对其进行实证与案例分析。这一分析不仅以深圳为案例深入研究了数字经济产业发展的路径，而且从宏观视角探讨了互联网金融发展模式对创新的影响机理。国际篇选择了三个具有代表性的国际创新创业指数，即全球创新指数、全球创业观察指数和全球创业生态指数进行比较分析，并从全球视角探究当前中国创新创业所处的发展阶段以及国家创新体系建设中所积累的经验，同时剖析了面临的机遇与挑战。

《中国双创发展报告（2020～2021）》的副主编由深圳大学中国经济特区研究中心副主任李凡教授担任。她是一位学术功底扎实、学术视野宽阔、治学作风严谨、工作勤奋踏实的青年学者，毕业于美国佛罗里达大学，是深圳市“孔雀计划”海外高层次人才和深圳大学“荔园优青”。

《中国双创发展报告（2020～2021）》撰写团队，是一个年轻并具有朝气、创造力和凝聚力的研究团队。对学术理论的热爱与对创新创业现实问题的兴趣，使青年学者们走到了一起，并开始了共同研究的探索征程。总报告由李凡教授撰写；《2020年度双创指数城市排名分析》由深圳大学中国经济特区研究中心助理教授黄义衡博士和深圳大学理论经济学博士研究生赖婷撰写；《2020年度双创指数子特征百强城市排名分析》由北京大学副教授李胜利博士撰写；《2020年度双创主要指标分析》由深圳大学中国经济特区研究中心助理教授苗璐博士和深圳大学应用统计专业硕士研究生黄晓林撰写；《基于双创指数的区域总体情况分析》由深圳市社会科学院助理研究员陈庭翰博士撰写；《深圳市数字经济产业发展分析》由深圳大学中国经济特区研究中心助理教授赖勉珊博士撰写；《互联网金融的企业发展模式与创新——以腾讯公司为例》由爱荷华州立大学刘斌博士、北京师范大学硕士研究生黄腾与香港科技大学本科生邱钰雯撰写；《双创引领深圳发展的现状及对策分析》由深圳大学李桐博士撰写；《我国双创模式的新探索与展望》由深圳大学中国经济特区研究中心助理教授侯佳博士撰写；《2020年度全球双创指数分析》由中山大学副教授王晴博士以及深圳大学夏兴雨、中山大学李梦阳两位本科生撰写；《2020年度国家创新体系比较研究》由法国里昂商学院副教授兰赛博士、中山大学国际金融学院硕士研究生吴映君和中山大学副教授王晴博士撰写。

《双创蓝皮书：中国双创发展报告》已经连续出版四年了，它的撰写过程是一个充满思想碰撞与智慧启迪的过程。我们不断探索、寻找突破思想与制度约束的方式与途径，不断学习、借鉴已有的研究方式与成果，不断解放思想、拓展研究的视野与知识领域，但是由于知识结构和认识能力的局限性，还存在某些有待提升和完善的地方。比如，所使用的基础数据主要来自国家统计局等政府部门公布的官方口径，缺乏企业层面的微观数据；再比如，聚焦的国内案例基本上是基于深圳的实践，缺乏对粤港澳大湾区甚至是全国城市的广泛覆盖等。因此，未来的研究不仅需要拓展数据的来源，优化数据处理与分析的量化方法，还要进一步扩大研究对象，不仅将北京、上海、广州等排名靠前的一线城市纳入分析的样板城市，还要逐渐把有代表性的企业纳入区域篇进行研究，从而增加双创蓝皮书的理论对现实的说服与解释能力，为创新型国家建设提供更加丰富的案例和更具有中国特色的路径选择。

在这里还要感谢原深圳市委宣传部理论处处长，现盐田区委常委、宣传部张玉领部长等给予《双创蓝皮书：中国双创发展报告》的支持与厚爱；感谢深圳市委宣传部理论处邓丽君处长、宣传文化基金办公室夏添主任等给予《双创蓝皮书：中国双创发展报告》的支持和帮助；感谢我的老朋友社会科学文献出版社王利民社长和周丽女士等给予《双创蓝皮书：中国双创发展报告》以远见卓识的建议与专业性指导。

我们的社会不会因为缺少奇迹而枯萎，却会因为缺少创造奇迹的思想而失去持续的生命力。让培育、珍视创造奇迹的思想成为未来中国的共识与社会风尚，或许正是我们撰写《双创蓝皮书：中国双创发展报告》的社会责任。

陶一桃

2021 年 4 月 21 日于桑泰丹华府

Abstract

"14th Five-Year Plan" put innovation and entrepreneurship at the core of the plan, emphasizing at the beginning the central position of innovation in the overall situation of China's modernization, and making science and technology self-reliance and self-improvement as the strategic support of national development. Therefore, it is of great practical significance to build an innovation and entrepreneurship evaluation system that has Chinese characteristics and fully reflects the current situation of China's innovation and entrepreneurship development.

Annual Report on the Development of China's Innovation and Entrepreneurship (2020 - 2021) inherits the excellent results of the previous annual report, innovates the innovation and entrepreneurship evaluation system based on city-level data, and provides a more comprehensive assessment of the development of innovation and entrepreneurship in major cities in China, providing valuable references and lessons for policy formulation. In order to reflect the latest development of innovation and entrepreneurship in cities and regions this year, this book draws on the cutting-edge theories on index construction and evaluation at home and abroad, and combines the historical experience of *Annual Report on the Development of China's Innovation and Entrepreneurship* in the past three years to construct a primary evaluation mechanism integrating environmental support, resource allocation and performance value, and further creates 10 secondary indicators and 32 tertiary indicators to build the China innovation and entrepreneurship index 2020 The index is designed to comprehensively assess the current development of innovation and entrepreneurship in China. On the one hand, Shenzhen has been the champion of innovation and entrepreneurship for four consecutive years, and the eastern cities continue their previous advantages in innovation and entrepreneurship; on the other hand, the central and western cities have made significant progress in the second echelon of innovation and entrepreneurship, showing the importance of institutional construction and policy support.

Based on the analysis of the development of innovation and entrepreneurship in cities, this book reveals the current situation and future trends of innovation and entrepreneurship development in China at multiple levels, including both the overall comparison from a regional perspective and a focused study on Shenzhen, the city with the most active innovation and entrepreneurship development.

In general, the eastern region has an absolute advantage, the central and western regions are catching up, some central cities are performing well in the three dimensions of environment, resources and performance, and the northeastern region is developing steadily. From pioneer to shining example, Shenzhen is still the leader in the development of digital economy industry and Internet finance, and strives to build the "Shenzhen model" of innovation and entrepreneurship development. At the same time, the institutional constraints and technical bottlenecks brought by the deep development of innovation and entrepreneurship are bound to be faced by Shenzhen in the future.

Against the background of the lingering effects of the COVID-19 pandemic and the disruptions of global economic and trade, the study of internationalinnovation and entrepreneurship development is of strategic value to identify China's positioning in the global innovation and entrepreneurship, advance the deployment of China's innovation and entrepreneurship development strategy and enhance the level of China's innovation and entrepreneurship. In the final international chapter, the Blue Book compares the international innovation and entrepreneurship index and national innovation system to examine the current status of international innovation and entrepreneurship development and the characteristics of innovation system in developed economies.

Keywords: Innovation and Entrepreneurship; Double Innovation Index; Double Innovation City; Double Innovation Model

Contents

Ⅰ General Report

Abstract: Using cities as analysis samples, this report selects 3 primary indicators (environmental support, resource capacity and performance value), 10 secondary indicators and 32 tertiary indicators to construct China's innovation and entrepreneurship index in year 2020 through data collection and systematic calculation. Based on the comparison of the innovation and entrepreneurship index of 100 major cities in China, this report comprehensively evaluates the development status of innovation and entrepreneurship in China. This paper also summarizes the characteristics of the Top 10 cities under the 3 primary indicators and discusses the impact of environmental support, resource capacity and performance value on their development of innovation and entrepreneurship.

Keywords: Index of Innovation and Entrepreneurship; Cities of Innovation and Entrepreneurship; Innovation and Entrepreneurship

Ⅱ China Double Innovation Index

Abstract: The sudden outburst of COVID-19 in 2020 has a serious impact on China's macro-economy, which also reflects the Index for Mass Entrepreneurship and Innovation (IMEI). During the period of the epidemic, the scores of the Index for Mass Entrepreneurship and Innovation in most cities have declined to a certain extent. However, the decline of the IMEI differ by cities: the cities with low initial scores declined more relative to those cities with high initial scores; about the three first-level indicators, i. e., environmental support, resource capacity and value of efficiency, the cities with low initial environmental support scores or value of efficiency scores decline more in the IMEI scores, while the change of resource capacity scores of different cities did not show the similar pattern. In addition, from the perspective of urban stratification based on the status of entrepreneurship and innovation, the impact of the epidemic has enlarged the variation within each stratification. The response pattern of negative shock not only highlights the importance of the evolution law of the urban system in promoting the work of entrepreneurship and innovation, but also provides an enlightenment for the further design of promoting the entrepreneurship and innovation.

Keywords: Mass Entrepreneurship and Innovation Index; City ranking; Mass Entrepreneurship and Innovation city

Abstract: This section analyzes the ranking of the Top 100 cities for entrepreneurship and innovation from three aspects: environmental sub-characteristics, resource sub-characteristics, and performance sub-characteristics. The analysis show that the overall performance of the environment for entrepreneurship and innovation in China is improving, and the local governments are paying more attention to the construction and improvement of the environment for innovation and innovation. The Top 100 cities for entrepreneurship and innovation have steadily improved their resources for innovation and innovation, especially in terms of technology investment. However, there still exists issues of imbalance, insufficiency, and concentration of major resources. In terms of the performance of entrepreneurship and innovation, the rankings of first-tier cities such as Beijing, Shanghai, Guangzhou, and Shenzhen have not changed much from the previous year, while the rankings of some small and medium-sized cities have shown greater fluctuations. In addition, the performance indicator scores of large cities and small and medium-sized cities are polarized, and the gap has a tendency to expand further.

Keywords: Sub-characteristics; Double Innovation Environment; Double Innovation Resources; Double Innovation Performance

Abstract: As one of the "twin engines" of China's economic development under the new normal, "Public Entrepreneurship and Innovation" plays an important role in boosting national economic growth, promoting transformation and upgrading, stabilizing and expanding employment in the process of urban innovation and development. In order to further explore and explain the overall development, distribution pattern and development characteristics of entrepreneurship and innovation in China, this chapter first extracted the key indicators that have important impact on entrepreneurship and innovation for quantitative analysis based on the 10 second-level indicators and 32 third-level indicators in the detailed evaluation system of entrepreneurship and innovation indicators. Secondly, in order to clarify the internal relationship among different dimensions, this chapter conducts correlation analysis on the three first-level indicators, namely, the environmental support, the resource capability and performance value. Finally, according to the analysis results, the internal reasons driving the development of entrepreneurship and innovation come from the mutual support and interaction between different dimensions at different levels. To continue to adhere to and strengthen the environmental construction of entrepreneurship and innovation will lay a solid foundation for the development of entrepreneurship and innovation in the next stage.

Keywords: Innovation and Entrepreneurship Indicators; Environmental Support ; Resource Capability; Performance Value

Ⅲ Regional Articles

Abstract: Significant changes have taken place in the external factors for the development of the Mass Entrepreneurship and Innovation in 2019. Sino-US trade disputes and the impact of the epidemic have followed one after another. The efficiency of factor flow has decreased, national economic activities have been suppressed, and the global macro economy has been sluggish. In the context of deterioration of external factors, the development of China's Mass

Entrepreneurship and Innovation has shown new characteristics. In order to grasp the dynamic changes of such development, the "Regional Chapter" of China's Mass Entrepreneurship and Innovation uses the regional perspective, using the China Mass Entrepreneurship and Innovation Index evaluation system, and focuses on the new achievements and new problems facing my country's Mass Entrepreneurship and Innovation through comparative analysis. In terms of overall characteristics, the eastern region has further expanded its advantages, the competition between the central and western regions has become increasingly fierce, and the northeast region has performed steadily. Among the key cities, the most developed cities have suffered the least impact and their advantages have become more obvious. Shenzhen is still leading the development of China's Mass Entrepreneurship and Innovation. From an environmental perspective, the eastern region expands its advantages, the western region further catches up with the central region, and the environment in the northeast has deteriorated; from the perspective of resources, the eastern region has an advantage in resource input, and the central and western regions have their own advantages. The Northeast region's urban primacy index is high; in terms of performance, the eastern region has very obvious advantages, the western region is showing an upward trend, and the central and northeastern regions are experiencing poor performance.

Keywords: Double Innovation Index; Regional Comparison; Performance Value

Abstract: Digital economy is the innovation driving force of China's high-quality economic development, and Shenzhen is the leading city of digital economy industry development. Through the analysis of the current situation of the development of digital economy industry in Shenzhen, Nanshan District is particularly prominent in cultivating new momentum of China's digital economy. Artificial intelligence, blockchain and industrial Internet are powerful engines of collaborative innovation. At present, Shenzhen can further promote the development of digital economy industry in the following aspects: promoting the integrated development of real economy and digital economy, promoting the legislation of digital economy in line with China's national conditions, solving the statistical accounting problems of data production factors, building data trading center and developing cross-border business.

Keywords: Digital Economy; Data Production Factors; Digital Economy Legislation; Data Trading Center

Abstract: In recent years, China's internet finance has experienced a process from scratch to standardization. Innovative products and patterns have emerged in internet finance field, which has brought a tremendous impact to the development of this field. During the development, the Internet finance industry also frequently brings out various risk. As regulatory institutions continue to establish and ameliorate laws and regulations, the industry has moved forward with a gradually standardized direction. This report summarizes the development of internet finance in China, taking Tencent's products as an example. It introduces innovative products of internet finance, then analyzes potential risk and challenges of current industry. We found that the internet financial industry has the following risks: industry regulations need to be modernized, regulatory mechanisms need to be completed, security risk and credit risk are untypical, and professional employee are in need. We summarize the future development direction of internet finance and believe that a long-term regulatory mechanism is about to establish gradually. Internet finance should serve the real economy. Promoting inclusive finance and technology innovation are the follow-up path for internet finance. Finally, we pack suggestions for the future development of internet finance companies. These companies must comply with laws, regulations and embrace regulatory supervision; continue to reduce credit risks and serve the real economy; increase technological research and development to ensure network security; establish talent planning and improve talent training.

Keywords: Internet Finance; Financial Technology Innovation; Real Economy

Abstract: The entire world encountered the severe test of the COVID-19. China achieves the only positive growth in major economy of the world. The Mass Entrepreneurship and Innovation played an important role in Six Stabilities and Six Priorities of the economic development. In 2020, the Mass Entrepreneurship and Innovation made a good progress leading by technology innovation on support of the reducing taxes, lower fees and free rents from government. Shenzhen, on the background of building a demonstration pilot zone for socialism with Chinese characteristics and the Guangdong-Hong Kong-Macao Greater Bay Area, has achieved double good performance in epidemic prevention and control and economy development. The report analyzes the Shenzhen Mass Entrepreneurship and Innovation in building the Guangdong-Hong Kong-Macao Greater Bay Area and also aims on other good performances cities in this area, discusses the current situation and challenges in developing the Mass Entrepreneurship and Innovation, then gives some suggestion on the issue.

Keywords: Mass Entrepreneurship and Innovation Driver; Shenzhen; Guangdong-Hong Kong-Macao Greater Bay Area

Abstract: This report summarizes the new exploration of China's innovation and entrepreneurship activities, with particular attention to the new features of these activities given the large external shock to the macro economy and greater uncertainty in the economic environment. In 2020, in response to COVID −19, China's innovation and entrepreneurship activities have shown significantly increasing digital penetration. In addition, China's innovation activities have shown an increase in base demonstration effects, and an increase in international cooperation as well as uncertainty in basic research. Entrepreneurship activities in China have shown a number of new features, including the importance of small and micro enterprises as entrepreneurs facing challenges in some regions; the increasing agglomeration of regions, industries, and leading companies in entrepreneurial activities; the increasing of female entrepreneurs in medical and health, artificial intelligence industries, etc. The increase in the field has enriched the diversity of entrepreneurial groups. Combining the new features of innovation and entrepreneurship activities, this report provides a relevant outlook on the trend of innovation and entrepreneurship activities in China. It is worth of expecting what may happen to innovation and entrepreneurship activities in the presence of continuous increase in the digital penetration rate, the changes in the financing environment along with the advancement of financial opening, and the increase in the connotation of ecological and environmental protection.

Keywords: Digital Penetration; Demonstration Effect of Bases; Startups Agglomeration; Female Entrepreneurs

Ⅳ International Articles

B.10 2020 Global Double Development Index Analysis

Wang Qing, Xia Xingyu and Li Mengyang / 181

Abstract: This report will study the changes of three major international innovation and entrepreneurship indexes in recent years and the characteristics of international indexes, and explore the development stage, opportunities and challenges of China's innovation and Entrepreneurship from an international perspective. This report studies the structure and connotation of three international indexes: The Global Innovation Index, the Global Entrepreneurship Monitor Index and the Global Entrepreneurship Ecology Index, and shows the characteristics of international indexes by comparing with domestic indexes. The study found that despite the impact of COVID-19, China's double creation resources continue to be actively invested, and China's dual ecological environment and innovative output remain a good and stable development trend.

Keywords: Global Innovation Index; Entrepreneur Monitor; Startup Ecosystem Report

B.11 Comparative Study of 2020 National Innovation System

Lan Sai, Wu Yingjun and Wang Qing / 208

Abstract: This report will mainly study the experience accumulated, shortcomings in practice and opportunities faced in the construction of national innovation system. First of all, from the international perspective, the chapter draws lessons from characteristics of other advanced economies to provide valuable experience for the construction of China's innovation system, then reviews the current situation of China's NIS development and puts forward some related discussion. Finally, it maps to the exploration of regional innovation system and delivers some suggestions on the construction of Guangdong-Hong Kong-Macao Greater Bay Area. Based on the construction of national innovation system, China can promote development with innovation, then become a powerful country of science and technology, and help realize the dream of great rejuvenation. It is of practical and long-term significance to study the construction of national innovation system for the innovative and economic development of our country.

Keywords: National Innovation System; Regional Cluster; Guangdong-Hong Kong-Macao Greater Bay Area

皮 书

智库报告的主要形式
同一主题智库报告的聚合

皮书定义

皮书是对中国与世界发展状况和热点问题进行年度监测，以专业的角度、专家的视野和实证研究方法，针对某一领域或区域现状与发展态势展开分析和预测，具备前沿性、原创性、实证性、连续性、时效性等特点的公开出版物，由一系列权威研究报告组成。

皮书作者

皮书系列报告作者以国内外一流研究机构、知名高校等重点智库的研究人员为主，多为相关领域一流专家学者，他们的观点代表了当下学界对中国与世界的现实和未来最高水平的解读与分析。截至 2021 年，皮书研创机构有近千家，报告作者累计超过 7 万人。

皮书荣誉

皮书系列已成为社会科学文献出版社的著名图书品牌和中国社会科学院的知名学术品牌。2016 年皮书系列正式列入“十三五”国家重点出版规划项目；2013~2021 年，重点皮书列入中国社会科学院承担的国家哲学社会科学创新工程项目。

中国皮书网

（网址：www.pishu.cn）

发布皮书研创资讯，传播皮书精彩内容
引领皮书出版潮流，打造皮书服务平台

栏目设置

◆ 关于皮书
何谓皮书、皮书分类、皮书大事记、
皮书荣誉、皮书出版第一人、皮书编辑部

◆ 最新资讯
通知公告、新闻动态、媒体聚焦、
网站专题、视频直播、下载专区

◆ 皮书研创
皮书规范、皮书选题、皮书出版、
皮书研究、研创团队

◆ 皮书评奖评价
指标体系、皮书评价、皮书评奖

◆ 皮书研究院理事会
理事会章程、理事单位、个人理事、高级
研究员、理事会秘书处、入会指南

◆ 互动专区
皮书说、社科数托邦、皮书微博、留言板

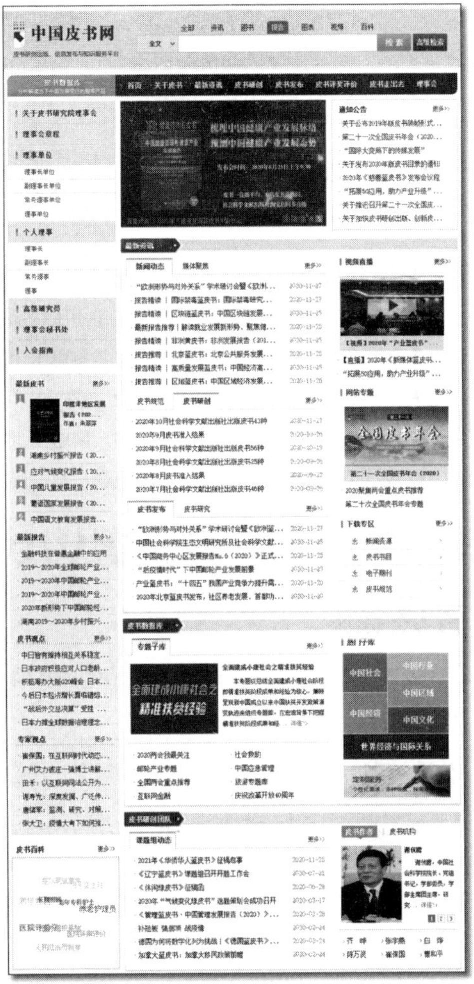

所获荣誉

◆ 2008 年、2011 年、2014 年，中国皮书网均在全国新闻出版业网站荣誉评选中获得“最具商业价值网站”称号；

◆ 2012 年，获得“出版业网站百强”称号。

网库合一

2014年，中国皮书网与皮书数据库端口合一，实现资源共享。

中国皮书网

S 基本子库
UB DATABASE

中国社会发展数据库（下设 12 个子库）

整合国内外中国社会发展研究成果，汇聚独家统计数据、深度分析报告，涉及社会、人口、政治、教育、法律等 12 个领域，为了解中国社会发展动态、跟踪社会核心热点、分析社会发展趋势提供一站式资源搜索和数据服务。

中国经济发展数据库（下设 12 个子库）

围绕国内外中国经济发展主题研究报告、学术资讯、基础数据等资料构建，内容涵盖宏观经济、农业经济、工业经济、产业经济等 12 个重点经济领域，为实时掌控经济运行态势、把握经济发展规律、洞察经济形势、进行经济决策提供参考和依据。

中国行业发展数据库（下设 17 个子库）

以中国国民经济行业分类为依据，覆盖金融业、旅游、医疗卫生、交通运输、能源矿产等 100 多个行业，跟踪分析国民经济相关行业市场运行状况和政策导向，汇集行业发展前沿资讯，为投资、从业及各种经济决策提供理论基础和实践指导。

中国区域发展数据库（下设 6 个子库）

对中国特定区域内的经济、社会、文化等领域现状与发展情况进行深度分析和预测，研究层级至县及县以下行政区，涉及省份、区域经济体、城市、农村等不同维度，为地方经济社会宏观态势研究、发展经验研究、案例分析提供数据服务。

中国文化传媒数据库（下设 18 个子库）

汇聚文化传媒领域专家观点、热点资讯，梳理国内外中国文化发展相关学术研究成果、一手统计数据，涵盖文化产业、新闻传播、电影娱乐、文学艺术、群众文化等 18 个重点研究领域。为文化传媒研究提供相关数据、研究报告和综合分析服务。

世界经济与国际关系数据库（下设 6 个子库）

立足“皮书系列”世界经济、国际关系相关学术资源，整合世界经济、国际政治、世界文化与科技、全球性问题、国际组织与国际法、区域研究 6 大领域研究成果，为世界经济与国际关系研究提供全方位数据分析，为决策和形势研判提供参考。